Joseph Zapf

Unterwegs
nach innen

Eine spirituelle Lebenshilfe

Bilder von Rosina Zipperle

Joseph Zapf

Unterwegs nach innen

Eine spirituelle Lebenshilfe

Bilder von Rosina Zipperle

Gewidmet
der Rosa Mystica

Verlag Via Nova

1. Auflage 1992
Verlag Via Nova, Neißer Straße 9, 6415 Petersberg
Titelbild: Rosina Zipperle, St. Augustin
Satz: typo-service kliem, neustädtles
Druck und Verarbeitung: Rindt-Druck, Fulda
Alle Rechte vorbehalten
ISBN 3 - 928632 - 04 - 3

Inhaltsverzeichnis

Einleitung

Wer eine Weltreise plant, der trifft sorgfältige Vorbereitungen. Er läßt sich beraten vom Reisebüro. Er studiert eifrig Landkarten. Reiseführer vertiefen seine Kenntnisse von Land und Leuten. Menschen, die aus Erfahrung den Weg zum Ziel kennen, können wertvolle praktische Hinweise geben.

Die Reise nach innen übertrifft jede Weltreise. Die Reise nach innen ist eine Lebensreise. Sie ist die längste Reise, die wichtigste Reise. Sie überdauert sogar den Tod. Sie betrifft jeden einzelnen. Denn die Reise nach innen ist als Aufgabe in die menschliche Natur einprogrammiert. Dennoch bleibt diese Aufgabe eine Einladung. Die Einladung richtet sich an den freiwilligen Entschluß des Menschen. Der einzelne kann diese Einladung wie ein Geschenk dankbar annehmen. Dann wird er glücklich. Er kommt zur Fülle seines Wesens. Er wird ein reifer Mensch. Der einzelne kann sich aber auch entschuldigen. Es wird für diese Entschuldigung immer viele Gründe geben. Echte Gründe sind es kaum, weil die Reise nach innen zur Natur des Menschen gehört. Die Natur als solche widerspricht sich nicht. Es ist der Mensch, der sich widerspricht. Seine menschlichen Schwächen sind dafür verantwortlich.

Bequemlichkeit hält viele Menschen vor der Reise nach innen zurück. Sie ist ihnen zu anstrengend. Ängste lähmen bei anderen die Kraft. Unwissenheit schlägt die meisten mit Blindheit. Es fehlen ihnen äußere Beratung, geeignete Führer, lebendige Vorbilder. Wäre nicht die angeborene Sehnsucht in ihnen lebendig, so könnten sie nie sehend werden. Die innere Sehnsucht heilt jene von ihrer Blindheit, die unverschuldet unwissend sind. Sie werden sehend, während die Sehenden aus eigener Schuld erblinden können.

Bei der Reise nach innen geht es nicht um Sensationen. Es geht um die Existenz des Menschen selber. Es geht um sein menschliches Glück und seine Erfüllung auf Erden. Es geht um sein ewiges Glück in der Vollendung nach diesem Erdenleben.

Wer dies erkennen kann, der wird nicht zögern, die Einladung zur Reise nach innen anzunehmen. Auch für den Begeisterten ist diese Reise nach innen nicht leicht. Begeisterung ist aber eine wunderbare Hilfe, um die Schwierigkeiten auf dem Weg nach innen zu überwinden.

Wie läßt sich diese Begeisterung für den Weg nach innen wecken und verstärken?

Ich möchte mit einer Gegenfrage antworten. Wie kann man einen Menschen für eine ihm unbekannte südländische Frucht am besten begeistern? Soll ich ihm Nachhilfe in Pflanzenkunde geben? Soll ich ihm die chemischen Formeln für die in der Frucht enthaltenen Vitamine nennen? Oder ist es nicht besser, ihm die Frucht zum Verkosten anzubieten? Wenn er sie kostet, weiß er mehr über die Frucht, als wenn er die chemische Formel lernen würde. Die chemische Formel ergänzt das Verkosten der Frucht. Sie kann das Verkosten der Frucht aber nicht ersetzen.

Der Vergleich hinkt. Denn die Reise nach innen ist keine Frucht. Der Vergleich trifft nur in einem Punkt. Das Verkosten der Frucht entspricht der Erfahrung des inneren Weges. Sie ist wichtiger als die Theorie des inneren Weges. Erfahrung und Theorie ergänzen einander. Die Erfahrung des inneren Weges geht der theoretischen Reflexion der Erfahrung aber voraus.

Erfahrung läßt sich nicht unmittelbar vom Erfahrenen auf den Nichterfahrenen übertragen. Der Nichterfahrene möchte seinerseits gerne wissen, worauf er sich einläßt, wenn er den inneren Weg wählt. Darum könnte eine Art Vorschau auf den inneren Weg hilfreich sein. Diese Vorschau gibt einerseits einen Überblick über den Verlauf des inneren Weges. Dieser Überblick kann nur eine Wegskizze sein. Die Vorschau macht gleichzeitig den Nichterfahrenen mit Übungen vertraut. Dem Erfahrenen vertieft die Vorschau sein Üben. Durch diese Übungen wird er angeleitet, den inneren Weg von Anfang an als einen Übungsweg, als einen Erfahrungsweg kennenzulernen. Die eigene Erfahrung auf dem inneren Weg ist der beste Lehrer, um die Erfahrungen der anderen Wanderer auf dem inneren Weg zu verstehen und für sich fruchtbar zu machen.

Für die Form dieser Vorschau wähle ich bewußt die Form des vertrauten Gesprächs. Ich möchte dadurch niemand vereinnahmen. Ich möchte in der Du-Form der Anrede keine unberechtigte Vertraulichkeit vortäuschen. Die sachliche Nüchternheit wird die gemeinsamen Überlegungen im weiteren Verlauf des inneren Weges durchaus begleiten. Insofern kommen auch diejenigen auf ihre Kosten, die auf Distanz Wert legen. Der vertrauliche Ton dieser Gespräche soll gefühlsmäßig etwas Entscheidendes vermitteln. Das Entscheidende liegt in der Erfahrungsweisheit, daß wir auf dem inneren Weg Brüder und Schwestern der einen Gottesfamilie werden. Das wahre Wesen des Menschen trägt das Abbild des göttlichen Urbildes. Darin liegt der unsterbliche Adel, den jedes Menschenwesen verborgen in sich trägt.

Vorschau:

Weg nach innen – Meditation
(Gespräche)

Sehnsucht nach Selbstfindung

Eine Frage

In stillen Stunden denkst du über dich nach. Dann fragst du: Wer bin ich eigentlich? Die Antwort bleibt offen. Jeder beurteilt dich anders: deine Eltern, deine Lehrer, dein Freund, deine Freundin, zufällige Bekannte, Gegner. Manches Wahre findet sich darunter. Von vielem hast du den Eindruck: Es stimmt nicht. Es ist zu oberflächlich gesehen. Einiges ist sicher falsch. Wie kannst du Klarheit gewinnen?

Ein Angebot

Darf ich dir einen Vorschlag machen? Wir gehen in die Stille. Dort sind wir ungestört. Wir setzen uns, schweigen, schließen die Augen. „Aber was soll das?" „Ich bin das nicht gewohnt." „Mir fällt es schwer, mich zu konzentrieren." Das soll dich nicht entmutigen. Du willst die Wahrheit über dich selber erfahren. Damit ist es dir ernst. Das genügt, um mit den Anfangsschwierigkeiten fertig zu werden. Und wir gehen den Weg zu dir gemeinsam.

Klärendes Schweigen

Du sitzt still und gesammelt. Das Äußere tritt zurück. Deine Augen sind geschlossen. Du schaust nach innen. Es ist dunkel in dir. Angst steigt auf und verebbt. Du kommst zur Ruhe. Der Atem geht langsamer, gewinnt Festigkeit. Die Geräusche von außen stören noch. Bisweilen dringen sie scharf ins Bewußtsein. Lasse sie abklingen. Ärgere dich nicht. Versuche gelassen zu werden. Konzentriere dich auf dich selbst. Das fällt schwer. Gedanken schwirren auf wie Vogelschwärme. Lasse sie fliegen. Schau ihnen nicht zu lange nach. Gefühle quellen in dir nach oben. Wundere dich nicht. Sie lösen sich langsam auf und klären sich. Nimm dir Zeit. Habe Geduld. Warte . . .

Dunkle Ahnung

Du wirst unruhig und dich fragen: „Worauf soll ich warten?" „Ist das nicht verlorene Mühe?" Wenn du lange genug still in dich hineinhorchst, ahnst du eine ferne Antwort. Noch verstehst du sie nicht. Aber du fühlst eine Stille wie Wärme sich in dir ausbreiten. Deine Skepsis verschwindet. Du fragst nicht mehr. Es ist, als beginne für dich ein neuer Weg – der Weg nach innen. Es kommt dir so vor, als nehme dich jemand an die Hand, der dir vertraut und doch unbekannt ist. Zutrauen erfüllt dich. Du ahnst, wenn auch dunkel, es ist der rechte Weg, auch wenn du dafür keine Worte hast.

Zweifel

Du öffnest die Augen und schaust mich an. Dein Gesicht ist entspannt, friedvoll, schön. „War das ein Traum?" „Was ging in mir vor?" So fragst du nach einer langen Pause. Und ein Schatten legt sich über dein Gesicht. Diese erste Erfahrung ist dir noch ungewohnt, fremd. Das Licht im Raum blendet dich. Etwas ratlos wendest du dich ab, wanderst mit deinem Blick durchs Zimmer, als müßtest du dich vergewissern, ob du wachst oder träumst. Ich lächle dich an. Der Schatten in deinen Augen weicht langsam zurück. Zwischen uns steht das Schweigen, dicht, aber offen für das Wort.

Neugierde

„Kannst du mir erklären, was geschehen ist in der Stille des Schweigens?" Wir haben beide meditiert. Das Wort ist nicht so wichtig. Es wird heute viel gebraucht, fast schon zu häufig. Dadurch verliert das Wort Meditation an Wert. Aber lassen wir das jetzt beiseite, später kommen wir noch darauf zurück. Halten wir uns zunächst ans Wesentliche.

Du willst erfahren, wer du selber bist. Die Antwort darauf findest du nirgendwo außerhalb von dir. Kein Buch kann es dir sagen. Kein Freund wird es ergründen. Und auch der liebste Mensch dringt nicht bis zum Kern deines Wesens vor. Sie alle können nur helfen, eine Antwort zu finden auf die Frage nach deinem Selbst. Aber jede Antwort löst neue Fragen aus. Das Leben selber stellt dir große Fragen, ja, es stellt dich in Frage. Du mußt die Antwort in tausend Antworten auf das Leben geben. Und vielleicht sterben wir beide mit der Frage: „Wer bin ich nun wirklich gewesen?"

Endstation Sehnsucht?

Ist es nicht zu mühsam, sich auf einen so langen, mühevollen Weg einzulassen? Wird sich die Anstrengung lohnen? Erst will ich leben, das Leben genießen. Und sagt nicht auch die Tiefenpsychologie, daß der Mensch erst einmal seine Kräfte entfalten muß? Nur wenn ich das Leben lebe, werde ich erfahren, wer ich bin.

Dieser letzte Satz ist nur zu wahr. Wir alle müssen versuchen, uns im Leben und am Leben selbst zu finden. Aber das Leben hat viele Schichten. Es zeigt unendlich viele Gesichter. Seine Höhen und Tiefen sind nicht auszuschöpfen. Unsere Augen können nicht genug sehen, unsere Ohren nicht genug hören. Das Herz bleibt voll Sehnsucht trotz aller Genüsse, trotz aller Erfüllung.

Hoffnung

Diese unstillbare Sehnsucht ist manchmal eine Qual. In ihr liegt aber auch eine überraschende Hilfe. Sie treibt uns voran auf dem Weg zum Ziel, unser wahres Wesen zu verwirklichen. Die Sehnsucht nach Selbstfindung und Selbstverwirklichung ist eine Hoffnung.

„Und was hat die Meditation damit zu tun?" Sie verhilft uns auf allen Ebenen des Lebens zu einer größeren Lebensintensität. Sie trainiert den Leib, damit er ein Instrument werde für die Seele. Sie entfaltet die Seele in all ihren Anlagen. Sie eröffnet dem Geist eine unendliche Weite. Der ganze Mensch wird erfaßt, damit er sich wandle in sein Urbild. Meditation erleichtert die Selbstfindung, läßt das Wesen der Dinge erfahren. Wenn du dich darauf einlassen willst, wirst du tiefer leben lernen und als Suchender glücklicher sein. „Gut, aber sage mir erst, was Meditation ist."

Was ist Meditation?

Begriffe

Was unterscheidet Diskutieren oder Reflektieren vom Meditieren? Der Reflektion geht es weitgehend um das Problem, um die Sache. Es zählen die Gründe, der Beweis. Je mehr du von der Sache weißt und verstehst, um so flüssiger wirst du reden, um so überzeugender wirkst du auf andere. Es gibt auch Ausnahmen, wenn zum Beispiel die Diskussion zur Auseinandersetzung wird, in der durch Empfindlichkeit, Eitelkeit und Stolz die Sachlichkeit leidet. Dann wird das Rationale durch irrationale Gefühle verdunkelt. Man trennt sich in Ärger und Mißverstehen. Unsere Egozentrik hat dazu geführt. – Die Meditation wählt andere Mittel. Nicht das gesprochene Wort entscheidet, sondern das Schweigen. Es geht nicht so sehr um die Sache, es geht um dich selbst. Du brauchst dazu weder eine fremde Sprache noch ein Diplom noch viele Bücher. Es ist gleichgültig, welchen Beruf du ausübst. Du wirst auch nicht nach deinen Schulzeugnissen gefragt. Das überrascht dich? Und du willst wissen, was dann am Meditieren so Besonderes sein soll, daß man so viel Aufhebens davon macht? Es ist die Praxis, die dich ganz einfordert. Es ist die Übung, die dir alles abverlangt, weil sie dich umformt. Das Üben des Militärrekruten und das Üben des Klosternovizen auf dem spirituellen Weg haben bei der Wortschöpfung „meditari" Pate gestanden. Davon leitet sich das Wort Meditation ab.

Nun bist du neugierig, was du üben sollst? Heute geht es beim Meditieren vielleicht um drei wesentliche Schritte: um SELBSTFINDUNG, um SINNFINDUNG, um VERWANDLUNG. Fürchte nicht, das sei eine Aufforderung zur Egozentrik. Dieses Bedenken läßt sich leicht zerstreuen. Du brauchst nur ein wenig über diese drei Schritte nachzudenken. Es ist ein Gesetz unseres menschlichen Lebens, daß der Weg zu uns selbst schon in seinem Ursprung den anderen mit umschließt. Wir empfangen unser Leben von unseren Eltern. Ihre liebevolle Zuwendung ist entscheidend für unsere Entwicklung. Keiner wird liebesfähig, wenn er nicht Liebe empfangen hat. Und da Sinnfindung in unserem Leben wesentlich mit der Liebesfähigkeit zusammenhängt, öffnet uns die Meditation immer stärker für die Fülle der Begegnungen des Lebens. Alles wird einbezogen. Nichts wird ausgeschlossen. Keiner ist eine Insel. Selbstfindung heißt immer auch Dufindung. Aus beidem erwächst die Verwandlung. Von ihr wollen wir später sprechen.

Im Umfeld der Meditation stehen noch zwei andere wichtige Worte: Betrachtung und Kontemplation. Beide sind spezifisch religiöse Begriffe. Betrachtung meint das gläubige Nachdenken über bestimmte religiöse Wahrheiten. Eine der bekanntesten Weisen sind die Exerzitien. Auch sie betonen das Üben als das Wesentliche. Der Leiter gibt kurze Besinnungspunkte in einer Betrachtungsskizze. Der Teilnehmer denkt darüber nach, läßt die Wahrheit in sich eindringen, wendet das Erkannte an aufs praktische Leben. Meist speist sich dieses Nachdenken aus der Heiligen Schrift. Im Mittelpunkt steht für den Christen die Gestalt von Jesus Christus. Ziel ist die wachsende Umformung der Persönlichkeit nach seinem Vorbild. Natürlich ist die Betrachtung als Methode nicht auf religiöse Themen festgelegt. Grundsätzlich kann alles ein Gegenstand der Betrachtung sein. Denn alles in dieser Welt kann zum Spiegel und Gleichnis werden für den, der es geschaffen hat, für Gott.

Der Sinn für das Gleichnishafte der Welt entwickelt sich am besten in der Kontemplation. Die Betrachtung denkt nach. Die Kontemplation schaut. Der Schauende vergißt sich fast unmerklich. Er wird angezogen vom Gegenstand seiner Schau und geht darin auf. Die Distanz schwindet. Beide werden eins. Dieses Einswerden kann alle Schichten des Schauenden erfassen: seinen Geist, seine Seele, seinen Leib. Schau gleicht der Liebe. Darum verwandelt sie und wird schöpferisch. Dieser begnadete Augenblick des Einsseins währt nur kurze Zeit. Er kann sich im Werk des Künstlers zum Ausdruck bringen im Gedicht, im Bild, in der Symphonie. Im Religiösen hebt die Schau den Menschen in den Bereich des Göttlichen. Er erfährt auf dem Grunde seines Seins die Quelle des göttlichen Lebens und Liebens. Der Schleier des Geheimnisses wird zwar nicht gelüftet, aber er wird durchlässig. Es ist ein weiter Weg dorthin.

Nachdenken (Betrachten)   heißt: ganz bei der Sache sein.
Meditieren   heißt: ganz bei sich sein.
Kontemplation   heißt: ganz bei Gott sein.

Vielleicht fällt es dir nun leichter zu unterscheiden. Aber wisse eines: die Worte und Begriffe bleiben zunächst für dich leer. Nur die eigene Erfahrung kann dich darüber belehren, was mit diesen Worten gemeint ist. Dahin führt nur der eine Weg, selber mit dem Meditieren zu beginnen. „Aber wie lerne ich das Meditieren?"

Wie lerne ich meditieren?

Eine Überraschung

Goethe sprach einmal davon, daß wir nur das lernen können, was wir schon wissen. Er meinte damit die Anlagen, die in uns verborgen sind. Ohne Begabung ist alle Mühe vergebens.

Die erste Frage wäre also: „Haben wir Begabung zum Meditieren?" Ein bestimmtes Maß an Begabung zum Meditieren liegt als Naturanlage in uns allen. Mehr noch: Wir alle meditieren seit unserer Kindheit. Es ist uns nur nicht bewußt geworden. Erinnere dich an deine Kindheit. Immer wenn eine große Freude in dir aufbrach, konntest du gar nicht anders, als dabei zu verweilen. Vielleicht war es ein Geschenk, das diese Freude auslöste. Denke an Weihnachten, an deine Geburtstage, an den Namenstag. Vielleicht war es ein Spielzeug, das dich ganz gefangennahm. Darüber hast du alles vergessen können: deine Umgebung, die Schulaufgaben, alle Ängste und Schmerzen. War es nicht ähnlich auf deinen Reisen? Wie war dir zumute, als du zum ersten Mal das Meer erblicktest: diese unendliche Weite in ihrer Grenzenlosigkeit? Nicht viel anders erging es dir mit dem Erlebnis der Bergwelt. Und all diese Herrlichkeit der Welt verblaßt vor dem Glück der ersten Liebe. Noch heute spürst du den ersten Kuß, fühlst die erste Umarmung. Immer wieder lebt dieses große Gefühl in dir auf. Der Liebende meditiert seine Liebe so selbstverständlich, wie er die Luft atmet.

Indem ich dir all diese glücklichen Augenblicke in Erinnerung rufe, erschließe ich dir die besten Quellen, um das Meditieren zu lernen. Doch du erwartest mehr. Du fragst nach Methoden, um das Erfahrene systematisch auszubauen.

Kunst der Techniken

Es wird dich nicht überraschen, daß es viele Methoden gibt. An ihnen unterscheiden sich die verschiedenen Schulen in Ost und West. Gehen wir behutsam vor, und richten wir den Blick erst einmal auf das Wesentliche. Die Meditation baut sich aus drei Elementen auf: Atmung, Haltung, Formel. Die Atmung bietet die Grundlage. Am Atem läßt sich der Meditierende aus seinen Verspannungen im Bereich der Schultern los. Er gleitet im Ausatmen immer tiefer, bis er im Beckenraum, in seiner Leibmitte, zur Ruhe kommt. Die Ruhe verlangsamt den Atemrhythmus. Die Konzentration kann geschult werden, indem du den Atem zählst. Du beginnst mit dem Ausatmen auf 1, mit dem Einatmen auf 2. Zähle bis 10 und beginne wieder mit 1. Das ist gleichzeitig eine Konzentrationsübung. Ein indischer Yogi hat ein ganzes Leben lang nur diese Übung des Atemzählens verrichtet und wurde dadurch ein Meister der Konzentration. Du selber wirst bald erfahren, welche Hilfe dir die Umschaltung von der Brustatmung auf die Zwerchfellatmung bringt. Du verwurzelst in deiner Leibesmitte und erschließt dir damit einen Kraftquell für deine Haltung. Das Wichtigste bei der Haltung ist die entlastete Wirbelsäule. Darum achte darauf, daß deine Wirbelsäule gerade wird. Die im Sitz übereinandergeschlagenen Beine geben dieser senkrechten Körperhaltung eine feste Basis. Du ruhst in dir, hast durch den Kontakt mit dem Boden auch Verbindung mit der Erde. Lange dauert es, bis du dich in deinem Leib so richtig zu Hause fühlst. Das gezielte Einspüren und Einfühlen in die verschiedensten Partien des Körpers ist daher wichtig. Und eines Tages geht es dir auf, daß du nicht nur einen Leib hast, sondern daß du ein Leib bist. Auch bei diesem Bemühen leistet dir der Atem gute Dienste. Er verbindet am spürbarsten die Außenwelt mit der Innenwelt. So dringt das Bewußtsein der Einheit von Innen- und Außenwelt immer stärker in dich ein. Es baut über die äußere Haltung eine innere Haltung auf.

Diese innere Haltung drückt sich auch wesentlich aus in der Meditationsformel. Ich möchte dir zwei solcher Formeln vorstellen: eine mehr neutrale und eine religiöse. Beide verbinden sich mit dem Rhythmus des Atmens. Beide Formeln benutzen vier Grundworte. Die Worte der neutralen Formel lauten: Loslassen – Niederlassen (Ausatmen) – Einswerdenlassen (Pause zwischen Ausatmen und Einatmen) – Neuwerdenlassen (Einatmen). Die religiöse Meditationsformel greift auf das Gebet des hl. Nikolaus von der Flüe zurück: „Herr, nimm mir, was mich hindert zu dir. Herr, gib mir, was mich fördert zu dir. Herr, nimm mich mir und gib mich ganz zu eigen dir." Davon sind die Grundworte inspiriert: Weg von mir – Hin zu dir (Ausatmen) – Eins mit dir (Pause) – Neu aus dir (Einatmen).

Alle Religionen kennen heilige Worte und Laute, die sie ständig wiederholen. Sie werden auch „Mantras" genannt. Das Mantra kann uns in die Tiefe unseres Bewußtseins führen, verstärkt Kräfte in uns und verbindet uns mit dem Unendlichen.

Zu Beginn der Einübung einer solchen Formel wirst du erfahren, daß dein Atem dafür zu kurz ist. Es ist gut, zunächst ein einziges solches Grundwort in dich ein- und auszuatmen, bis es dich ganz durchdrungen hat. Worte haben große Kraft in sich. Sie teilen ihre Kraft mit. Sie prägen unsere Haltung. Und diese Umformung ist das große Geschenk. Wenn du lange genug ihre Kraft in dich aufgenommen hast, so treten die Worte als Worte mehr und mehr zurück. Ihre Schwingung wirkt sich in dir aus auch im Schweigen. Und jede Meditationsstunde intensiviert die Schwingung. Sie geht mit dir im Alltag. All das verändert langsam dein Leben.

Bisher habe ich vom Meditationssitz gesprochen. Vielleicht erscheint dir das etwas langweilig. Du liebst Tanz und Musik, Sport und Wandern. Dein Erleben wird tiefer von der Bewegung berührt als von der Stille im

Schweigen. Ist das nun ein Gegensatz? Keineswegs. Du selber kannst es an anderen beobachten. Für einen guten Tänzer wird der Tanz zum meditativen Erlebnis. Je besser er aus dieser meditativen Sammlung heraus von der Leibmitte her die Bewegungen fließen läßt, um so harmonischer, schöner werden seine Gesten. Spitzensportler wissen um das meditative Gesetz der gelösten Spannung. Und wenn du einmal Herbert von Karajan beim Dirigieren einer Sinfonie gesehen hast, dann weißt du auf anschaulichste Weise, was Meditation in Aktion ist. Vielleicht brauchen wir nicht einmal so weit auszugreifen. Wo immer du einen Menschen auf seinem Arbeitsgebiet beobachtest, den Fachmann oder den einfachen Arbeiter: überall formte das Werkzeug seinen Meister. Der Bauer meditiert beim Pflügen des Feldes, der Schmied beim Hämmern des Eisens, der Musiker beim Orgelspiel, der Professor beim Vortrag seiner Vorlesung. Die Art und Weise ist verschieden. Das Ziel ist das gleiche: Einswerden mit sich selbst, Einswerden mit der Welt, Einswerden mit dem Grund, aus dem alles Leben strömt. So kann dir alles zur Meditation werden: dein Sitzen im Büro, dein Wandern im Wald, dein Tanz am Feierabend, dein Schwimmen im Wasser, das Sonnenbad am Strand, dein Lauschen in die Stille, dein Warten auf das Leben. „Wenn das so ist", so wendest du ein, „warum soll ich dann mich auf den Boden setzen, die Beine verschränken wie ein Yogi und üben, üben, üben? Welchen Sinn soll das haben? Geht das nicht auch ohne?" Die Antwort wirst du am Ende unserer Betrachtungen für dich selbst gefunden haben.

Dreifache Mitte

Die Leibmitte

Wir sprachen von der Bedeutung des Atems. Der Beckenraum gleicht einer Schale. In ihr sammelt sich die Kraft um eine Mitte. Du kannst sie von außen mit dem Finger ertasten. Fühle einmal diesen Punkt. Er liegt zwei bis drei Fingerbreit unter dem Nabel. Es gibt eine kleine Übung, um diese Leibmitte stärker ins Bewußtsein zu heben. Wir versuchen sie gemeinsam. Du stehst locker auf dem Boden. Die Füße sind gespreizt in Hüftbreite. Die Arme hängen zwanglos herab. Die Augen sind geschlossen. Die Fußsohlen erspüren die Standfläche. In deiner Vorstellung verlängert sich deine Wirbelsäule in Richtung Boden zu einer Stütze. Du benutzt diese Stütze wie ein „drittes Bein". Dabei schiebt sich das Gesäß etwas nach vorne. Du spürst Kraft in den Knien und fühlst eine gelöste Spannung im Beckenraum. In dieser Haltung bist du nicht umzuwerfen. Du stehst im „Hara". Das ist ein japanischer Ausdruck für Bauch, der zugleich die Leibesmitte meint.

Die buddhistische Meditation konzentriert sich auf diesen Kraftpunkt der Leibesmitte. Wahrscheinlich ist dir der Ausdruck Zen geläufig. Zen ist das japanische Wort für das chinesische Wort „Ch'an". „Ch'an" ist die Übersetzung des indischen Wortes „Dhyana". Alle drei bedeuten tiefes Meditieren, Versenkung. Diese fremden Worte verraten dir Zusammenhänge über den Weg des Buddhismus von Indien nach China und Japan. Doch lassen wir die Religionsgeschichte. Uns interessiert im Augenblick die Leibesmitte und die rechte Haltung aus dieser Mitte. Um sie noch tiefer wahrzunehmen, wechseln wir vom Stehen zum Gehen. Wir schließen die Füße, öffnen die Augen, drücken die Fingerspitzen auf den Unterbauch und gehen langsam gegen den Druck der Hände im Kreis. Diese kleine Übung ist ein Beginn, ein Hinweis. Wenn du auf die Leibmitte achten lernst, ändert sich dein Sitzen, dein Stehen, dein Gehen. Immer leichter gelingt es dir, alles von dieser Mitte her zu tun.

Die Geistmitte

Bleiben wir einen Augenblick noch im asiatischen Raum. Indien ist die Wiege des Buddhismus und des Hinduismus. Der Yoga ist weit über sein Mutterland Indien hinaus bekannt geworden. Die Nachfrage ist groß. Meist beschränkt sich der Yogalehrer im Westen auf den Hatha-Yoga. Er vermittelt die verschiedenen klassischen körperlichen Stellungen. Auf dem Weg nach innen haben diese Körperhaltungen (Asanas) eigentlich eine vorbereitende Funktion. Sie reinigen, heilen und beleben die Kraftzentren (Chakras), machen den Körper geschmeidig, durchlässig und transparent. Der Inder stellt sich die Lebenskraft (Kundalini) unter dem Bild einer Schlange vor, die am unteren Ende der Wirbelsäule zusammengerollt darauf wartet, erweckt zu werden. Jeder Mensch besitzt sieben solcher Zentren. Im einzelnen können wir jetzt nicht darauf eingehen. Für die Meditation ist wichtig, daß sich der Yogi auf das Stirnzentrum, auf die Geistmitte, konzentriert, während im Zen die Leibmitte als Konzentrationspunkt bevorzugt wird.

Nun möchtest du gerne etwas über die Vorbereitung zur Meditation erfahren? Vielleicht klingt manches davon in deinen Ohren streng asketisch. Du wirst das besser verstehen, wenn du das letzte Ziel all dieser Mühen ins Auge faßt: die Vereinigung mit dem Göttlichen. Und bekanntlich entsprechen sich Wert und Preis, Ziel und Mittel, Erfolg und Einsatz.

Die erste Stufe des Yoga im klassischen Sinne lehrt die Kunst der Selbstbeherrschung (Yama = Bezähmung). Fünf Gebote sind zu beachten: nicht töten, nicht lügen, nicht stehlen, sexuelle Enthaltsamkeit, nicht habsüchtig sein. Die zweite Stufe ermuntert zur inneren Disziplin: innere und äußere Sauberkeit, wunschlose Heiterkeit, Studium heiliger Schriften, innere Hinwendung zum Göttlichen beim Handeln. An dritter Stelle wird der Leib durch die meditativen Körperhaltungen in den Prozeß voll integriert. Die vierte Stufe entwickelt die Beherrschung des Atmens zur Kunst. Die fünfte Stufe befähigt durch eine Innenwendung der Aufmerksamkeit zum Vergessen der Außenwelt und des Körpers. Die sechste Stufe vollendet die Konzentrationskraft. Die siebte Stufe sammelt alle Kräfte auf die Versenkung (Meditation). Die letzte Stufe ist ein Abschluß und zugleich ein Neubeginn: die Erleuchtung (Samadhi).

Für den Zen-Weg gilt noch etwas Charakteristisches: das Denken des Nichtdenkens. Es ist eine geistige Einstellung radikalen Leerwerdens. Wir müßten jetzt zu weit ausholen, um den Entwicklungsstufen im geschichtlichen Werden des Zen nachzugehen. Es genügt zu wissen, daß die mystische Strömung des Taoismus in China den Zen-Buddhismus wesentlich geprägt hat. Uns interessiert die Methode der Praxis. Sie ist hart und vielleicht die konsequenteste und radikalste überhaupt, um den Menschen von sich selbst zu entleeren, was einer Befreiung vom Egozentrischen gleichkommt. Nicht jeder Mensch verträgt solche Radikalität gleich gut. Und selbst im Zen gibt es zwei Richtungen. Die Rinzaischule übt das Leerwerden mit Hilfe eines widerspruchsvollen Satzes, Koan genannt. Der Widerspruch setzt den Versuch des rationalen Denkens außer Kraft, um den Sprung über das Denken hinaus zu wagen. Der Sprung geschieht nicht durch denkerische Anstrengung, sondern durch Verwandlung des Wesens. Die Sotoschule des Zen verzichtet auch noch auf das Koan.

Nun habe ich dich in weite Fernen geführt. Und doch sind diese Fernen in jüngster Zeit uns so nahegerückt. Du triffst heute im Westen viele Zentren für Yoga und Zen. Natürlich ist das nicht problemlos. Die östlichen asiatischen Meditationserfahrungen sind für den westlichen Menschen eine Herausforderung und eine Bereicherung.

Die Herzmitte

Wir können den vielen Problemen hier nicht nachgehen. Auch im Christentum wurden verschiedene Meditationsformen entwickelt, unter anderem auch das Jesusgebet. Sein Inhalt ist ein Anruf: „Herr Jesus Christus, Sohn Gottes, erbarme dich meiner." Auch dieses Gebet wird mit dem Atem verbunden und in das Herz ein- und ausgeatmet. Darum nennt man es auch immerwährendes Herzensgebet. Vielleicht hast du schon einmal von den Erzählungen eines russischen Pilgers gehört oder sie sogar gelesen. Viele Male betete der Pilger am Tag diesen Erbarmungsruf. Der Ruf wurde sein Leben, sein Lieben, sein Leiden, seine Heiligung. So wandelte der Pilger sich selber in ein immerwährendes Gebet. – Ist es nicht bestürzend und wunderbar zugleich, solche Vielfalt zu sehen? Drei verschiedene Wege und doch ein Ziel. Drei verschiedene Religionen und doch eine Sehnsucht. Dreifache Mitte und doch ein Mensch.

Das Geheimnis der Verwandlung

Tiefe

Du willst ja den Weg nach innen gehen. Dir liegt alles daran, dich selbst zu finden. Die Sinnfrage stellt sich dir immer wieder prüfend und richtend in den Weg. Und du weißt aus Erfahrung, daß dein eigentliches Wesen, der wahre Friede und das bleibende Glück nicht an der Oberfläche zu finden sind. Willst du den Kern, mußt du die Schale aufbrechen. Willst du den verborgenen Schatz heben, mußt du tief graben.

Gesetz der Wandlung

Hast du schon einmal nachgedacht über das Gesetz des Lebens? Das Leben bestißt durch die Fülle und Vielfalt seiner Formen, durch seine Spontaneität. Sein Reichtum ist unendlich, unerschöpflich. Denke nur an den Zauber der Blütenpracht. Wie verschwenderisch beschenkt uns die Natur damit. Aber nicht alle Blüten werden Früchte. Nicht alle Früchte reifen. Und die Früchte tragen den Samen für neue Ernte. Der Same aber muß sterben, soll eine neue Ernte heranwachsen.

Widerspruch

In der Natur durchdringen sich Leben und Sterben und bilden das eine Geheimnis. Der Kreislauf des Jahres mit seinem Blühen, Reifen und Vergehen ist ein Gleichnis. Auch der Mensch teilt das Gesetz der Natur. Es folgt auf die Unbeschwertheit der Jugend die Verantwortung des Erwachsenen, es folgt die Bürde des Alters. Dem Gläubigen erscheint der Tod als Geburt. So schließt sich der Kreis.

Schauende Menschen entdecken die Innenseite des Lebens. Sie verbirgt sich dem oberflächlichen Blick. Doch diese Innenwelt schlummert in uns wie ein göttlicher Same. Er möchte aufbrechen und Frucht bringen. Das kann nicht geschehen, solange unser kleines egozentrisches Ich unser Denken, Wollen und Fühlen beherrscht. Wir sind als Egozentriker geboren. Lange Zeit wird uns das nicht bewußt. Aus der Egozentrik aber erwachsen uns Schmerzen. Daran merken wir, daß mit uns etwas nicht stimmt. Die Schmerzen haben vielerlei Ursachen: Leidenschaft, Gier, Habsucht, Neid, Zorn, Feindschaft, Haß, Stolz usw. Oft suchen wir die Schuld für eigenes Fehlverhalten bei anderen. Die Selbstsucht täuscht uns. Erst wenn wir erkennen, daß wir uns selbst im Wege sind, besteht Hoffnung auf Heilung. Heilung geschieht durch Verwandlung. Das egozentrische Ich wandelt sich unter Schmerzen zum teilgebenden und teilnehmenden Selbst. Alle ausgehaltenen Schmerzen führen in die Befreiung. Der Einsatz lohnt sich. Du wirst ein neuer Mensch. Und weil du dich wandelst, verwandelt sich auch alles andere um dich. Du siehst es anders: besser, klarer, ganzheitlicher.

Meditation als Wandlung

Das Ziel ernsthafter Meditation ist die Verwandlung. Laß uns darüber nachdenken. Meditation ist mehr als eine Technik. Von ihr geht eine Wirkung aus. In der Stille des Meditierens klärt sich vieles in dir: Beglückendes und Bedrückendes. Immer tiefer erfährst du die Wahrheit über dich selbst, erkennst deine Leidenschaften und Schwächen.

Im Laufe der Jahre klärt sich der Grund deiner Seele. Du erkennst das göttliche Bild in dir. Und das beseligt dich. Erst wenn du das Beste in dir verkostest, das Göttliche, erhältst du die Kraft, alles dafür einzutauschen. Es ist die kostbare Perle deines Lebens, der verborgene Schatz im Acker deiner Seele. Dieser Schatz wird dir immer wichtiger. Er lockt dich, alle Kräfte frei zu machen, um ihn zu heben. Zeitweilig bist du so intensiv damit beschäftigt, daß du für andere Dinge kaum Zeit findest.

Manchmal merken es deine Freunde und Bekannten. Sie spüren die Veränderung an dir. Du bist schweigsamer, konzentrierter, auf eine geheime Mitte ausgerichtet. Gleichzeitig bist du offener, gelöster, freundlicher. Jeder Kampf, den du mit dir ausfichtst, stärkt dich und prägt dein Wesen. Dein Bewußtsein weitet sich. Alles wird dir vertrauter, verwandter, zugänglicher.

So wächst deine Spannkraft. Du bist belastbarer, weil du den Schmerzen nicht mehr ausweichst aus Empfindlichkeit oder Feigheit. Es wird dir zum Bedürfnis, anderen Freude zu machen, sie glücklich zu sehen. Deine Liebeskraft wächst. Du erfährst, daß echte, selbstlose Liebe ihren Lohn in sich selber hat. Welch eine königliche Freiheit tut sich dir auf.

Der göttliche Bereich

Bis hierhin könnte uns auch ein Tiefenpsychologe folgen. Der Weg nach innen aber führt weiter. Es gibt noch eine tiefere Verwandlung als den Weg vom Ich zum Selbst. Auf dem Grund des Selbst kannst du den grundlosen Grund erahnen: den göttlichen Grund. Wenn der göttliche Grund in deinem Wesen aufzuleuchten beginnt, dann erfährst du dich selbst so, wie Gott dich sieht. Das ist eine unschätzbare Gnade. Gott wird dein Freund. Er teilt sich dir mit. Und du findest ihn in allem wieder, weil auch deine Liebe göttlich geworden ist. Du erschrickst darüber, als sei es vermessen, so zu reden. Wenn du solchen Menschen begegnest, so erfährst du an ihnen ein Doppeltes. Sie sind unendlich glücklich. Und sie sind unendlich belastet.

Licht und Dunkel bestimmen ihr Leben in höchstem Ausmaß. Sie lieben alles und leiden an allem. Du wunderst dich, daß ein Mensch so etwas aushalten kann? Weil ein Wunder in ihm geschehen ist. In einem gottliebenden Menschen ist immer alles gleichzeitig anwesend: das Leid und das Glück. Weil er aber mit Gott verbunden ist, trägt Gott alles Schwere mit. So verliert es sein Schwergewicht. Und alles Beglückende hat einen doppelten Glanz. Gottes Licht durchstrahlt es. Sind sie nicht zu beneiden, diese Menschen, die nichts haben, aber alles besitzen? Ihnen genügt Gott. Darum gibt Gott ihnen alles: die Welt und sich selbst – und das ohne Ende.

Der Meditationskurs

Wenn wir auf das bisher Gesagte zurückblicken, so wird eines ganz deutlich: der Weg nach innen ist weit, schwierig, anspruchsvoll. Dieser

Weg hat wie jeder Weg seine Gefahr und seine Gnade. Alles läßt sich verstehen und mißverstehen, gebrauchen und mißbrauchen. Das Zwielicht wird meist aus dem Zwiespalt geboren. Überwinde die Halbheit, und tausend Fragen sind beantwortet. Probieren geht über Studieren. Und Meditation ist vorwiegend Praxis. Wenn du noch keine Erfahrung in Meditation hast, dann rate ich dir, an einem Meditationskurs teilzunehmen. Selbst wenn es nur ein Wochenende sein könnte, es wäre ein Gewinn. Du kannst das Meditieren nicht ohne Kontrolle lernen. Das rechte Atmen, das richtige Sitzen, das meditative Gehen lernt man leichter unter Anleitung. Wenigstens für die technische Seite solltest du fachmännische Hilfe in Anspruch nehmen. Das Erlebnis der Gruppe bringt dir einen weiteren Gewinn, vor allem wenn in einer Gruppe geübte Teilnehmer dem Meditationsprozeß Intensität geben durch ihr Sein, durch ihren Einsatz. Das setzt auch in dir Kräfte frei, die du im Alleingang nicht wecken kannst. Ganz zu schweigen von der Möglichkeit, durch den Leiter korrigiert zu werden. Am Anfang fehlt dir die Erfahrung. Es besteht die Gefahr, daß du einiges falsch einübst. Dann bedarf es doppelter Anstrengung, weil du erst die falsche Haltung wieder abbauen mußt, ehe du die richtige aufbauen kannst. Und alte, schlechte Gewohnheiten bleiben ein Hemmschuh für deine Entwicklung. Vielleicht tut es dir gut, mehrere Kurse – ggf. unter verschiedener Leitung – zu besuchen, bis du sicher geworden bist, was die Technik betrifft. Denn mitunter ist ein Wechsel ratsam, da auch der gute Meditationsleiter natürlicherweise begrenzt ist. Und das macht einseitig. Wähle aus, bis du deine eigene Art voll entwickelt hast. Dann aber bleibe dir treu.

Der Alltag als Übung

Oft wird von Anfängern als Klage oder Entschuldigung die Schwierigkeit vorgebracht: „Ich habe keine Zeit, um zu meditieren." Damit berühren wir ein leidiges Thema. Oberflächlich gesehen scheint es kaum noch Menschen zu geben, die wirklich Zeit haben. Der Grund ist einfach. Wir haben uns selber verloren, sind selbstentfremdet. Wir leben an der Oberfläche, es fehlt die Tiefe. Es fehlen die Wertmaßstäbe. Darum verwirrt sich so vieles. Und alle Hetze verbaut uns den Weg. Sobald du dieses Dilemma durchschaust, kannst du dir helfen. Und es kehrt sich die alltägliche Erfahrung um: Je intensiver du meditierst, um so mehr Zeit gewinnst du. Warum? Du wirst wesentlich. Das strafft dich selbst, bringt Ordnung in dein Leben, klärt vieles schon im Ansatz. Das erspart dir Umwege, Ärger, Mißerfolge. Was ist also zu tun? Es geht um zwei wesentliche Schritte. Übe intensiv und regelmäßig. Beginne mit kurzen Zeiten, übe möglichst zur gleichen Tageszeit, am gleichen Ort. Es empfiehlt sich der frühe Morgen oder der stille Abend als Übungszeit. Wenn du täglich 10 Minuten fürs Meditieren aussparst, so wirst du bald Lust verspüren, die Zeit zu verlängern. Eine halbe Stunde ist ein gutes Zeitmaß für vollbeschäftigte Menschen. Und die Treue im Üben läßt in dir den zweiten entscheidenden Schritt reifen: die meditative Haltung. Sie begleitet dich nicht nur durch den Alltag. Sie macht den Alltag zur fortwährenden Übung. Und dies bringt den bleibenden Erfolg, bewirkt die Verwandlung. Alles wird in diesen Prozeß einbezogen: Glück und Schmerz, Erfolg und Mißerfolg, Arbeit und Feierabend, Begegnung und Alleinsein, Sport und Stille. Wie reich wird dadurch dein Leben. Du wirst schöpferisch – ein Lebenskünstler.

Die Gruppe

Es ist ein besonderes Geschenk, Gleichgesinnte zu finden. Das gemeinsame Tun verstärkt in jedem Lebensbereich. Diese Erfahrung führt Meditierende an Wochenenden oder an Nachmittagen zusammen, um im Schweigen die Gemeinschaft des Weges zu erleben. Im Schweigen wächst tieferes Verstehen. Das Wort fürs Gespräch reift anders, wenn es aus dem Schweigen geboren ist. Das Ohr nimmt Schwingungen im Gespräch auf, die gespeist sind vom Nichtgesagten. Und das Ungesagte ist meist das Wesentliche. So wird das Miteinander-Schweigen und das Miteinander-Reden zum gegenseitigen Geben und Nehmen.

Der Meister

Worte bewegen. Beispiele reißen mit. Theorie kann belehren. Gelebte Wahrheit aber inspiriert, sie initiiert, schafft neues Leben. Das ist der Grund, warum heute viele Menschen nach einem Meister suchen. Es gibt wenige Geschenke im Leben, die wertvoller sind als die Begegnung mit einem echten Meister. Mein Beruf als Religionsphilosoph führte mich zu vielen Meistern in den Hochreligionen. Immer ist eine solche innere Begegnung ein gnadenvolles Ereignis. Die lebendige Wahrheit ist vielfältig wie das Leben selbst. Aber auch hier gilt das Gesetz der Treue. Prüfe dich und prüfe den, dem du dich anschließen willst. Es liegt darin eine schicksalhafte Entscheidung, weittragender als die eheliche

Gemeinschaft. Die Ehe löst der Tod. Das Meister-Schüler-Verhältnis bleibt über den Tod hinaus, ja gewinnt im Sterben eine neue Dimension. So bin ich tief dankbar, in Glaube und Erfahrung Jesus Christus, dem Meister aller Meister, begegnet zu sein.

Der innere Weg zielt darauf ab, daß jeder den göttlichen Meister in seinem eigenen Herzen findet. Dort geschieht die entscheidende Offenbarung.

Der innere Weg als Geschenk

Diese Vorausschau hat für den inneren Weg zwei Angebote. Sie schenkt einen skizzenhaften Überblick. Der einzelne kann sich infolgedessen ein klares Bild davon machen, was ihn auf dem inneren Weg erwartet. Die Vorschau ermöglicht durch die Einweisung in die konkrete meditative Übung die persönliche Erfahrung. Die Erfahrung selber ist der Generalschlüssel für das Verständnis der einzelnen Prozesse auf dem inneren Weg.

Der innere Weg ist eine Einladung. Er ist ein Geschenk. Wer dieses Geschenk annimmt, übernimmt damit eine Erwartung. Es wird vom Beschenkten erwartet, daß er sich des Geschenkes für würdig erweise. Der Beweis liegt in der Bewältigung der Schwierigkeiten. Sie gehören zum Gesetz des inneren Weges. Darum ist es gut, vor dem Antritt des inneren Weges, sich mit den Früchten des inneren Weges vertraut zu machen. Der Blick auf das Ziel erleichtert in schwierigen Situationen den mutigen Kampf mit den Schwierigkeiten.

Obwohl der innere Weg als Geschenk herausfordert, ist der innere Weg zugleich eine der besten Hilfen, um das Leben in der heutigen Zeit erfolgreich zu meistern. Dies ist kein leeres Versprechen. Eine kurze Analyse der Schwierigkeiten des modernen Lebens kann dies beweisen. Die Frage lautet also: „Inwiefern bietet der innere Weg eine konkrete Lebenshilfe?"

Der innere Weg als Lebenshilfe

Auch in dieser Frage ist als Antwort nur eine Skizze möglich. Die Skizze beschränkt sich auf einige wesentliche Gesichtspunkte. Sie treten hervor, wenn gefragt wird: „Woran leidet der moderne Mensch?"

Der moderne Mensch leidet an Gleichgewichtsstörungen. Er ist außengelenkt und außenbestimmt. Die Wirtschaft regelt alles. Geld regiert in Politik und Gesellschaft, in Wissenschaft und Forschung, in Krieg und Frieden. Der praktische und theoretische Materialismus prägt die Gegenwart. Die Produktion ist Selbstzweck. Die Unterschiede zwischen armen und reichen Ländern werden immer krasser. Immer wieder entstehen „Teufelskreise" zwischen Konsum und Produktion, zwischen Automation und Arbeitslosigkeit, zwischen Vernunft und Profit, zwischen Demokratie und Ideologie, zwischen Freiheit und Manipulation. In der Maschinerie des modernen Lebens gerät der einzelne in Streß und Hektik. Er wird verzweckt. Er zerreißt sich im Streit der Meinungen. Der Pluralismus überfordert. Die meisten passen sich an. Sie verformen zur Masse der vielen. Sie sind nur noch Hammer oder Rädchen im Getriebe.

Eine leistungsorientierte Gesellschaft erwartet vom einzelnen ein reibungsloses Funktionieren. Viele geraten dabei außer Atem. Sie verlieren ihre Seele. Was nutzt dann der äußere Komfort? Was nützen Lebensstandard und Karriere?

Diese Gleichgewichtsstörungen kann und will der innere Weg heilen. Er verteidigt die Rechte des Herzens gegenüber dem nüchternen Profitdenken. Er kümmert sich um die Ausreife der Seele, indem er Räume schafft für den inneren Frieden, für die echte und bleibende Freude. Der innere Weg verhindert, daß der Mensch aufgesogen wird vom Leistungsdruck und von Konsumhaltung.

Der Weg nach innen heilt die Gleichgewichtsstörungen, indem er zur Überbelastung im Äußeren ein inneres Schwergewicht ausbildet. Der innere Weg gibt ferner eine Neuorientierung zur Lebensbewältigung. Warum ist diese Neuorientierung so notwendig?

Viele moderne Menschen sind orientierungslos geworden. Sie spüren den weltweiten Umbruch. Eine Weltepoche geht zu Ende. Mit ihrem Untergang zerbrechen die alten Werttafeln. Es fehlt an überzeugenden Leitbildern, die bahnbrechend wirken könnten. Die allermeisten fühlen sich außerstande, sich im Strudel zwischen Altem und Neuem zurechtfinden zu können. Zu widersprüchlich sind die Ansichten und Prognosen. In den politischen Parteien und in den kirchlichen Gemeinschaften bekämpfen sich die Progressiven und die Traditionalisten. Die Meinungsmacher in Rundfunk, Presse und Fernsehen haben Hochkonjunktur. Das Negative, Sensationelle macht Schlagzeilen. Die Gefahr ist groß, daß der einzelne sich manipulieren läßt. Er wird zum Zuschauer degradiert. Er bleibt passiv, frustriert. Verdrossenheit macht sich breit.

Der innere Weg lockt aus dieser frustrierten Verdrossenheit heraus. Er läßt den einzelnen entdecken, daß der entscheidende Wert in ihm selber verborgen ist. Das wahre Wesen gilt es zu erkennen. Dieser verborgene Schatz ist ans Licht zu heben. Das Reich Gottes ist auch im Inneren. Im eigenen Herzen wohnt der Allerheiligste. So wertvoll hat Gott den Menschen geschaffen. Diese Würde kann dem Menschen niemand nehmen. Sie besitzt auch der Ärmste, der Verlassenste, der Analphabet, der Ausgestoßene, der Gescheiterte.

Der innere Weg gibt dem Menschen seine innere Würde zurück. Er erlöst ihn außerdem aus den Ängsten seiner Einsamkeit.

Angst ist ein Grundgefühl der Gegenwart. Sie ist scheinbar unbestimmt. Dennoch durchdringt sie den Alltag wie die Farbe den Stoff, wie der Ton die Luft. Angst kann konkret werden als Furcht. Furcht ist wie ein Tier mit vielen Köpfen. Sie wirkt sich aus als kummervolle Sorge. Alle Lebensgebiete werden befallen. Furcht vor Krankheit, vor Unglück, vor Krieg, vor Arbeitslosigkeit, vor Schicksalsschlägen, Furcht vor Verlusten jeder Art quält den Menschen mehr als körperliche Leiden.

Meist vermischen sich Angst, Furcht und Sorge mit den schmerzlichen Erfahrungen des Lebens. Immer wieder taucht die Sinnfrage auf. Zuviele Widersprüche schieben sich wie dunkle Wolken vor das klare Sonnenlicht. Der menschliche Arm ist zu kurz, um diese Wolken willkürlich beiseitezuschieben. Der menschliche Geist reicht nicht tief genug, um die Widersprüche des Lebens zu durchlichten.

Der Weg nach innen lenkt den Blick des Menschen auf sich selbst zurück. Er öffnet das Auge für die Wurzel der menschlichen Konflikte. Sie liegt in dem Egoismus des einzelnen und im Egoismus der Gruppen und Rassen. Egoismus verengt. Der einzelne Mensch kreist dann nur noch um sich selbst. Andere werden ihm gleichgültig. Er stumpft ab. Schließlich befällt ihn Langeweile. Der Egoist schwankt zwischen Aggression und Depression. Lustlosigkeit und Sinnlosigkeit verdüstern seinen Alltag.

Der Weg nach innen sprengt diese Verengung. Er überzeugt den Menschen, daß die Öffnung für sein wahres Wesen das Ich befreien kann. Die Verwandlung des Ich zum Selbst verwandelt die Ängste in Hoffnung und Zuversicht. Eine innere Dynamik vertreibt alle Langeweile und Lustlosigkeit.

Die Lebenshilfe des inneren Weges läßt sich zusammenfassen in ein paar Kernsätze: Gleichgewichtsstörungen werden geheilt durch ein neues Gleichgewicht; Selbstentfremdung weicht einer beglückenden Selbstfindung; Sinnlosigkeit erfährt eine befreiende Sinnfindung. Am Ende des inneren Weges begegnet uns der reife Mensch, dessen Lebensgesetz von Gelassenheit und innerer Freiheit, von fester Güte und Weisheit geprägt ist.

Das Ringen um den reifen Menschen ist ein Ringen mit der Vielschichtigkeit des Menschen. Deshalb müht sich der innere Weg um die Schulung des Leibes, um die Formung der Seele und um die Bildung des Geistes. Die Ausfaltung dieser Reifungsschritte bestimmt nun im folgenden die Themenführung des Buches.

Schulung des Leibes

Der Leib des Menschen ist ein Wunderwerk. Dieses Wunderwerk im einzelnen zu schildern, wäre ein Buch für sich. Fachleute könnten zu den einzelnen Kapiteln dieses Buches viel Überraschendes beitragen. Der Biologe würde vom Augenblick der Befruchtung an das Wunder des Wachstums im Mutterleib schildern. Der Mediziner könnte über die Genforschung berichten. Die einzelnen Spezialisten in der Medizin forschen ein Leben lang, um die Funktion der einzelnen Organe immer besser zu verstehen. Die ärztliche Kunst bei modernen Operationen grenzt bereits ans Wunderbare.

Der einzelne Mensch kümmert sich um all diese erstaunlichen Leistungen seines Herzens und Gehirnes, seiner Atmung und Bewegung überhaupt nicht, solange er gesund ist. Der Durchschnittsmensch hält die Dienste seines Leibes für selbstverständlich. Sorglos und oft gedankenlos geht er mit diesem Leib um.

Der Leib ist erstaunlich strapazierfähig. Er besitzt die Fähigkeit, immer wieder zu regenerieren. Er gleicht Organschäden aus. Schmerzempfinden dient als Warnsignal. Selbst Krankheiten dienen bisweilen als Korrektur für einen falschen Lebensstil. Wer mit seinem Leib Raubbau treibt, wer ihn überfordert durch Ausbeutung, wer ihm aus falschverstandener Askese Urbedürfnisse verweigert, wer ihn verhätschelt aus Weichlichkeit und Bequemlichkeit, wer ihn zu seinem Götzen macht oder zu seinem Lustobjekt, der zwingt den Leib zur Korrektur. Der Leib verweigert seine Dienste, um des menschlichen Überlebens willen.

Entschließt sich der Mensch für das Ziel des inneren Weges, so gewinnt er ein neues Verhältnis zu seinem Leib. Er lernt es, durch viel Erfahrung zwei Extreme zu vermeiden. Er findet die Mitte zwischen einer Leibverachtung und einer Leibvergötzung. Beide Fehlhaltungen gefährden. Leibverachtung beraubt sich der notwendigen Schubkraft für den menschlichen Reifungsprozeß. Leibvergötzung macht aus einem willigen Diener einen eigenwilligen Herrn. Luststreben und Genußgier versklaven den Menschen. Die Herrschaft der Triebe und Leidenschaften zerstört auf Dauer selbst den Leib.

Die Triebwelt der Tiere ist eingebunden in die Ordnung der Natur durch den Instinkt. Der tierische Fortpflanzungstrieb erwacht zur Brunstzeit und erlischt nach dieser Zeit. Dem Menschen steht seine

Triebwelt jederzeit zur Verfügung. Diese Gabe ist zugleich eine schwere Aufgabe. Nur ganzheitlich gelingt es, diese Aufgabe zu meistern.

Wie wächst nun der Mensch auf dem inneren Weg in dieses neue Verhältnis zu seinem Leib hinein? Er lernt es, seinen Leib als Gabe und als Aufgabe zu sehen.

Der Leib als Gabe und Aufgabe

Von der ersten Minute des menschlichen Lebens an, ist der Leib eine Gabe. Nichts ist eigenes Verdienst. Alles ist Geschenk: die Vereinigung von Eizelle und Samenzelle, das gesunde Wachstum des Organismus im Mutterleib, die glückliche Geburt, die Entwicklung zum vollen Menschen.

Alte philosophische Weisheit sieht im Menschen die Zusammenfassung aller Kräfte, aus denen sich das unendliche Universum aufbaut. Diese Weisheitslehre wertet den Menschen als den kleinen Kosmos, der den großen Kosmos widerspiegelt. Um wenigstens eine Ahnung von diesem Verhältnis des Menschen zum Universum zu bekommen, lohnen einige Hinweise auf den Makrokosmos.

Die nüchternen Zahlen überfordern unsere Vorstellungskraft. Dennoch sind sie hilfreich, um ahnungsweise die Unendlichkeit von Raum und Zeit zu bestaunen.

Die Lichtgeschwindigkeit beträgt pro Sekunde 300.000 Kilometer. Unser Weltall entstand durch einen Urknall vor etwa 18 Milliarden Jahren. Der „Horizont" unserer Beobachtungsmöglichkeiten liegt bei 12 bis 15 Milliarden Lichtjahren. Unsere Milchstraße hat einen Durchmesser von 100.000 Lichtjahren. Die Entfernung zum Mittelpunkt beträgt 30.000 Lichtjahre. Ein Blick auf die Nachbarsysteme der Milchstraße berechnet die Entfernung der großen Magellanschen „Wolke" von der Sonne auf 150.000 Lichtjahre. Die kleine Magellansche „Wolke" ist 250.000 Lichtjahre von der Sonne entfernt. Den Andromeda-„Nebel" trennen von der Sonne 2,2 Millionen Lichtjahre. Im Andromeda-„Nebel" existieren einige 10 Milliarden Sterne. Unsere Sonne zählt zu den kleinen Sonnen. Es gibt Sonnen, deren Durchmesser so groß ist, wie der Abstand der Sonne von unserer Erde. Astronomen rechnen mit Milliarden von Galaxien. Zu jeder Galaxie gehören Milliarden von Sonnensystemen.

Die Frankfurter Allgemeine Zeitung veröffentlichte in ihrem Magazin vom 3. 4. 1992 ein Interview mit dem Professor für theoretische Physik in München, Harald Fritsch. Fritsch rechnet damit, daß es nicht nur den von uns beobachteten Weltraum gibt. Der Weltraum war und ist unendlich groß. „Aber das heißt, daß der nur ein Teil eines viel größeren Systems ist, daß es vielleicht unendlich viele Welträume im Universum gibt, manche, in denen der Urknall gerade heute stattfindet oder viel früher einmal stattgefunden hat. Wir haben nicht die Möglichkeit, von unserer Welt in eine andere Welt vorzudringen oder dorthin Signale zu übertragen ... vor dieser Art Urknall gab es wohl Raum und Zeit, aber in einer anderen Form. Der Weltraum wäre unendlich im Raum wie in der Zeit, und was wir hier bei uns sehen wäre nur eine lokale Fluktuation" (S. 67).

In seinem Buch „Krise und Erneuerung" (Zürich 1961, 34) erwähnt Erich Neumann ein Schaubild, welches das Alter des Universums und das Alter des Menschen vergleicht. Das Universum begann vor etwa 15 bis 18 Milliarden Jahren. Unsere Erde dürfte dreitausend Millionen Jahre alt sein. Das Schaubild verteilt nun die Entwicklung der Erde im Vergleich mit dem Erscheinen des Menschen auf dieser Erde auf den Zeitraum eines Jahres. Setzt man in diesem Jahreszyklus den Anfang der Erde auf den ersten Januar fest, so vergeht fast ein ganzes Jahr, bis am 31. Dezember dieses Jahres um 23.45 Uhr der Mensch sein Leben beginnt. Unsere geschriebene menschliche Geschichte der letzten 5000 bis 15.000 Jahre schrumpft auf einen Zeitraum von 60 Sekunden.

Schaut man die Unermeßlichkeit des Raumes im Kosmos und die schier grenzenlosen Perioden der Zeitabläufe zusammen, so erscheint der Mensch kleiner als die Ameise, unbedeutender als die Eintagsfliege. Und dennoch ist der ärmste, verlassenste Mensch im Dschungel eines Urwaldes wertvoller als das große, unendliche materielle Universum. Der Geist im Menschen, die unsterbliche Seele des Menschen wiegen qualitativ alle Spiralnebel und Milchstraßen auf. Dem Analphabeten im Dschungel ist dies nicht bewußt. Wohl bei den meisten Menschen der zivilisierten Länder tauchen solche Gedanken vielleicht bei feierlichen Anlässen für Augenblicke auf. Der innere Weg weckt bewußt dieses Selbstwertgefühl. Es soll den Menschen nicht aufblähen und zum Hochmut verführen. Dieses Selbstwertgefühl kann dem Menschen seine große Verantwortung auch für seinen Leib bewußt machen. Ohne Leib wäre der Mensch nicht sichtbarer Teil der materiellen Schöpfung. Wie der leibfreie reine Geist die irdische Welt erkennt, was er fühlt, das weiß kein Gelehrter. Der leibhafte Geist, der Mensch genannt wird, bildet durch seinen Leib eine Klammer. Die Klammer verbindet die rein materielle mit der rein geistigen Welt. Diese Verbindung von Materie und Geist erzeugt eine ungeheure Spannung. Die Spannung weitet sich gegenpolig aus. Sie ist Gefährdung und Chance zugleich. Die Gefährdung wirkt wechselseitig. Der Leib kann den Geist gefährden, der Geist kann den Leib gefährden. Ebenso wechselseitig wirkt die Chance dieser Spannung. Der Leib kann Geist in unmittelbaren Kontakt bringen mit der materiellen Welt. Der Geist schenkt dem Leib das Bewußtsein von sich selbst. Geist beteiligt den Leib an der Erkenntnis der äußeren und inneren Welt.

Der innere Weg bewahrt den Menschen davor, sich aus Lust oder Sinnengier den Bedürfnissen des Leibes zu verschreiben. Der innere Weg befreit selbst den Süchtigen aus der Dumpfheit seiner Triebbefallenheit. Der Geist kann im Menschen lange Zeit gefesselt sein. Geist kann verdunkelt werden durch leibliche Organstörungen. Geist in sich selber bleibt unzerstörbar.

Andererseits bewahrt der innere Weg den Menschen vor Leibfeindlichkeit. Der maßvolle Genuß, die berechtigte Trieberfüllung dienen dem Leben. Vernünftige Sorge für die Erhaltung des Leibes ist eine Pflicht der gebotenen Selbstliebe.

Der innere Weg verhilft dem Leib zu seinem Recht. Er verhilft ebenso dem Geist zu seinem Recht. Die eigentliche Aufgabe des inneren Weges zielt darüber hinaus. Es geht um das fruchtbare Zusammenwirken von Leib und Geist. Darin liegt eine Rangordnung. Seinsmäßig ist der Geist wertvoller als der Leib. Der Geist ist gedacht als Herr im menschlichen Haus. Der Leib ist als Diener des Geistes entworfen. Keiner kann aber auf den anderen verzichten. Ohne Leib wäre der Mensch nicht Mensch. Um Mensch zu sein, bedarf der Mensch des Geistes. Der innere Weg lehrt den Menschen, die Spannung zwischen Leib und Geist als Chance ihrer gegenseitigen Durchdringung zur lebendigen Einheit zu nutzen.

Solch grundsätzliche Überlegungen über Leib und Geist erleichtern es, die Bildung des Leibes auf dem inneren Weg von Anfang an richtig einzuordnen. Der gesteckte große Rahmen klärt auch den Blick dafür, welche Gaben der Leib für den Wanderer auf dem inneren Weg bereithält. Drei Gaben fallen besonders ins Gewicht: der Reichtum der Sinne, die männliche Kraft und die weibliche Schönheit.

Der Reichtum der Sinne

Der Leib schenkt dem Menschen die Möglichkeit, über seine fünf Sinne mit der Außenwelt in Kontakt zu treten. Gleichzeitig grenzt der

Leib den Menschen von der Außenwelt ab. Der Leib fügt den Menschen ein in den Gesamtzusammenhang der Welt. Der Leib gliedert den Menschen aus. Er stellt den einzelnen der Umwelt als ganzen gegenüber. Die leibliche Existenz des Menschen schafft dadurch Nähe und Distanz. Sie erzeugt Einheit und Trennung. Der Leib bewirkt eine Doppelform des Erlebens: ein Innen und ein Außen. Innen und außen werden durch den Lebensatem rhythmisch verbunden.

Die zielgerichtete Lebenskraft garantiert den äußeren Lebensablauf. Die einzelnen Lebensphasen von Kindheit, Jugend, Reife und Alter folgen aufeinander wie der äußere Wechsel der Jahreszeiten. Die Entwicklung der leiblichen Sinne ist das Wiegengeschenk des Lebens. Gestilltwerden durch die Mutter und Schlafen nähren den Säugling. Der Hautkontakt überträgt bereits die zärtlich-liebenden Gefühle der Mutter auf das Kind. Der kleine Erdenbürger entdeckt die Umwelt. Er versucht, sich alles einzuverleiben. Alles steckt er in den Mund. Schmecken, Betasten, Riechen sind die Mittel seiner Erkundung. Über das Ohr dringen die Geräusche in ihn ein. Er lernt unterscheiden. Schließlich schärft sich das Auge. Das Kleinkind erkennt Mutter und Vater. Erst krabbelnd, dann gehend, endlich sich freibewegend erobert sich das Kind seine Welt. Eines Tages werden die Kinderschuhe zu klein. Es kommt die Zeit der Jugend und des Erwachsenseins. Wer ermißt den Reichtum, den die Sinne des Menschen in zwanzig oder dreißig Jahren gesammelt haben? Welche Schätze von Eindrücken und Erinnerungen lagern in den Scheuern des Bewußten und Unterbewußten am Ende eines Menschenlebens?

Wie geht nun der Mensch auf dem inneren Weg mit dem Reichtum seiner Sinnenwelt um? Wie wird ihm die Gabe zur Aufgabe?

Auge und Ohr, Riechen, Schmecken und Betasten können gar nicht vielseitig genug entwickelt werden. Schule, Beruf und Freizeitgestaltung stehen im Dienst dieser Verfeinerung der Sinne. Trotzdem bleibt vieles dem Zufall überlassen.

Der moderne Lebensstil

Der moderne Lebensstil in der westlichen Welt produziert auf allen Gebieten ein Überangebot. Supermärkte, Warenhäuser sind vollgestopft. Eine raffinierte psychologische Werbung weiß die Kauflust der Massen zu mobilisieren. Das Auge des einzelnen ist einer Reizüberflutung von Bildern ausgesetzt. Die Plakatsäulen in den Straßen werden zum Blickfang. Bildzeitungen machen Schlagzeilen. Sie befriedigen die Sensationslust. Im Auto, am Arbeitsplatz, in den Markthallen erklingt gedämpfte Hintergrundmusik. Die Geräuschkulisse gehört zum Alltag wie die Luft. Das Fernsehen mit einem reichen Unterhaltungsprogramm füllt den Abend des Tages.

Ist dieser alltägliche Lebensstil geeignet, den Reichtum der Sinne als Aufgabe zu meistern? Wohl kaum. Warum ist diese vorsichtige Skepsis berechtigt?

Der Normalverbraucher wird leicht zum Konsumenten. Er läßt sich berieseln. Seine passive Haltung macht ihn zum Zuschauer. Es fällt ihm immer schwerer, sich mit sich selber zu beschäftigen. Konsum wird zur Sucht: im Trinken, im Rauchen, im Fernsehen. Ohne es so recht zu merken, wird der einzelne gelebt, statt selber zu leben. Das Leben bleibt oberflächlich und hohl.

Vielen Menschen erscheint dieses oberflächliche Leben so normal, daß sie nicht einmal darüber nachdenken. Zum Nachdenken fehlt auch die Zeit. Denn sie leben in einer pausenlosen Zeitnot. Immer ist etwas los. Sie jagen und hetzen durch ihren Tag. Ist es Flucht vor sich selbst? Flucht vor dem anderen? Ist es Verdrängung von unbewältigter Vergangenheit? Ist es Furcht vor der Zukunft? Ist es Bequemlichkeit? Was auch immer es sein mag, es ist kein beglückendes Leben.

Auch der Mensch auf dem inneren Weg bewegt sich im Strom dieses modernen Lebens. Er atmet die gleiche Luft. Er arbeitet am gleichen Arbeitsplatz. Er fährt Auto, reist mit der Bahn, hört Nachrichten, sieht Fernsehprogramme. Trotzdem ist er anders. Was unterscheidet ihn vom Jedermann der Straße?

Sinnenwelt und inneres Wachstum

Der Jedermann der Straße ist nicht Herr seiner Lage. Daß er selber nicht darum weiß, daß er vielleicht gar nicht darum wissen will, ist ein Beweis für die große Anziehungskraft der Sinnenwelt. Ich denke dabei nicht in erster Linie an Alkohol, an Drogen, an die Reize der Sinnlichkeit. Der durchschnittliche Lebensstil ist im Visier.

Wie gelingt es dem Menschen auf dem inneren Weg, die große Anziehungskraft der Sinnenwelt als Entwicklungshilfe für sein inneres Wachstum einzusetzen?

Am Beginn des inneren Weges besitzt die Sinnenwelt noch ihr Übergewicht. Das ist natürlich. Es ist sogar hilfreich. Der äußere Anreiz schärft die einzelnen Sinne. Ihre Verfeinerung ist notwendig auch für das innere Wachstum. Sie wird daher auf dem inneren Weg ganz bewußt gepflegt. Wie geschieht dies konkret? Es ist sehr hilfreich, diese bewußte Schulung der einzelnen Sinne sich klarzumachen.

Inneres Sehen

Ein oberflächlicher Blick orientiert sich grob. Er nimmt wahr, ohne Einzelheiten zu registrieren. Das Bild der Wahrnehmung bleibt verschwommen. Umrisse werden im Gedächtnis behalten. Sie sind zu flüchtig, um lange zu haften. Die Phantasie füllt die Lücken der Erinnerung. Wenn beispielsweise Zeugen eines Unfalles vernommen werden, kommen diese Verfälschungen der Phantasie ans Licht.

Im alltäglichen Leben übersieht der Mensch sehr viel. Man braucht nur den Nächstbesten darum zu bitten, den Weg, den er tagtäglich zu seiner Arbeitsstelle zurücklegt, genau zu beschreiben. Manche könnten nicht einmal exakt die Einrichtungsgegenstände ihrer Wohnung schildern. Manche müssen erst überlegen, wenn sie nach ihrer Autonummer oder Rufnummer oder der Nummer ihres Kontos unvermutet gefragt werden.

Wer sein Auge schulen will, der nimmt sich Zeit, eine Blume, einen Baum, ein Haus, einen Menschen aufmerksam zu betrachten. Er öffnet sich innerlich. Seine Gedanken beruhigen sich. Sie sammeln sich und konzentrieren sich auf diesen Menschen. Die innere Anspannung läßt nach. Sonst würde eine Fixierung den Blick starr machen. Inneres Gelöstsein erleichtert es dem Menschen, alle Ablenkungen mehr und mehr auszublenden. Er wird immer geübter, im Blick auf den anderen Menschen, sich selber zunächst zu vergessen. Die Selbstvergessenheit entspannt. Sie weitet das eigene Innere, um den anderen Menschen ganz in sich aufzunehmen.

Zunächst entsteht ein allgemeiner Eindruck. Dieser erste allgemeine Eindruck erfaßt intuitiv mehr oder weniger das ganzheitliche Wesen des anderen. Das Wesen des anderen wird um so unverfälschter erfaßt, je absichtsloser der Beobachter es in sich aufnimmt. Ängste oder Befürchtungen, Erwartungen oder berechnende Verzweckung, Vereinnahmung oder Rachegefühle verstellen den Blick. Vorurteile setzen bereits Filter, die das Auge trüben.

Am Beginn des inneren Weges muß der einzelne lernen, diese Trübungen seines Wahrnehmungsblickes zu erkennen. Sein eigenes Erleben ist ja noch wesentlich bestimmt von der Vielschichtigkeit und Widersprüchlichkeit seiner Egozentrik. Die Ichverhaftung seiner Existenz verzerrt die Begegnung mit der inneren und äußeren Wirklichkeit. Je mehr der innere Weg den Menschen von diesen Auswirkungen der eigenen Egozentrik befreit, um so wahrhaftiger und unverfälschter gelingt die Kommunikation der menschlichen Sinne mit der Realität.

Der absichtslose Mensch nimmt beim ersten Blick, wie gesagt, den anderen Menschen wesentlich wahr. Eine innere Berührung von Wesen zu Wesen vollzieht sich. Sie prägt sich tief ein in Gefühl und in Erinnerung. Dieser erste Eindruck kann sich später verwischen oder durch andere Eindrücke überlagern. In Krisensituationen taucht diese Erinnerung plötzlich wieder auf. Sie korrigiert, indem sie warnt oder ermutigt.

Der Mensch auf dem inneren Weg schult sich, möglichst offen, unbefangen und absichtslos den anderen Menschen zu sehen. Jede Begegnung kann zur Gelegenheit werden, den anderen tiefer, umfassender kennenzulernen. Der Blick auf die äußere Gestalt dient der Nachbildung dieser Gestalt des anderen im Inneren.

Die Übersetzung des äußeren Bildes in ein inneres Bild kann nun vertieft werden. Der Blick des Auges nimmt immer mehr Einzelheiten wahr. Genaue Beobachtung registriert kleinste Veränderungen im Ton der Stimme, im Mienenspiel der Gesichtszüge, in der Art der Bewegungen.

Vom Kinde lernt der Mensch auf dem inneren Weg, den anderen Menschen und die Dinge der äußeren Welt so zu sehen, als sähe er alles zum ersten Mal. Diese Kindeshaltung schützt ihn vor abstumpfender Gewohnheit. Die Dinge in der Natur, Tiere und Menschen behalten auf diese Weise einen ursprünglichen Glanz. Sie bleiben für den Kindesblick wundervolle Überraschungen, deren Füllhorn unerschöpflich ist. Kind und Künstler sind darin verwandt, sich das unverbrauchte Staunen bewahren zu können. Der Mensch des inneren Weges übernimmt vom Kind und vom Künstler diese Offenheit.

Der Künstler öffnet dem Menschen des inneren Weges ferner den Blick für das Geheimnis der Dinge. Der Maler sieht im Berg, in der Meereswelle, in Blume und Pflanze den Abglanz ihrer Wesensgestalt. Darum malt er nicht die äußere Gestalt allein. Er ist kein Photograph mit Pinsel und Farbe. Der Maler versucht, in Form und Farbe das innerlich Erschaute äußerlich darzustellen. Das gemalte Bild vermittelt das schöpferische Zwiegespräch zwischen Maler und Gemaltem. Das künstlerische Auge ist durch das künstlerische Charisma begnadet, die Seele der Dinge zum Aufleuchten zu bringen. Der Wesensgrund der Dinge stülpt sich gewissermaßen nach außen. Er wird berührbar, sichtbar, fühlbar.

Der Maler vollbringt diese kreative Verwandlung des Innen zum Außen nur als Künstler. In diesem schöpferischen Zustand ist er gewissermaßen ganz schauendes Auge, ganz formende Hand, dem Prozeß fast ekstatisch hingegeben.

Der Mensch auf dem inneren Weg könnte zugleich ein solcher Maler sein. Was ihn als innerlichen Menschen vom Maler-Künstler dann dennoch unterscheidet, das ist sein Menschsein. Im Maler ist normalerweise der Mensch wenig oder gar nicht am Künstlersein beteiligt. Im Gegenteil. Es ist gerade das Leid des Künstlers, den Zwiespalt zwischen Künstler-Sein und Mensch-Sein schmerzlich ertragen zu müssen. Er kann in sich Künstler und Mensch nicht leicht versöhnen.

Der innere Weg zielt selbst im Künstler mehr auf die Formung des Menschen als auf die Formung des Künstlers. Für den inneren Weg ist das Künstlersein zweitrangig. Der innere Weg konzentriert sich in der Formung so zentral auf die Verwandlung der menschlichen Existenz, daß diese selbst zum lebenden Kunstwerk umgestaltet wird. Der reife Mensch ist dieses lebende Kunstwerk. In diesem schöpferischen Prozeß des inneren Weges profitiert allerdings der Mensch vom Künstler. Es profitiert der Künstler vom Menschen. Sie verstärken und befruchten einander. Denn der Weg des Künstlers und der Weg des inneren Menschen gehen streckenweise parallel auch dort, wo der Künstler kein innerlicher Mensch, wo der innerliche Mensch kein Künstler ist. Während aber der Künstler seine Aufgabe im Kunstwerk sieht, sieht der innerliche Mensch seine Existenz selber als künstlerische Aufgabe. Beim Künstler bleibt der Mensch oft hinter dem Werk zurück. Er bezahlt oft sein schöpferisches Werk mit einem Verlust an persönlicher Ausreife. Der innerliche Mensch bleibt an äußerer Fruchtbarkeit hinter seiner inneren Fruchtbarkeit zurück. Er hat als Kunstwerk nur die verwandelte Existenz vorzuweisen. Die aber bleibt ihm über den Tod hinaus.

Der Vergleich zwischen innerem Weg und künstlerischem Weg erklärt gut, warum der Mensch auf dem inneren Weg so viel vom Künstler lernen kann, auch wenn er selber kein Künstler im Werksinn sein darf. Die Intensität der Verfeinerung der Sinne sollte auf dem inneren

Weg hinter der künstlerischen Sinnesintensität nicht zurückstehen. Damit ist ein ideales Ziel benannt, das bei dem konkreten Menschen auf dem inneren Weg meist nur annähernd erreicht wird. Aber die Ausrichtung stimmt für jeden Wanderer auf dem inneren Weg.

Auf dem inneren Weg kommt von allen Sinnen der Verfeinerung des Auges vielleicht am meisten Bedeutung zu. Selbst die Gottesschau der Seligen weist auf das Auge der Liebe hin. Darum kann die Art und Weise des Dichters dem inneren Weg die Unterweisung des Malers ergänzen.

Auch der Dichter besitzt ein besonderes Auge. Ihm ist es gegeben, an einer blühenden Rose das Geheimnis der Rose in Worte einzufangen. Das Auge des Dichters besitzt gewissermaßen einen siebten Sinn. Es ist so, als könnte er die äußere Hülle der Dinge abstreifen. Sein Blick scheint bisweilen vorzudringen bis zum Ursprung der Schöpfung. Die Theologie behauptet, daß Gott die äußere Welt der Dinge dadurch im Dasein erhält, daß er alle Dinge in jedem Augenblick neu schafft. Das schöpferische Wort Gottes im Uranfang verstummt also keinen Augenblick. Es bleibt ein immerwährender Klang, der von Ewigkeit zu Ewigkeit widerhallt, der in jedem Moment Abermilliarden von Welten aus sich entläßt. Der prophetische Seher erschaut in Träumen und Gesichten einzelne Wellen aus dem Meere der Zukunft. Der Dichter erkennt mit seinem Auge die zu Form und Gestalt gewordenen Wellen göttlichen Lebens. Der Dichter sieht noch deutlich die Fußspur des göttlichen Herrn. Darum wird der Dichter zum Sänger. Seine Worte sind Lieder. In ihnen atmet noch der Nachhall des göttlichen Wortes. Dieser Nachklang macht das dichterische Wort unsterblich. Seine weihevolle Stimmung bezeugt die göttliche Schwingung. Das Herz des Dichters weiß es, selbst wenn der Verstand des Dichters Gott verleugnet.

Der Fußspur des göttlichen Herrn spürt auch der Mensch auf dem inneren Weg nach. Seine Seele sucht den ewig Liebenden und Geliebten, auch wenn der Mund des Suchenden ihn anders benennt. Darum treibt den Menschen auf dem inneren Weg die Sehnsucht. Sein Auge schärft sich für die Schattenseiten des Daseins. Sein Blick trennt immer sicherer den Schein vom Sein. Immer weniger läßt er sich täuschen von Lüge und Verstellung. Als Wanderer des inneren Weges werden ihm Haus und Heimat zum Geschenk, das er verwaltet, ohne es zu besitzen. Das Auge des Wanderers richtet sich immer entschlossener auf das existentielle Ziel seines inneren Weges. Dieses Ziel wird zum Richtmaß für den Alltag. Die Bedürfnisse richten sich immer klarer aus an dem einen

Notwendigen. Mehr und mehr fällt alles Überflüssige weg. Nicht aus Zwang. Es fällt, wie die verbrauchten Blätter des Baumes fallen, wenn ihre Zeit gekommen.

Durch diese Vergleiche des Menschen auf dem inneren Weg mit Malern und Dichtern sind die Gedanken weit vorausgeeilt. Das weite Ausholen der Gedanken entspricht der Größe dieser Gestalten. Ihr begnadetes Auge durchdringt Tiefe und Weite gleichermaßen. Darin sind sie Meister. Als Meister werden sie Lehrer für den inneren Weg. Der innere Weg möchte aber nicht nur das Auge des Wanderers entwikkeln und verfeinern. Das Gehör erschließt dem Menschen andere Dimensionen der äußeren und inneren Wirklichkeit, die nicht weniger kostbar sind für den inneren Weg. Selbst der weise Salomon bittet als junger König Gott im Traum um ein hörendes Herz.

Inneres Hören

Um besser hören zu können, ist es bisweilen hilfreich, die Augen zu schließen. Der Hörende wird bei geschlossenen Augen ganz Ohr. Er horcht. Im Horchen liegt noch viel Anstrengung. Alle Kräfte des Vernehmens konzentrieren sich auf eine bestimmte Richtung, auf einen bestimmten Laut oder Ton. Horchen verstärkt den Laut indirekt durch die Intensität des Hinhörens. Alle anderen Geräusche werden ausgeblendet. Die Dunkelheit der Nacht, ihre wohltuende Stille verstärken die Intensität des Horchens. Im Tageslicht sind die geschlossenen Augenlider wie ein Ersatz für den Schleier der Nacht. Horchen ist intensiver Gehörkontakt. Der Kanal zwischen Ohr und Laut verengt sich.

Der Lauschende unterscheidet sich vom Horchenden. Das äußere Ohr bleibt offen wie beim Horchenden. Aber es fällt die Anstrengung von ihm ab. Das äußere Ohr erweitert sich gewissermaßen nach innen. Das Herz tritt mit ihm in unmittelbaren Kontakt. Das hörende Herz bildet sich auf dem inneren Weg aus. Es gleicht dem wunderbaren Resonanzboden eines Instrumentes. So entsteht der volle Klang, der die Seele des Menschen auf dem inneren Weg mehr und mehr füllt.

Man hat die Musik die Sprache der Seele genannt. Mit Recht. Maler und Dichter sind die Lehrmeister des Auges. Der Musiker ist der Meister des Ohres. Der Mensch des inneren Weges gewinnt für die Bildung seines hörenden Herzens sehr viel von der Musik. Um ihre Wirkung voll empfangen zu können, bedarf es für den Menschen des inneren Weges der Vorbereitung. Ein Musikinstrument spielen zu lernen, wäre dafür ideal. Es ist nicht jedem möglich. Das äußere Ohr und das innere Gehör lassen sich auch anders bereiten. Die Schulung kann sehr einfach und unscheinbar im Äußeren beginnen. Jeder kann sie üben.

Der Übergang vom Hören und Horchen zum Lauschen vollzieht sich in kleinen Schritten. Ähnlich wie beim Übergang vom Sehen zum Schauen bedarf es der inneren Sammlung der Aufmerksamkeit. Sie wird mannigfach erschwert durch Ablenkung und Zerstreuung. Eine äußere Geräuschkulisse mit ihrem Stimmengewirr verstopft das Ohr außen wie innen. Müdigkeit des Leibes, Tränen des Herzen, Schmerzen der Seele umhüllen das innere Ohr mit Schleiern. Die Klänge werden dumpf und verschwommen. Vorbereitung räumt diese Hindernisse aus dem Weg. Nach erquickendem Schlaf ist die Seele am Morgen vor Tagesanbruch in der Stille der Dämmerung wohl am empfänglichsten. Den Segen dieser Morgenstunde können allerdings nur Menschen empfangen, die vor dem Schlafengehen am Abend ihre Seele entlasteten. Wer die Sorgen des Tages in Gottes Hände abgibt; wer bei sich selber einkehrt, um den inneren Frieden zu finden; wer seinen Beleidigern verzeiht, um selber für seine Schuld Vergebung zu finden; wer den Abschied vom Tag als Gleichnis für seinen Abschied vom Leben annimmt; wer sich Rechenschaft gibt von seiner Verwaltung am Ende des Tages; der wird mit frischer Seele und mit dankbarem Herzen den neuen Tag beginnen.

Der Mensch auf dem inneren Weg wird sich für den Tag einstimmen mit seiner allmorgendlichen Meditation. Sammlung und Stille üben das innere Ohr ein für das heilige Wort. Manche wiederholen es: langsam, verweilend, liebend. Die Pausen dehnen sich. Der Nachhall der heiligen Worte füllt die Stille. Eine Wechselwirkung entsteht. Das Wort belebt die Stille. Die Stille durchtränkt das Wort, wie Wasser einen Schwamm tränkt. Das Wort wird gewichtiger. Ein Satz, ein heiliges Wort wandelt sich zur Schale. Sie faßt immer mehr Sinnzusammenhänge wie klares Bergwasser. Ahnungsweise spürt der Mensch, der still in sich hineinhört, daß Worte Nahrung der Seele sind. Worte werden zu Speise und Trank für den harten Arbeitstag. Worte sind Weg-Zehrung im übertragenen Sinn.

So für den Tag eingeübt, gestärkt vom heiligen Wort, wächst der Mensch auf dem inneren Weg selbst inmitten der Geschäftigkeit am Arbeitsplatz. Sein äußeres und inneres Ohr übt er darin, vieles Unwichtige und Nebensächliche zu überhören. Er spart Kraft, um das Wichtige und Wesentliche sorgfältig zu prüfen, zu hören, aufzunehmen. Bei Geschwätz und Klatschereien verhält er sich zurückhaltend. Er ist kein

Spaßverderber und schon gar kein Maulheld. Der innere Mensch gewinnt feine Ohren für die Zwischentöne in einem Gespräch. Er lernt unterscheiden zwischen Vorwänden und Gründen, wenn der andere ihn hinters Licht führen möchte. Er hört aber auch die versteckte Bitte um Hilfe, wenn Scham oder Angst den anderen nur stottern und stammeln lassen. Das innere Ohr lernt es, sogar die fremde Herzensnot hinter Hohn, Spott oder Aggressionen herauszuhören. Mit solchen Mißklängen vertraut, beglückt die Sprache der Liebe den Lauschenden um so tiefer.

Kann der Musiker den Lauschenden tiefer belehren als der Liebende? Tiefer wohl kaum, aber anders. Was zeichnet den Musiker als Lehrer des Menschen auf dem inneren Weg denn besonders aus? Dem Musiker wird die Welt zur Offenbarung in Klang und Ton. Das Leben mit seinen Höhen und Tiefen strömt auf den Musiker ein und verwandelt ihn selber zum Instrument. Indem er komponiert, musiziert, erlebt er die innere Klangfülle nur um so reicher und reiner. Selbstvergessen improvisiert er, weil es in ihm spielt, durch ihn hindurch tönt. So füllen sich die Notenseiten, bis ein Werk nach dem anderen sich vollendet. Im Reich der Töne sind Meister der Musik Geschenke des Himmels über Jahrhunderte hinweg. Alle Stimmungen ihres leidvollen und erfüllenden Lebensweges sind eingefangen. Sie erklingen heute so neu und unverbraucht wie bei ihrer Uraufführung.

Weil die Meister der Musik oft so harte Lebenswege gehen mußten, berühren ihre Melodien die Seele so unnachahmlich reich und bewegend. Bald zart wie ein Liebender, bald stürmisch wie eine rasende Leidenschaft greifen sie dem Hörer ans Herz. Der innere Mensch wird es ihnen kaum gleichtun. Er ist vielleicht ein schlichter Wanderer und kein Genie. Aber das hörende Herz des inneren Menschen ist nicht weniger grenzenlos als das Herz eines Beethoven oder eines Mozart. Mit Dank läßt es sich ergreifen von deren unsterblichen Werken. Auf dem inneren Weg wird es lernen, daß all diese unsterblichen Werke jener tönenden Stille entströmen, zu der es selber unterwegs ist. An jenem Urquell sind Farben Töne, sind Töne Farben. Dort verschmelzen Sehen und Hören zu einem einzigen Sinn.

Im kurzen Erdenleben bleiben auch für die meisten Menschen des inneren Weges Farbe und Ton getrennt. Das Zeugnis der wenigen, denen die Einheit von Farbe und Klang als Erlebnis geschenkt wurde, ist Ansporn genug, das Ziel des inneren Weges immer fester ins Auge zu fassen.

Das Schauen des Auges und das Verweilen des Lauschens sind wohl von allen Sinnestätigkeiten die wirkmächtigsten für das innere Wachstum. Dem Riechen, Schmecken und Betasten fällt eine Nebenrolle zu. Darum genügen wenige Worte, um ihren Beitrag für den inneren Weg zu skizzieren. Es geschieht unter dem Stichwort „Inneres Verkosten".

Inneres Verkosten

Verliert eine Blume ihren Duft, so bleibt ihr die äußere Schönheit. Dennoch zeichnet Enttäuschung das Gesicht, wenn ein Mensch sich erwartungsvoll über die Blume beugt. Die Schönheit allein entschädigt nicht für den vermißten Duft. Es ist, als fehle der Blume ihre Seele. Der Wind wird dennoch sie bestäuben. Den Bienen und Insekten fällt dies schwerer. Neben der Farbe der Blütenblätter spielt der Duft die Rolle der Einladung.

Die menschliche Alltagssprache drückt das Empfinden der Abneigung im Sprachbild des „Nicht-riechen-könnens" aus. Es ist, als hätte auch der Mensch seinen spezifischen Geruch. Leiblich stimmt dies. Im übertragenen Sinn ist dieses „Nicht-riechen-können" vieldeutig.

Die sakrale Sprache weiß in allen Religionen um die Erfahrung des Wohlgeruches der Heiligen. Sie sind die schönste Frucht des inneren Menschen. Es ist so, als würde sich die Verwandlung des Heiligen in einen göttlichen Menschen dem Geiste, der Seele und dem Leibe wie eine Essenz mitteilen. Eine Kraft strömt vom Heiligen aus, die nicht weniger die Menschen anzieht, wie der Duft der Blume anlockt.

Kann man diese Ausstrahlung lernen oder einüben? Man wird über eine solche Frage lächeln. Denn der auf dem inneren Weg Erfahrene weiß, daß die Ausstrahlung und Anziehungskraft dem Wesen des Heiligen entströmen wie das Wasser einer Quelle. Kein Sonnenstrahl ist denkbar ohne Sonne. Ebenso gibt es keinen inneren Wohlgeruch ohne Heiligkeit.

Der äußere Wohlgeruch ist käuflich. Wenn sich eine schöne Frau schmückt und zum Parfüm greift, so kann ihr beides zum Sinnbild werden für den inneren Weg. Auch ihre körperliche Schönheit bleibt nur eine hübsche Gestalt, wenn ihr die schöne Seele fehlt.

Ähnlich symbolträchtig wie der Duft für den Geruchssinn ist für den inneren Weg die Verfeinerung des Schmeckens zur Kunst des Verkostens. Wohl die meisten begnügen sich damit, ihren Hunger und Durst zu stillen. Viele tun es zerstreut. Sie lesen dabei Zeitung, hören beim

Essen Nachrichten, sie unterhalten sich angeregt. So lernt keiner den Unterschied von Schmecken und Verkosten. Die Kunst des Verkostens ist wie eine Meditation der Dinge und des Geschmackes. Eile und Unrast sind dafür ungeeignet. Es bedarf der Muße, um verkosten zu können. Es braucht Sachverstand, um eine Speise oder ein Getränk in seinem Wertgehalt schätzen zu können. Eine Weinprobe ist dafür ein guter Hinweis.

Wer das Verkosten äußerer Genüsse erlernt, der wird bald merken, daß er auch für den vollen äußeren Genuß der inneren Disziplin bedarf. Es ist nicht leicht, das Essen und Trinken zu beenden, wenn es am besten schmeckt. Wer den Becher der Lust bis auf den Boden leert, der trinkt auch mit dem Bodensatz den Ekel.

Maßhalten im Genießen verschafft den größten Genuß. Das weiß jeder erfahrene Genießer, der kein Stümper bleiben will.

Um wieviel mehr gelten diese Regeln für die Kunst des Verkostens auf dem inneren Weg. In dieser Lehre lernt der innere Mensch, den Geschmack seines egozentrischen Fühlens, seines egoistischen Wollens, seines ichsüchtigen Denkens zu veredeln. Erst wenn er mit seinem wahren Wesen innerlich in Fühlung kommt, erkennt er den großen Unterschied. Dem inneren Menschen ist dann zumute wie einem Menschen, der bisher nur Wasser gekannt hat. Der erste Schluck Wein erklärt ihm den Unterschied zwischen Wasser und Wein ohne Worte. Der Geschmack unserer Ichverhaftung durchsetzt seit den Tagen unserer Kindheit unser gesamtes Lebensgefühl vom Morgen bis zum Abend. Wir trinken – im Bilde gesprochen – aus den trüben Zisternen unserer Ichsucht ein fauliges Wasser, um uns notdürftig am Leben zu erhalten. Der innere Weg führt uns zum klaren Quellwasser. Der innere Mensch findet in den Weinkeller des vollkommenen Lebens.

Über den Reichtum der Sinne wäre noch viel zu sagen. Der innere Weg verfeinert sie. Er beschneidet sie, um einer größeren Fruchtbarkeit willen. Die äußeren Sinne werden dem inneren Menschen zum Gleichnis für die Ausbildung seiner inneren Sinne. Auch die Seele besitzt ihr Auge und ihr Ohr. Auch der Geist greift nach den äußeren Dingen. Im Be-Greifen erkennt er sie. Das Betasten mit der körperlichen Hand und das Berühren der Dinge mit dem Herzen und mit dem Nachsinnen haben viel Ähnlichkeit. Die Spannweite zwischen routinemäßigem Zupacken bei einer mechanischen Arbeit und dem zarten Liebkosen einer Umarmung ist so groß wie der Abstand von Erde und Himmel.

Der innere Weg schafft Abstand zu den Dingen und Menschen, um sie besser sehen, klarer hören, inniger berühren zu können. Der innere Weg setzt daher für das innere Wachstum auch die beiden anderen Gaben des Leibes ein: die männliche Kraft und die weibliche Schönheit.

Kraft des Leibes

Kraft ist die Ursehnsucht des Menschen. Von klein auf messen die Jungen ihre Stärke im Wettkampf aneinander. Das Spiel des Kräftemessens beherrscht die verschiedenen Dimensionen des Lebens. Leibesstärke, Schlagfertigkeit der beredten Zunge, Schlauheit und Mutterwitz, Fachkompetenz und wissenschaftliche Leistung, Schachzüge in der Politik, Erfindergeist und reformerisches Talent: auf allen diesen Gebieten werden die Kräfte gemessen. Ritterspiele des Mittelalters und gelehrte Diskussionen auf modernen Fachkongressen haben bei aller Verschiedenheit des Rituals in bezug auf dieses Kräftemessen eine verwandte Struktur.

Worin besteht wohl die Faszination dieses Spieles? Ist es nur der Drang nach Ruhm und Ehre, nach Erfolg und Auszeichnung?

Der Ehrgeiz findet gewiß darin seine Erfüllung. Aber die Erfüllung erzeugt nur eine kurzlebige Befriedigung. Etwas Unersättliches regt sich auf dem Grunde dieses Kräftemessens.

Jener Augenblick der Siegerehrung bei der Verleihung einer Goldmedaille zum Beispiel vermittelt eine Ahnung von Unsterblichkeit. Es mag nur der Bruchteil einer Sekunde sein. Aber dieser Bruchteil einer Sekunde genügt, um unvergeßlich sich in das Erleben und in die Erinnerung des Ausgezeichneten einzugraben. In diesem Augenblick berührt den Sieger etwas Unvergängliches, an dem seine leibliche Fassungskraft nun wie in hauchzarter Berührung teilnehmen kann. Diese Berührung aber berauscht und läßt für einen Augenblick alles vergessen. Sie kommt stets neu zurück in die Erinnerung. Ein solches Erlebnis kann zum geheimnisvollen Talisman werden, der die Schatten des Lebens für lange Zeit erhellen kann. In der Erlebnissprache der Leibeskraft wird hier innerlich etwas verkostet, was der Speise der Götter mehr ähnelt als der Tafel der Sterblichen.

Vom inneren Weg her gesehen liegt in dem Gefühl dieser „Kraft-Seligkeit" der helle Glockenklang einer Ahnung. Dem offenen Ohr kann sie eine Offenbarung werden.

Der innere Weg sieht in der Meisterung der körperlichen Kräfte im Hochleistungssport ein Gleichnis. Jeder weiß, welcher Einsatz an tagtäglicher Übung notwendig ist, damit sich der Leistungssportler einigermaßen auf der Höhe seiner Leistung halten kann. Alles wird diesem Ziele untergeordnet: Familie, menschliche Beziehung, Beruf, Freizeitgestaltung, Hobby.

Der Preis dafür ist hoch. Denn das Älterwerden zehrt an der Kraft. Krankheiten schwächen den Körper. Unglücksfälle zwingen dazu, die Träume von zukünftigen Siegen vielleicht für immer zu begraben. Manchem Skifahrer wird die Sprungschanze oder die Abfahrt beim Slalom zur Todesfalle. Dennoch riskiert der Sportler aus Leib und Seele sein Leben.

Wären alle Wanderer auf dem inneren Weg von solchem Kampfgeist beseelt, so gäbe es auf dem inneren Weg nur Sieger. Der innere Weg hat zudem den Vorteil, daß er nicht wie der Leistungssport auf die körperlichen Kräfte alleine setzt. Der Einsatz auf dem inneren Weg ist umfassend. Er vermag auch, Krankheiten, Unglücksfälle, Altwerden voll in den Entwicklungsprozeß einzubinden. Auf dem inneren Weg können alle Lebensumstände zur Übung werden. Keine Anstrengung ist für das innere Wachstum umsonst. Nichts läuft ins Leere.

Gleichzeitig bleibt alles in der Schwebe. Die Angebote des Lebens sind in sich neutral. Sie können gebraucht oder mißbraucht werden. Sie fördern das menschliche Wachstum, oder sie behindern das Wachstum. Gnade und Versuchung wohnen im gleichen Haus. Das gilt für das Verhältnis zur männlichen Kraft. Es gilt gleichermaßen für die Begegnung mit der weiblichen Schönheit.

Schönheit als Spiegel

Schön zu sein, ist der Traum jeder Frau. Im Märchen verrät das Spieglein an der Wand, wer die Schönste sei im ganzen Land. Die äußere Schönheit einer wohlproportionierten leiblichen Gestalt fällt natürlich zuerst ins Gewicht. Das richtige Verhältnis der einzelnen Glieder und Körperteile zueinander bestimmt die äußere Form leiblicher Schönheit. Sie ist die Grundlage für das Selbstwertgefühl der Frau. Ein guter Geschmack weiß die einzelnen fraulichen Reize unauffällig zu betonen. Frisur und richtig gewählte Kleidung in Schnitt und Farbe können die leibliche Form in ihrer Wirkung verstärken. Gesten und anmutige Bewegung, das Gespür für schickliches Verhalten runden das äußere schöne Erscheinungsbild ab. Es zieht die Blicke der Menschen magnetisch auf sich und hebt das frauliche Selbstwertgefühl zu Anmut und Würde empor.

Diese Wirkung auf andere ist eigentlich um so reizvoller, je weniger die leibliche Schönheit einer Frau ihre Eitelkeit und Gefallsucht erweckt. Diese eitle Selbstbezogenheit hat bereits den Zauber unverbrauchter Frische verloren. Die unverdorbene Unbefangenheit weiblicher Schönheit, die ihrer selbst nur halbbewußt ist und absichtslos wie eine Rose erblüht, besitzt noch den Schmelz ursprünglicher Lauterkeit. Sie strahlt etwas aus vom Glanz der Rose, die absichtslos blüht, deren Duft sich verströmt ohne Geiz und ohne „lautes Räuspern", das auf sich aufmerksam machen möchte.

Leibliche Schönheit lebt nun nicht von der Wohlgestalt des Körpers allein. Schönheit nährt sich vom inneren Glanz der Seele. Fehlt dem Gesicht dieses innere Leuchten, spricht das Auge nicht die Sprache der Seele, so verblaßt die schöne Gestalt. Was bleibt, ist eine hübsche Form, die wie ein Haus erscheint, das nicht mehr bewohnt ist. Die glanzlosen Augen gleichen Fenstern, die verhangen sind. Ein aufmerksamer Beobachter spürt indes, daß hinter den Vorhängen das Leben bereits erloschen ist. Selbst der Leib reagiert auf diese leblose innere Stille auf eigene Weise. Er verfällt wie ein unbewohntes Gebäude.

Diese Beobachtung öffnet uns eine Tür, um tiefer in das Wesen der Schönheit einzudringen. Wenn der Schlüssel zum Geheimnis der leiblichen Schönheit der innere Glanz ist, den die Seele ausstrahlt, dann ist der Weg nach innen selbst für die leibliche Schönheitspflege wenigstens ebenso wichtig wie die äußere Kosmetik. Eine Frau, die das lebensmäßig begreift, wird vieles in ihrem Alltagsverhalten ändern können. Sie wird weniger dazu verleitet, das äußere Erscheinungsbild überzubewerten. Sie wird ein Gespür dafür entwickeln, inneres und äußeres Verhalten immer mehr in Einklang zu bringen. Ihr geht tiefer auf, daß die vitalen Reizeffekte nur die naturgegebene Grundlage der Schönheit sind. Sie begreift, wie schnell sich diese Reize verbrauchen, wenn sie ihre Dynamik nicht austiefen und erweitern dürfen. Das seelische Schwingungsfeld schenkt der leiblichen Vitalkraft erst die Fülle kraftvoller Resonanz.

Schönheit gestaltet sich aus der Durchdringung von Leib und Seele. Sie lebt ebenso vom Kraftfeld formgebender innerer Ordnung. Die Helle und Lauterkeit der Gefühle und Gedanken schenkt der leiblichen Schönheit jenen unnachahmlichen Zauber ursprünglicher Anziehungskraft, die einen Strahl paradiesischer Schönheit in sich birgt.

Der paradiesische Ursprung erinnert uns an jene Schönheit des ersten Menschenpaares, das aus Gottes Hand und aus Gottes Herzen hervorging. In mythischen Bildern wird dieser Zustand geschildert, wie Gottes

Plan mit den Menschen aussah. Der Atem Gottes durchstrahlte ihren Leib, der nicht allein von einer „schönen Seele" erfüllt war. In dieser ursprünglichen Seele regte sich ein klarer Geist, der bis in die Wesenstiefen der anderen Geschöpfe eindringen konnte. Darum vermochte Adam die Tiere ihrer Wesensart entsprechend zu benennen. Von der inneren Harmonie des ersten Menschen her baute sich ein äußerer Friede auf, der alle Geschöpfe in Eintracht miteinander leben ließ. Das Tiefste an dieser menschlichen Schönheit im Paradies war aber die Durchlichtung aller Seinsschichten des Menschen durch das göttliche Abbild auf dem Grunde ihres Wesens. Dieses Abbild Gottes schuf auch nach außen hin eine Lichthülle, die der körperlichen Nacktheit jene Würde verlieh, wie sie nur den Kindern Gottes eignet. Der Glanz göttlicher Schönheit verlieh jenen Zauber der Unschuld, die auch das Geschlechtliche als heilige Gottesgabe verehren konnte, ohne von selbstsüchtiger Genußgier verdunkelt zu werden. Erst als die Gehorsamsprüfung, vom verbotenen Baum nicht zu essen, nicht bestanden war, wich dieser überirdische Glanz vom Menschen. Seine Nacktheit enthüllte sich als Blöße, deren er sich zu schämen begann.

Der gefallene Mensch lernte die Angst vor Gott kennen. Ihr folgte die Angst vor sich selbst und die Angst vor dem anderen. Der helle Blick trübte sich mit dem Verlust des Paradieses. Über Nacht war die menschliche Existenz ins Zwielicht geraten. Ein Gewand aus Tierfellen war der Ersatz des göttlichen Lichtkleides. Dornen und Disteln säumten den Weg in die menschliche Heimatlosigkeit. Das Blut des Brudermordes tränkte bald die Erde, als Kain den Abel erschlug. Nur das Herz behielt seine Erinnerung an die Schönheit der paradiesischen Welt.

Die Dichter bewahren dieses Erinnerungserbe am tiefsten. Sie errichten der Schönheit immer neue Denkmäler der Hoffnung. Sie trösten, wenn Trauer das Herz beschleicht, mit ihren Liedern, gewoben aus Traum und Vision. So halten sie die Sehnsucht wach, die Schönheit ursprünglicher Ganzheit als Fernziel nicht aus den Augen zu verlieren.

Die Dichter erinnern an drei Lichtgaben, die der Mensch aus dem Paradies mitnehmen durfte. Alle drei Lichtgaben sind ein wesentlicher Aspekt der Schönheit an sich, nämlich: der funkelnde Sternenhimmel, der neuerwachende Frühling, die strahlenden Kinderaugen. In diesen Aspekten der Schönheit ist der Mensch von seinem Ursprung her in die Naturschönheit mit einbezogen.

Sachverständige unterscheiden davon die Schönheit der Kunst. Sie beruht einerseits auf der Fähigkeit des Künstlers, die Natur nachzuahmen.

Andererseits beruht diese künstlerische Schönheit auf der Faszination des schönen Scheines. Im positiven Sinne genommen, beziehen die Philosophen den schönen Schein auf das Durch-Scheinen der ewigen, göttlichen Ideenwelt. Demnach würde sich selbst in der leiblichen Schönheit des Menschen etwas spiegeln von der universellen Schönheit der menschlichen Natur, an der die individuelle Schönheit des einzelnen Menschen teilhat.

Philosophen und Theologen erreichen noch tiefere Schichten der Schönheit, wenn sie das Schöne in dreifaltiger Einheit mit dem Guten und Wahren sehen. Der Blick in den Seinsgrund und Weltgrund ermutigt auf dem Weg nach innen, die Formung des Leibes geduldig und strebsam zu öffnen für die verwandelnde Durchdringung aller uns möglichen Seinsschichten. Die verwandelnde Durchdringung ist zwar in einem kurzen Menschenleben nur bruchstückhaft möglich. Ihre Vollendung ist aber Verheißung künftiger Unsterblichkeit.

Geschicklichkeit

Der schöne menschliche Leib als natürliches Geschenk wirkt in einer Frau vielleicht vollendeter als in einem Mann. Beide Geschlechter können jedoch auf ihre Art die Anziehungskraft ihrer Schönheit noch steigern durch die Geschicklichkeit. Sie verleiht dem mehr passiven Charakter des Magnetfeldes, das sich um den schönen Leib her aufbaut, eine dynamische Lebendigkeit. Daß dieser Lebendigkeit eine scheinbar mühelose Leichtigkeit eignet, das macht ihren besonderen Reiz aus. Es ist kaum nötig, das im einzelnen zu beweisen oder zu erläutern.

An der Hochform der Geschicklichkeit, wie sie sich in Spielarten der Artisten darstellt, wird dies am augenscheinlichsten. Ein Besuch in einem Zirkus läßt den Zuschauer bei den Kunststücken auf dem Seil immer wieder staunend erschauern, wenn schier unglaubliche Leistungen fehlerfrei gelingen. Mitunter hält er den Atem an, oder er schließt die Augen, weil er im Zuschauerraum innerlich um den waghalsigen Sprung oder dreifachen Salto in schwindelnder Höhe zittert.

Weniger aufregend, doch nicht weniger spannungsgeladen wirken die Überraschungen, wenn der Zaubermeister die Bühne betritt. Seine Fingerfertigkeit vollbringt scheinbare Wunderdinge, deren Geheimnisse nur dem Eingeweihten offenliegen.

Geschicklichkeit, im Gewande anmutiger Grazie, erleben wir bei Aufführungen eines Balletts. Die schöne Körperform scheint bei den Bewegungen ihre Erdenschwere verloren zu haben.

Ähnlichen Genuß bereiten dem Zuschauer die beschwingten Paare beim Tanz auf dem Eis. Man könnte fast neidisch werden auf die Geschmeidigkeit und federnde Leichtigkeit, wäre nicht das Wissen um das harte tagtägliche Training, das bei all diesen Künstlern ihre Hochleistung ermöglicht.

Dieser Preis ist auf allen Ebenen eines meisterhaften Könnens die unabdingbare Voraussetzung.

An diesem Gesetz läßt sich ermessen, daß die Hochform des inneren Weges denselben Regeln sich beugen muß wie die Hochform des äußeren Weges. Beide Hochformen unterscheiden sich nur in der Ausprägung. Die Einforderung in Disziplin und Übung ist die gleiche. So haben äußerer und innerer Weg eine ähnliche Struktur und einen gegenseitigen Verweischarakter. Dem inneren Blick auf das innere Gesetz des Wachsens wird auf diese Weise die äußere Welt in all ihrem Reichtum zum Gleichnis.

Umgang mit der Schönheit

Wie wächst nun der innere Mensch im Umgang mit der Schönheit? Das ungeläuterte Auge sieht die Schönheit und begehrt sie. Kann das begehrliche Auge den schönen Gegenstand zu sich heranziehen, so wird sich die Hand ausstrecken und ihn in Besitz nehmen. Nicht jedes Inbesitznehmen bringt Segen. Die gepflückte Blume wird trotz guter Pflege verwelken. Ein Blütenzweig, der abgerissen wird, ziert vielleicht das Haar als Blütenschmuck für ein Fest. Früchte sind von den Blüten keine mehr zu erwarten. Wer kennt nicht den Zauber des ersten Rauhreifes an Büschen, wenn der Winterfrost sie gestreift hat? Ein unbedachtes oder mutwilliges Schütteln vernichtet die Pracht.

Schönheit ist zerbrechlich, wenn Begierde allein sich ihr naht. Naturschönheit in der Ursprache der Berge oder des Meeres entzieht sich dem Begehren des kleinen Menschen. Die Majestät dieser Urgewalten nötigt dem aufmerksamen Betrachter Bewunderung ab. Er lernt innezuhalten, sich anrühren zu lassen. Das Gefühl eigener Kleinheit und Ohnmacht überkommt ihn. Es weckt in ihm Ehrfurcht und Staunen. Dieses Erleben überträgt der Mensch auf dem inneren Weg auf jene Schönheit, deren Gestalten schwächer sind als er. So erfährt der Mensch, daß er nicht alles besitzen muß, was er sieht. Er wird sinnvoll auswählen, mit welchen schönen Gegenständen er sein Heim ausschmücken möchte. Sein Haus gewinnt dadurch eine individuelle Note, wenn guter Geschmack die Einrichtungsgegenstände aufeinander abstimmt. Die schöne und gepflegte Wohnung vermehrt das Wohlbefinden. Sie schenkt Geborgenheit und beglückende Zufriedenheit.

Werden schöne Dinge nicht gepflegt, so verlieren sie ihren Glanz. Der Mensch auf dem inneren Weg betrachtet seine eigene leibliche Schönheit als kostbares Geschenk. Er beachtet Form und Proportion nicht nur als Anreiz für Liebenswürdigkeit. Auch die Steigerung eines berechtigten Selbstwertgefühles ist ihm erstrebenswerter Lohn. Je mehr er in sich selber ruhen kann, um so tiefer spiegelt sich in der leiblichen Schönheit der Glanz der Seele. Um ihn ist der innere Mensch vor allem besorgt. Seine Schönheitspflege müht sich um eine Läuterung seiner Gedankenwelt. Saubere, reine Gedanken schaffen jene blanken klaren Augen, die mit Recht als Spiegel der Seele gelten. Neidgefühle würden die klaren Augen verschleiern. Sobald sich dessen der innere Mensch bewußt wird, ringt er darum, den Neidgefühlen ihren Boden zu entziehen. Der Vergleich mit fremder Schönheit mag zuungunsten der eigenen Schönheit ausfallen. Absichtsloses Wohlgefallen ist nicht leicht zu erringen. Doch wandelt es den Neid in Wohlwollen. Aus Wohlwollen keimt Zuneigung. Zuneigung öffnet das Herz und befähigt es zum Anteilnehmen und Anteilgeben. Das Gefühl der Fremdheit schwindet. Die Fähigkeit, sich an fremder Schönheit neidlos zu erfreuen, intensiviert die Schönheit der eigenen Ausstrahlung.

Leichter lassen sich die geistigen Güter teilen als die leiblichen. Die Empfindungen des Dichters strömen über seine begeisterten Verse ein in Herz und Geist des Lesers. Dem inneren Menschen werden die tiefen Gedanken philosophischer Einsichten zur Nahrung auf dem eigenen Weg. Geduldiges und beharrliches Schulen im Umgang mit der geistigen Schönheit führt den Menschen an jene Schnittpunkte, in denen Schönheit, Wahrheit und Güte ineinanderfließen. Dieser Zusammenfluß wird dem Menschen zur strömenden Quelle in seinem Inneren. Wahrheitserkenntnis löscht den Durst seines Geistes. Das Erlebnis der Güte sättigt seine Seele. Der Dreiklang von Wahrheit, Güte und Schönheit beschenkt mit einem inneren Adel. Adel durchtränkt die Schönheit des Menschen mit einer Würde, die Achtung und Liebe erzeugt.

Lebensfülle

Die Lebensfülle kann nicht eingeengt werden auf den Reichtum einer einzigen Schicht unseres Wesens. Die menschliche Vielschichtigkeit läßt sich zudem nicht zu jeder Zeit und von allen Menschen voll entfalten. Dafür sind wir Menschen selbst bei unserem durchschnittlichen Format zu reich angelegt. Für eine volle Entfaltung aller unserer Möglichkeiten ist ein einziges Menschenleben viel zu kurz. Darum bleibt vieles in uns bloße Möglichkeit. Manches läßt sich nur ansatzweise entfalten. Einiges wenige darf aufblühen zu einer gewissen Lebensfülle. Aufs Ganze gesehen bleiben wir Fragment.

Hinzu kommt eine zweite Erfahrung. Die leibliche Entfaltung zur Lebensfülle vollzieht sich durch das naturbedingte Wachsen und Ausreifen zur vollen menschlichen Gestalt, ohne daß der einzelne Mensch sich besonders dafür anstrengen muß. Nicht so verhält es sich mit der Entfaltung der seelischen und geistigen Kräfte. Sie erfordern den langjährigen und mühevollen Einsatz des einzelnen. Auf diese Weise bietet sich dem Menschen die Möglichkeit, wenigstens teilweise seine Seele und seinen Geist selber mitzuformen. Je intensiver der einzelne diese Eigengestaltung als Lebenssinn begreift und bejaht, um so tiefer erkennt er, daß es für diese Gestaltung immer neue, immer größere Möglichkeiten gibt. Von dieser endlichen Unendlichkeit der seelischen und geistigen Lebensfülle wird noch die Rede sein. Hier, an dieser Stelle, soll die endliche Unendlichkeit bewußtgemacht werden, um eine Engführung im Verstehen der Lebensfülle zu vermeiden. Lebensfülle, etwa in der Mitte des Lebens, schließt sehr viel mehr in sich als die Freude über einen gesunden und leistungsfähigen Körper. Lebensfülle der Lebensmitte meint auch das ganze Umfeld von Glücksgütern, ohne die es einen Lebensgenuß nicht in Fülle geben wird.

Zu solchen Glücksgütern können wir je nach persönlichen Ansprüchen vielerlei Werte zählen. Einige Beispiele mögen genügen: ein schönes Heim, eine ruhige Lage, ein gesichertes, gutes Einkommen, ein erfüllender Beruf, eine harmonische Familie, gesunde Kinder, ein gutes Eheleben, Freunde und gute Nachbarschaft, Reisen und Feste, Lebensfreude und innere Zufriedenheit. Schon der Reichtum solcher Hinweise macht bewußt, daß normalerweise dem einzelnen diese Fülle nur teilweise vergönnt ist.

Millionen von Menschen müssen sich ein Leben lang mühen, um ein Existenzminimum zu sichern. Unser Herz ist aber so veranlagt, daß es die eigene Lage lieber an denen mißt, denen es besser geht als uns. Es bedarf der Weisheit, um sich mit denen zu vergleichen, denen es schlechter geht. Darum ist es gut, wenn wir ab und zu wenigstens teilweise in die Schule der Lebensminderung geschickt werden. Oft müssen wir verlieren, um das schätzen zu können, was wir vorher ohne innere Dankbarkeit wie selbstverständlich unser eigen nannten. Deshalb ist es gut, daß wir auf dem inneren Weg auch immer die Spannung zwischen Leib und Geist aushalten und ausbalancieren müssen. Spannung ist ein Zeichen von Leben. Spannung ist Herausforderung und Prüfstein auf dem inneren Weg.

Die Spannung zwischen Leib und Geist

Unsere menschliche Struktur ist aus zwei scheinbar entgegengesetzten Elementen, Leib und Geist, zur Einheit gebunden. Die Dynamik beider Ebenen strebt in der Richtung oft auseinander oder sogar gegeneinander. Darin liegt ja der Grund für den Versuch einer extremen einseitigen Lösung. Diese extreme Scheinlösung versucht, je eine Wesensseite zugunsten der bevorzugten anderen Wesensseite zu unterdrücken. Dann muß entweder der Geist dem Leib oder der Leib dem Geist sich unterwerfen. Unterwerfung ist aber keine Lebensmöglichkeit auf Dauer. Denn Leib und Geist sind beide je auf ihre Weise Wesensseiten des Menschen. Gewiß, der Geist in sich ist von höherem seinsmäßigem Rang; denn er überdauert den leiblichen Tod. Geist ohne Leib ist andererseits aber nicht der volle Mensch.

Schon diese kurze Besinnung auf die menschliche Seinsstruktur zeigt, daß auch der Leib seine angestammte Würde hat. Ein zweiter Grund, ihn zu bejahen, ja sogar ihm zu danken, liegt in der Möglichkeit, daß wir durch den Leib als Menschen mit der ganzen sichtbaren Schöpfung verbunden sind. Als Leib-Geist-Wesen bilden wir Menschen die Klammer zwischen der materiellen und der rein geistigen Welt. Die Teilhabe an beiden Bereichen, der sichtbaren und der unsichtbaren Welt, begründet die ungeheure Spannung unseres menschlichen Daseins. Sie verursacht aber auch den Reichtum unseres Menschseins. Denn als Menschen sind wir die Krone der sichtbaren Schöpfung. Der Mensch gilt daher mit Recht als der kleine Kosmos, als Hauptgehalt (Quintessenz) des materiellen Universums, weil im Menschen dieses Universum zu sich selber, zu seinem eigenen Bewußtsein von sich selbst kommen darf.

Andererseits sind wir leibgebundenen Menschen auf der Richterskala der Geistwesen nur die unterste Stufe. Vom Standpunkt des reinen Geistseins aus gesehen, sind uns die reinen Geister zwar haushoch in ihrem Wesen überlegen. Es fehlt ihnen aber jene unmittelbare Kontaktnahme mit der materiellen Welt, die uns der Leib als Leib vermittelt.

All die Menschen nun, die in ihrem Leben eine tiefe Geisterfahrung machen durften, sind davon so beeindruckt, daß sie mehr und mehr dazu neigen, den Leib an dieser beglückenden Geisterfahrung zu messen. Der Vergleich kann dann nur zuungunsten des Leibes ausfallen. Geniale Meister der dichterischen Weisheitslehre und Philosophie wie der Grieche Platon († 347 v. Chr.) prägten ein Menschenbild aus dieser Geisterfahrung, das bis heute seine Faszinationskraft behalten hat. Nach Plato ist die Welt der Ideen die wahre Wirklichkeit. Unsere irdische Welt ist nur ihr Schattenbild. Da jeder Mensch – nach Plato – vor seiner Geburt dieses wunderschöne Reich ewiger Ideen schauen darf, behält er von diesem Anblick eine Erinnerung. Sie wirkt als geheime Erkenntnisquelle im irdischen Dasein nach. Infolgedessen ist unser Erkennen eigentlich nur die Wiedererinnerung an die Schau der Ideen vor unserer Geburt.

Das irdische Dasein selber schildert Plato in kühnen Bildern. Wir Menschen gleichen den Gefangenen in einer Höhle, die gefesselt sind. Das Auge starrt auf die Wand im Höhleninneren. Am Ausgang der Höhle brennt hinter einer Mauer ein großes Feuer. Es wirft die Schatten von Gegenständen, die vorbeigetragen werden, auf die Wand im Inneren der Höhle. Die Gefangenen halten diese Schattenbilder für die wahre Wirklichkeit.

Unser Geist lebt also in diesem Leib wie der Gefangene in der Höhle. Der Leib gilt als das Grab der Seele. Der Sinn des Lebens kann daher nur darin bestehen, aus diesem Höhlengrab auszubrechen, um den Weg aus der irdischen Verbannung entschlossen anzutreten. Ziel dieser Wanderschaft ist das Reich der Ideen, in dem unsere Seele bereits vor der Geburt ihre Heimat hatte.

Diese Rückkehr in unsere angestammte Heimat schildert Plato unter einem anderen mythischen Bilde sehr eindrucksvoll. Nach Plato gleicht der Mensch einem Wagenlenker mit zwei ungleichen Pferden. Das eine Pferd ist ein Flügelroß und strebt nach oben. Das andere Pferd ist lahm und zerrt den Lebens-Wagen zur Seite in den Graben. Im ungleichen Gespann erkennen wir die ungleichen Partner von Geist und Leib.

Platons Abwertung des Leibes hat später auch das Christentum mitgeprägt. Das schicksalhafte Ringen des großen Augustinus mit der eigenen

Heißblütigkeit wurde zum Auffangbecken platonisch-neuplatonischer Gedanken. Der tiefe Pessimismus Augustins im Alter wirkte nachhaltig in der katholischen Kirche bis heute, weil der Kirchenlehrer Augustinus die Jahrhunderte bis ins Hochmittelalter prägte und damit dem christlichen Weg nach innen eine bestimmte Färbung gab.

Die Askese der Wüste verstärkte bei den ersten christlichen Mönchen mit der Weltverneinung auch die Leibfeindlichkeit und entwertete die Frau als Versuchung des Fleisches, dessen Lust der Mönch abgeschworen hatte.

Daß in jüngster Zeit mit der sexuellen Revolte diese ererbten Einseitigkeiten einer Leibfeindlichkeit über Bord geworfen wurden, war eine dialektische Korrektur der Geschichte. Daß die alte Leibfeindlichkeit mit einer Vergötzung des Leibes ausgetrieben werden sollte, brachte indes nicht die Lösung. Bekanntlich berühren sich die Extreme, daher schlagen sie auch wechselweise ineinander um.

Dieser geschichtliche Zusammenhang erklärt, warum eine wesensgerechte Bejahung des Leibes so schwierig ist. Die offene Mitte zwischen Leibfeindlichkeit und Leibvergötzung wird immer ein lebendiger Prozeß bleiben. Zeitweise wird das Pendel dieses Mühens nach oben oder unten ausschlagen. Um so wichtiger ist für das ernste Ringen um den rechten Ausgleich zwischen Leib und Geist die christliche Glaubenswahrheit, daß Gott selber das unbegreifliche Wunder vollzog und ganzer Mensch wurde. Als Gottmensch lebte er glaubwürdig nicht nur die widersprüchliche Einheit von Leib und Geist. Er überhöhte diesen Widerspruch um ein Unendliches, nämlich durch die vollzogene Einheit von Schöpfer und Geschöpf.

Der tiefste Grund, den menschlichen Leib voll zu bejahen, liegt für den Christen gerade in dieser Fleischwerdung Gottes. Sie widerlegt jede Art von Abwertung des Leiblichen auf überzeugendste Weise. Im Gottmenschen geschah nicht nur die Verklammerung von sichtbarer und unsichtbarer Welt. In ihm verband sich göttliche und geschaffene Wirklichkeit für alle Zeiten. In dieser übergreifenden Einheit wird alles einbezogen in den einen kosmischen Gottesleib des Auferstandenen, der alle Menschen zu seinen lebendigen Gliedern machen möchte, sofern sie sich in freiwilliger Hingabe dem öffnen wollen.

Diese Glaubenssicht entgrenzt ferner die zwei anderen Blickwinkel unseres Themas, nämlich die Disziplinierung und Meisterung des Leibes auf dem inneren Weg. Weil Gott selber leibhafter Mensch geworden ist, weil die Menschen Glieder an seinem geheimnisvollen Leib geworden sind: deswegen weitet sich die Disziplinierung und Meisterung des Leibes zu einem menschlichen und göttlichen gemeinsamen Werk. Beide Seiten dieses gemeinschaftlichen Wirkens gilt es daher zu bedenken.

Disziplinierung des Leibes

Disziplinierung des Leibes ist auf dem inneren Weg kein Selbstzweck und kein äußerer Drill. Sie erwächst aus einer Bejahung des Leibes, die mehr meint als den Leib allein. Disziplinierung des Leibes hat eine Formung im Auge, die dem ganzen Menschen zugute kommt. Sie wird dem Leibe gerade dadurch gerecht, daß sie ihn einordnet in das hierarchische Wertgefüge des ganzheitlichen Menschenwesens. Dieses aber besteht aus Leib, Seele und Geist. Die dreifache Schichtung des Menschseins lebt aus seinem ureigensten Aufbaugesetz. Das biologische Grundgerüst vererben die Eltern. Der individuelle Geist stammt aus dem Herzen Gottes. Der Geist als Seele formt sich den Leib zu seinem Werkzeug. Die leibliche Gestalt ist zugleich ein echter Wesensausdruck der unsichtbaren Geistseele. Leib und Geistseele verweisen also bereits vom Lebensbeginn her aufeinander.

Der Geist wohnt im Leib also nicht wie ein Mieter in einer Wohnung. Weil er als Seele den Leib ganz durchdringt, und zwar von Anfang an, seit der Verschmelzung von männlicher Samenzelle und weiblicher Eizelle, deswegen kann eine Disziplinierung des Leibes nicht losgelöst werden von der Formung der Geistseele. Nicht umsonst spricht die Medizin von der leib-seelischen Wechselwirkung bei der Erkrankung wie bei der Genesung des Menschen. Da wir über die Seele und über den Geist in eigenen Abschnitten nachzudenken haben, erläutern wir hier schwerpunktmäßig die leibliche Seite dieser ganzheitlichen Disziplinierung, ohne dabei einseitig zu verfahren.

Zunächst fehlt uns im kindlichen Stadium des Menschenlebens die eigene Einsicht. Im Grunde beginnt unsere Erziehung bereits im Mutterschoß. Erzieher weisen darauf hin, daß mit fünf oder mit sieben Jahren die Struktur unseres Charakters schon weitgehend festliegt. Das zeigt die Verantwortung der Eltern für die Formung unseres Wesens in der entscheidenden Phase des Kindseins. Die Wesensart von Vater und Mutter wird so zum Schicksal, weil wir sie zunächst unbewußt und dann immer bewußter nachahmen. Wir übernehmen ihre Eigenarten, Gewohnheiten, Verhaltensweisen. Sie prägen unser Bild vom Mannsein und Frausein, sei es positiv, sei es negativ. Das elterliche Weltbild und

Gottesbild bestimmen auf lange Zeit unsere eigene Einstellung. Nur mühsam und unter Schmerzen lösen wir uns aus bestimmten Fixierungen unserer Vorprägung durch das Elternhaus.

Noch tiefer als durch die Eltern werden wir geformt vom geistigen Strom unserer Sprache, Kultur und Religion. Das Wertesystem dieser Kulturgaben liefert die relativ gültigen Maßstäbe für unseren Lebensweg insgesamt. Sie bestimmen infolgedessen auch den persönlichen Stil bei der Disziplinierung unseres Leibes.

Da es konkret um die lebendige und offene Mitte zwischen den extremen Haltungen einer Leibfeindlichkeit und Leibvergötzung geht, orientieren wir unsere Gedanken zur leiblichen Disziplinierung gleich am Wertmaßstab des inneren Weges. Beginnen wir mit den alltäglichen Lebensgewohnheiten.

Es entspricht der spirituellen Erfahrung in allen Religionen, daß die frühen Morgenstunden besonders offen sind für den Kontakt mit der eigenen Wesenstiefe. Der vom Schlaf entspannte Leib ist durchlässiger für den Einstrom göttlicher Gnade. Disziplinierung des Leibes bedeutet in diesem Zusammenhang das richtige Verhältnis von Zu-Bett-gehen und Aufstehen. Der Segen der Morgenstunde hängt weitgehend ab von der Gestaltung des Abends. Der Leib bedarf einer bestimmten Anzahl von Ruhestunden. Das Schlafbedürfnis mag sehr individuell sein. Es wechselt beim einzelnen je nach Belastung und Streß. Insofern spielt unser Arbeitsrhythmus eine große Rolle. Extreme Haltungen wie Gehetztsein oder Faulheit, seelische Motive wie Ehrgeiz und Rivalität, spirituelle Werte wie Gelassenheit und Selbstlosigkeit bestimmen diese Disziplinierung des Leibes wesentlich mit.

Jeder Mensch weiß ferner von sich, wie hilfreich für den inneren Weg das Maßhaltenkönnen in Speise und Trank ist. Zwar wäre es übertrieben zu behaupten, der Mensch ist, was er ißt. Dennoch erleichtern die Essensgewohnheiten und die rechte Auswahl der Speisen sehr die Arbeit an der Durchlässigkeit des Körpers. Das Gespür für diese Durchlässigkeit wächst zusehends bei den Übungen des Sicheinfühlens in die einzelnen Körperteile. Die zunehmende Vertrautheit mit unserem Leib baut auf diese Weise ein Lebensgefühl auf, in dem wir erfahren, daß wir nicht nur einen Leib haben, sondern daß wir ein Leib sind.

In diesem lebendigen Geschehen beim Versuch zunehmender Disziplinierung unseres Leibes wird es nicht immer gelingen, das richtige Maß zu treffen. Wir werden lernen zuzugeben und abzugeben. Tun wir bei Gelegenheit im Essen und Trinken des Guten zuviel, so hilft freiwilliges Fasten, den rechten Ausgleich zu schaffen. Wenn schon persönliche Eitelkeit viel vermag, um die gute körperliche Figur zu erhalten, so wird die Achtsamkeit auf Geschmeidigkeit des Leibes um des spirituellen Wachstums willen noch ganz andere Willensreserven mobilisieren.

Da manche Menschen mit Bequemlichkeit und Weichlichkeit zu kämpfen haben, wird ihnen die Abhärtung und die körperliche Anstrengung bis zur Leistungsgrenze guttun. Weil die Körperhaltung auch die innere seelische Haltung beeinflußt, wird das geduldige Mühen um Straffheit und Selbstbeherrschung im Gestikulieren, um eine gelöste Spannung im Gehen und Stehen dem wirkungsvollen Eindruck unserer Persönlichkeit sehr zustatten kommen. Dabei ist dieser Eindruck um so tiefer, je absichtsloser diese Disziplin in Fleisch und Blut übergegangen ist.

Schwerer als der maßvolle Umgang mit Speise und Trank ist die Formung unserer leiblichen Vitalkräfte. Da sie von der Natur her die Erhaltung der menschlichen Art garantieren sollen, besitzen sie eine entsprechende übergreifende Grunddynamik. Eine kosmische Urkraft meldet sich in der Sexualität, die uns fasziniert und erschreckt zugleich. Auch wenn sie in sich selber wertneutral ist, so spielt sie im persönlichen Leben wie im Leben der Völker eine schicksalsbestimmende Rolle. Die sexuelle Kraft kann durch die seelisch-geistige Komponente erotischer Liebesfähigkeit den Menschen auf die Gipfel menschlicher Seligkeit heben. Sie kann aber auch als Leidenschaft in dunkle Abgründe auswegloser Verzweiflung stürzen, wenn ihre Erfüllung aussichtslos verwehrt bleibt.

Es wäre in der Tat zu naiv, uns einreden zu wollen, daß die sexuelle Kraft in ihrem Begehren nur als leibliche Triebforderung angesehen werden sollte, deren Befriedigung in das Belieben des einzelnen gestellt bleiben dürfte. Solche Harmlosigkeit eines naiven Auslebens der Sexualität würde ihre Dynamik zu sehr unterschätzen. Bloßes Ausleben würde die kostbarste leibliche Gabe in kleinen Münzen verschleudern und damit sich die Möglichkeit verscherzen, die große Form der Leidenschaft erfahren zu können. Diese Hochform bedarf einer gewissen Selbstbeherrschung, die Zeit und Stunde, richtige Partnerwahl und ganzheitliche Reifung zur Hingabe vereinen kann. Es ist gleichsam wie mit dem Bogen des berühmten Odysseus, den die Freier der Penelope vergeblich zu spannen suchten, um den Pfeil in die vorgeschriebene Bahn durch alle Hindernisse kraftvoll hindurchschicken zu können.

Die rechte Formung der sexuellen Kräfte ist ein jahrzehntelanges Ringen. Es gilt, eine schmale Gratwanderung zu meistern, die rechts und links von Abgründen begleitet wird. Denn ein prüdes Verhalten bedeutet ebenso eine Gefahr wie ein hemmungsloses Versklavtsein.

Eine große Ehrfurcht vor dieser schöpferischen Lebenskraft wird ihrem Erleben eine innere Weihe verleihen, die den Menschen schützt vor Unmaß und flachem Genußstreben. Je stärker die sexuelle Kraft in die seelische Liebeskraft eingebunden werden kann, um so beglückender kann das ganzheitliche Liebeserleben ausgetieft werden. Die Beglückung des anderen geliebten Menschen formt jene Selbstlosigkeit aus, die im Sichverschenken an den anderen den eigenen Reichtum aus der erfüllten Wesenstiefe des Partners verdoppelt zurückempfängt. Gerade an der Hochform der Liebe wird deutlich, daß leibliche Disziplinierung und ganzheitliche Reifung auf allen menschlichen Ebenen sich gegenseitig bedingen. An diesem einen Beispiel wird ferner deutlich, wie Disziplinierung des Leibes in der integrierten Liebesbegegnung zur Meisterschaft ausreifen kann. Diese Meisterschaft hat viele Stufen der Vorbereitungen. Sie verzweigt sich in mancherlei Querverbindungen, weil die Einheit von Leib, Seele und Geist sich in gewisser Weise mit dem System der kommunizierenden Röhren vergleichen läßt. Was einer Wesensschicht zugute kommt, kommt auch den beiden anderen Schichten zugute. Der Vergleich hinkt andererseits, weil Leib und Geist nicht gleichwertige Röhren, sondern qualitative Wesensverschiedenheiten bleiben. Auch wenn – wie auf allen Gebieten – die Meisterung des Leibes selten so gelingt, wie sie erwünscht wird, so bleibt sie dennoch das Ziel unserer tiefen Sehnsucht auf dem inneren Weg.

Meisterung des Leibes

Die Meisterung des Leibes können wir in verschiedenem Sinne verstehen. Meist denkt man an die Meisterung des Leibes um des Leibes willen. So geschieht es vielfach bei der sportlichen Ertüchtigung. Selbst die Kunstform der Artistik, von der wir bereits sprachen, ist noch schwerpunktmäßig leibbezogen.

Einen Schritt weiter führt eine Meisterung des Leibes um des Menschen willen. Die Reife zur Gesamtpersönlichkeit setzt ihr den Maßstab. Hier kommt es wesentlich auf das schöne Gleichgewicht zwischen Leib, Seele und Geist an.

Eine dritte Möglichkeit eröffnet der innere Weg. Meisterung des Leibes nimmt dieser innere Weg bewußt in den Dienst für die Ausreife der spirituellen Ganzheit des Menschen. Sie führt die menschliche Gestalt einer Persönlichkeit in ihre eigentliche Tiefendimension.

Die spirituellen Traditionen bergen in ihrer Überlieferung ganz verschiedene Erfahrungswerte, um diese Meisterung des Leibes zu erlernen. Vergleicht man diese unterschiedlichen Übungswege, so fällt zunächst auf, daß eine Spiritualität, die mehr das Ziel einer kosmischen Alleinheit verfolgt, der Leibesformung auf dem inneren Weg ein größeres Gewicht beimißt als die Religionen, die auf den personalen Aspekt der Gottheit ausgerichtet sind. Die sogenannten monotheistischen Religionen, deren Verehrung der personalen Gottheit gilt, entwickelten dafür den Reichtum des Herzens in der liebenden Hingabe an den persönlichen Gott. Das Verhältnis zu Gott ist geprägt von der Erfahrung der Begegnung. Darum ist die Ausfaltung der Liebe aus ganzem Herzen, aus ganzem Gemüt, aus allen Kräften der Kern der personalen Religion. Die apersonale Religion zielt mehr auf die Verschmelzung mit dem Urgrund allen Seins. Er wird als Licht erlebt, das alles Leben wie eine Quelle aus sich entläßt. Die äußere Welt erscheint als der kosmische Leib dieses Urquells. Oder anders gewendet: Der Kosmos gleicht dem Strahlenkranz dieses Urlichtes. Die Ausstrahlung gehört zum Licht. Sie ist im Vergleich zum Licht aber mehr der Schein als das Sein. Infolgedessen liegt über der materiellen Welt und damit auch über dem körperlichen Dasein des Menschen eine gewisse „Scheinhaftigkeit". Sie führt zu einer Abwertung des Leibes, weil das ganze Sinnen und Trachten auf die einzig wahre Wirklichkeit des göttlichen Urlichtes ausgerichtet ist.

Solche Erfahrungsweisen prägen den spirituellen Hintergrund im Hinduismus und Buddhismus, wenn auch in verschiedener Ausfaltung. Darum ist es nicht verwunderlich, wenn sie beide in der Übersteigung, in der Transzendierung des Leibes die Meisterung des Leibes sehen. Paradoxerweise führte dies in den klassischen Texten des Yoga zu einer sehr differenzierten Technik der Leibesmeisterung. Wir brauchen nur an die Lehrsprüche (Sutren) des berühmten Patañjali zu erinnern, um die einzelnen Stufen genauer kennenzulernen. Die Meisterung des Leibes ist einbezogen in einen achtgliedrigen Übungsweg. „Allgemeine sittliche Zucht, Selbstzucht, rechte Sitzhaltung, Atemzügelung, Einholung der Sinne, Konzentration, Versenkung und ‚Einfaltung' sind die acht ‚Glieder' des Yoga", so lautet der Text (II, 29).

Die Meisterung des Leibes beginnt also mit der asketischen Arbeit an der seelischen Haltung. Dem liegt die Erfahrung zugrunde, daß mit der Ordnung im seelischen Haushalt sich die leibliche Ordnung leichter vollziehen läßt. Darum erklärt der Text (II, 30): „Nichtschädigen, Wahrhaftigkeit, Nichtstehlen, Enthaltsamkeit und Lösung vom Raffwillen sind die Stücke der allgemeinen sittlichen Zucht" (Yama). Und die Selbstzucht (Nijama), die der rechten Sitzhaltung, der Atemregelung und der Einholung der Sinne noch vorgeschaltet ist, beschreibt Patañjali wie folgt (II, 32): „Reinheit, Zufriedenheit, Askese, eigenes Forschen in den heiligen Schriften und Hingabe an den ‚Herrn' sind die Stücke der Selbstzucht." In der Sicht dieser Erfahrungsweisheit schafft die Reinheit eine wunderbare Formkraft zur Ordnung des Magnetfeldes vitaler Anziehung. Es heißt im Text (II, 40): „Aus Reinheit gewinnt er die vornehme Distanz gegen den eigenen Leib und wird nicht mehr in den unreinen Bannkreis der anderen gezogen."

So innerlich ausgerichtet, wird nun der Leib als Vorbereitung für die innere Versenkungsübung systematisch durchgearbeitet. Die einzelnen Körperhaltungen (Asanas), vor allem das Sitzen in der Versenkungsübung, dienen der völligen Entspannung, um das „Eintreten in die unendliche Weite" (II, 47) zu erreichen. Die Kunst der Atemregelung (Pranayama) zielt darauf, „die Hülle vor der inneren Klarheit" wegzuziehen (II, 52). Die Einholung der Sinne bewirkt ihre „höchste Fügsamkeit" (II, 55). Sie dient der Konzentration, damit in der Versenkung die wahre Wirklichkeit selber aufstrahlen kann.

An dem Beispiel der Patañjali-Lehrsprüche wird deutlich, welcher Unterschied in der Meisterung des Leibes liegt, je nachdem, ob sie Selbstzweck bleibt oder ob sie ausgerichtet wird auf das spirituelle Ziel der Wesensverwandlung des Menschen. Da wir heute zunehmend uns in den Religionen füreinander zu öffnen beginnen, sollten wir der Versuchung widerstehen, das uns Fremde nur mit eigenen Augen zu sehen. Da wir selber den Wunsch haben, daß die anderen Religionen uns so erkennen möchten, wie wir uns selber verstehen, dürfen und müssen wir selber die gleiche Offenheit auch den anderen entgegenbringen. Das wird nicht ohne Krisen und ohne Schmerzen möglich sein. Es wird die gegenseitigen Vorurteile abbauen und die ungerechtfertigte Selbstüberschätzung zerstören. Unser Selbstverständnis wird sich in diesem Begegnungsprozeß wandeln. Identitätswandel muß nicht Identitätsverlust bedeuten. Im Gegenteil. Die Ausweitung bringt Bereicherung.

Es ist ähnlich wie bei der Begegnung von Mann und Frau. Ihre Verschiedenheit ist beglückende Ergänzung. Sie werden in der Verschmelzung ein Fleisch, ein ganzheitliches Wesen aus Mann und Frau.

Vielleicht ist es nicht zu kühn, die apersonale Offenbarung des Göttlichen als Seinsgrund und die personale Offenbarung des Göttlichen als Liebesgrund in ähnlicher Weise einander zuzuordnen. Die Fülle der

Offenbarung göttlichen Lebens umfaßt beide Pole. Sie gleichen den Brennpunkten der Ellipse. Diese polare Erscheinungsweise des Göttlichen ist seine Offenbarung für die menschliche Verstehensmöglichkeit. Weil diese Enthüllung des Göttlichen zugleich als Geheimnis verhüllt bleibt, fallen für die göttliche Wirklichkeit die beiden Pole des Personalen und des Apersonalen zur Allgegenwart zusammen. Im mathematischen Bild gesprochen, wandelt sich die Ellipse zum Kreis, dessen Mittelpunkt überall und dessen Umfang nirgends ist.

Diese grundsätzliche Verdichtung hilft uns, den Zeichen der Zeit gerecht zu werden. Es scheint im Plane göttlicher Vorsehung zu liegen, daß in unserer Zeit der Begegnung der Religionen die monotheistischen Religionen beschenkt werden dürfen von den spirituellen Erfahrungen der fernöstlichen Religionen. Ihre spirituelle Leibkultur, ihre kosmische Beziehungstiefe zur Schöpfung schärft uns den Blick in den westlichen Ländern, ein neues Verhältnis zum eigenen Leib und eine größere Verantwortung gegenüber der Schöpfung zu erlernen. Umgekehrt kann die Prägung der personalen Gottesbeziehung den Asiaten helfen, die Würde der eigenen Person, den Reichtum menschlicher Begegnung und die verwandelnde Kraft der Liebe tiefer zu erfassen. Diese gegenseitige Befruchtung wird für alle Ringenden die Anziehungskraft des inneren Weges verstärken. So können wir in West und Ost einander helfen, der neuen Zeit des ganzheitlichen und spirituell geprägten Menschen die Wege zu bereiten.

Dieser Vorgriff auf weitreichende Konsequenzen soll zugleich begründen, warum wir bei unseren Überlegungen uns öffnen für die Erfahrungsweisheit des inneren Weges, wie er sich in vielfältiger Einheit in den Religionen darstellt. Dabei sollen die Unterschiede keineswegs verwischt werden. Es geht auch nicht um eine unsachliche Auswahl nach Belieben. Eher schmerzt es, daß wir uns in unserem Zusammenhang meist auf Hinweise beschränken müssen, da eine gründliche Auseinandersetzung auf breiter Basis den uns gesteckten Rahmen sprengen würde. Die Hinweise können andererseits Querverbindungen schaffen, um den Anschluß zu finden an andere Quellen, die dem Interesse des einzelnen auf dem inneren Weg weiterhelfen.

So wäre beispielsweise im Zusammenhang mit der Meisterung des Leibes zu erinnern an die asiatische Weisheit im Umgang mit der Umschaltung kosmischer Energien in den Kräftehaushalt des menschlichen Leibes, wie sie im Kundalini-Yoga vermittelt wird. Es wäre hinzuweisen auf die chinesische Kunst, das Fließgleichgewicht von männlicher und weiblicher kosmischer Energie wieder herzustellen, wie sie bereits im medizinischen Bereich als Akupunktur und Akupressur Verwendung findet. In diesen Zusammenhang gehörten die verschiedenen Wege des Zen, die zur Selbstverteidigung die Angriffskraft des Gegners auf ihn selbst zurücklenken, wie es Judo, Karate und Aikido lehren. Die Meisterung des Leibes, einbezogen in die meditative Haltung, wäre ebenso zu erwerben in der japanischen Zen-Kunst des Schwertkampfes und Bogenschießens, des Malens und der Teezeremonie. Auch der meditative Tanz könnte zur Vervollkommnung des Leibes auf dem inneren Weg dienen.

Diese stichwortartigen Ergänzungen sind gedacht als Fingerzeige für vertiefende Weiterführung. Wir selber blicken nochmals zurück auf dieses erste Kapitel des inneren Weges, auf die Schulung des Leibes. Wir bemühten uns dabei um eine lebendige Mitte zwischen den Extremen der Leibverachtung und der Leibvergötzung. Dabei ergab sich ein dreifacher Gesichtswinkel: Der Leib als Geschenk bereichert den inneren Weg mit dem inneren Sehen und Hören, mit der Fähigkeit zum Verkosten, mit den Gaben der männlichen Kraft und der weiblichen Schönheit. Die menschliche Lebensfülle wird durch Alter, Leid und Krankheit gemindert. Im Glück wie im Unglück bedarf es der Disziplinierung und der Meisterung des Leibes. Auch dieses zu bejahen, gehört zur Aufgabe der Leibesschulung.

Weil wir die Leibesschulung vom inneren Weg her gesehen und gewertet haben, fügte sie sich zwanglos ein in die menschliche Seinsstruktur. Weil Seele und Geist die qualitativ höhere Wesensseite sind, wurden sie bereits teilweise in diese Leibesschulung einbezogen. Wesensmäßig wird dies dem Leib gerechter, als wenn wir die Schulung zu einseitig auf ihn allein ausgerichtet hätten.

Im folgenden Abschnitt wenden wir uns nun der Formung der Seele zu. Um Mißverständnisse zu vermeiden, möchte ich auf eine Schwierigkeit aufmerksam machen. Auf der einen Seite ist es in den spirituellen Traditionen guter Brauch, Seele und Geist zu unterscheiden. Andererseits wird behauptet, daß Seele und Geist nur zwei verschiedene Wirkungsweisen ein- und derselben Wesensseite seien. Diese eine Wesensseite wird zudem relativ unbefangen von den einen als Seele, von den anderen als Geist bezeichnet. Das könnte verwirren. Ich ziehe es daher vor, mit „Seele" mehr die Wirkweise des Geistes im leiblichen Bereich der Sinne und Gefühle sowie in der Persönlichkeitsstruktur zu bezeichnen.

Über diese Abgrenzung ließe sich gewiß diskutieren. Streit jedoch kann vermieden werden, wenn wir uns bewußt bleiben, daß Seele und Geist keine wesensverschiedenen Seinsebenen sind, sondern nur zwei verschiedene Wirkungsweisen. Dabei soll nicht verschwiegen werden, daß bereits Aristoteles († 322 v. Chr.) drei Dimensionen der Seele unterscheidet, nämlich: die allen Lebewesen eigene „vegetative" Seele, die „animalische" Seele, deren Eigenschaften die sinnliche Wahrnehmung, das Begehren und die Bewegungsfähigkeit sind, ferner die „vernünftige" Seele, die denken und wollen kann. Thomas von Aquin († 1274) übernimmt modifiziert diese Lehre ins christliche Denken. In ähnlicher Weise hatte schon Platon († 347 v. Chr.) die Begierde dem Unterleib, Mut und Willen der Brust und den Verstand dem Kopf zugeordnet. Aus ihrer spirituellen Erfahrung heraus beschreibt die große hl. Teresa († 1582) die Wirkungsweise der Seele ebenfalls als Leibseele oder Geistseele, entsprechend der inneren Entwicklung des Menschen.

Im Gegenzug dazu gibt es asiatische Interpretationsweisen, die Seele und Geist schärfer trennen und nur dem Geist die Unsterblichkeit zuerkennen. Für unser Nachdenken mag es genügen zu wissen, daß die Begriffe von „Seele" und „Geist" verschieden gebraucht werden. Unser Anliegen ist nur beiläufig ein philosophisches, und auch das nur, wenn es die Klärung des inneren Weges notwendig macht. Hauptanliegen bleibt der spirituelle Prozeß als solcher.

Formung der Seele

Auf dem inneren Weg wirken Leib, Seele und Geist als Einheit. Der Mensch ist eine Ganzheit und nicht geteilt. Die spirituelle Lebenshilfe ist jedoch spezifisch verschieden. Hier wirkt sich die Rangordnung von Leib, Seele und Geist notwendig aus. Das ist auch gut so.

Bei der Formung der Seele setzt die spirituelle Lebenshilfe zwei Schwerpunkte: die Klärung der Gefühle und die Bildung des Charakters.

Die Klärung der Gefühle

Warum ist die Klärung der Gefühle für den inneren Weg so wichtig? Drei Gründe seien genannt. Die meisten Menschen werden in ihrem Verhalten mehr vom Gefühl bestimmt als vom Verstand oder vom Willen. Konfliktsituationen machen dies besonders deutlich. Psychologen sind der Ansicht, daß die Gefühle keine Erinnerungsbilder hervorbringen. Die Erinnerung läßt die Gefühle selber wieder aufleben. Die Wiederbelebung der Gefühle kann sie sogar verstärken. Der vom Gefühl erregte Mensch gerät in eine Art „Gefühlsmühle". Er dreht sich im Kreis. Er steigert sich in seine Gefühle immer tiefer hinein. Es entsteht eine Art Vernebelung seines Erkennens. Er sieht nicht mehr klar. Er reagiert daher überzogen, weil sich die Wirklichkeit für seine „Gefühlsbrille" verzerrt. Ein dritter Grund bezieht sich auf die Funktion der Gefühle. Die Gefühle steuern die seelische Motivation zum Handeln. Da die meisten Menschen gefühlsmäßig handeln, ist die Klärung der Gefühle ein wesentlicher Beitrag für die Formung des Menschen auf dem inneren Weg.

Die Klärung der Gefühle wäre leichter, wenn sich die Gefühle eindeutig bestimmen ließen. Die Psychologie behauptet, daß sich Gefühle nicht definieren lassen. Gefühle können nur beschrieben werden. Einige Ergebnisse der Psychologie sind dennoch recht hilfreich für die Klärung der Gefühle. Diese psychologischen Erkenntnisse seien deshalb der Beschreibung einzelner Gefühle vorangestellt.

Gefühle lassen sich psychologisch beschreiben als Erlebnisse, in denen der Erlebende persönlich Stellung nimmt zum Inhalt seines Erlebens. Diese persönliche Stellungnahme ist lustbetont oder unlustbetont. Lust und Unlust sind also Grundgefühle. Der Spannungsbogen des Gefühls umfaßt die beiden Pole der Erregung und Beruhigung. Der Spannung antwortet die Lösung. Alle Erfahrungsbereiche des Menschen sind vom Gefühl einbezogen. Darum lassen sich niedere und höhere Gefühle unterscheiden. Es gibt ferner geistige, sittliche, ästhetische und religiöse Gefühle. Die Psychologie nennt auch wichtige formale Eigenschaften der Gefühle. Gefühle sind subjektiv, weil sie den jeweiligen Zustand des einzelnen ausdrücken. Sie sind aktuell, weil sie konkret in einer Situation wieder aufleben. Sie sind universell, weil sie nicht spezifisch an Reize, Sinnesorgane oder Körperfunktionen gebunden sind.

Die Universalität der Gefühle ist allerdings umstritten. Dies wird deutlich, wenn man die Gefühlstheorien der Psychologie vergleicht. Die einen behaupten, Gefühle seien ursprüngliche und selbständige Prozesse der Seele. Andere führen die Gefühle auf körperliche oder psychische Prozesse zurück. Diese Rückführung ist nur sehr schwer und unscharf möglich. Deshalb werden sehr unterschiedliche Prozesse genannt: das Erkennen bei Aristoteles, die Vorstellung bei Herbart, die Empfindung von Stumpf und Külpe, der jeweilige Bewußtseinszustand bei Krueger, das vegetative Nervensystem von James und Lange.

Eine Auseinandersetzung mit diesen Theorien würde zu weit führen. Sie wäre kaum von Nutzen für das Anliegen einer spirituellen Lebenshilfe. Es genügt der allgemeine Eindruck der psychologischen Erkenntnisse. Wichtiger ist es für den einzelnen Menschen auf dem inneren Weg, die negativen und positiven Gefühle in sich wahrzunehmen, sie zu klären, mit ihnen wahrhaftig umzugehen. Die Klärung der einzelnen Gefühle richtet sich im folgenden immer wieder aus auf die Frage nach der spirituellen Lebenshilfe für den inneren Weg. Methodisch soll dies dadurch erreicht werden, daß die negativen Gefühle kurz bewußtgemacht werden. Die positiven Gefühle werden daraufhin befragt, wie sie dazu beitragen, die negativen Gefühle aufzuarbeiten; welche Lebenshilfe sie für den inneren Weg anbieten. Unter den Gefühlen selber wird eine Auswahl getroffen. Zur Sprache kommen: Zufriedenheit, Vertrauen, Geborgenheit, Dankbarkeit, Staunen, Begeisterung und Ergriffensein.

Der Spannungsbogen vom negativen zum positiven Gefühl soll jedoch erhalten bleiben. Er entspricht der Lebenswahrheit.

Vom unersättlichen Verlangen zur Zufriedenheit

Vielen erscheint die Zufriedenheit als die Münze für das kleine alltägliche Menschenglück. Warum ist sie dennoch so selten? Zufriedenheit ist kein Wiegengeschenk des Lebens. Weder die Jugendzeit noch das mittlere Lebensalter ist besonders mit der Zufriedenheit gesegnet. Ist die Behauptung zu kühn, daß selbst im Alter die innere Zufriedenheit eine Ausnahme zu sein scheint? Sollte diese Behauptung stimmen, was wären die Gründe dieser Seltenheit?

Nicht nur das menschliche Denken lebt vom Vergleichen. Der Vergleich bestimmt das Lebensgefühl vieler. Der Vergleich in sich wäre nicht das Problem. Er wäre sogar sehr geeignet, den Menschen zufriedener zu machen. Der einzelne bräuchte dann nur sich und seine Verhältnisse mit der Lage jener Menschen zu vergleichen, denen es schlechter geht als ihm, die es schwerer haben als er. Eine solche Haltung wäre weise.

Warum sind viele so töricht, sich mit denen zu vergleichen, denen es besser geht als ihnen, die mehr haben als sie? Weil das ichhafte Herz von Natur aus unersättlich ist. Jede Erfüllung eines Wunsches erregt ein noch größeres Begehren.

Das unersättliche Verlangen des menschlichen Herzens wäre eine tragische Fehlkonstruktion, wenn es nichts gäbe, was dieses unersättliche Verlangen zu stillen vermöchte. Die Tragik besteht allerdings darin, daß der Mensch lange Zeit daran glaubt, daß materielle oder geistige, irdische oder wenigstens menschliche Werte den Hunger seines Herzens sättigen könnten. Wäre diese Sättigung möglich, es wäre für den Menschen das größere Unglück, die tiefere Tragik. Warum? Er hätte nicht die Kraft, die engen Grenzen seiner kleinen ichhaften Wünsche zu überschreiten. Er würde sich selber dazu verurteilen, für immer dieser kleine ichbezogene Mensch zu bleiben. Der Mensch wäre der Raupe vergleichbar, die sich mit den Blättern staubiger Bäume an der Landstraße begnügt. Sie fände darin sogar ihre Seligkeit, weil sie als Raupe nichts weiß von den Möglichkeiten des Schmetterlings, der sich aus ihr entwickeln möchte. So weiß auch der ichhafte Mensch – ohne inneren Weg – nichts von den Möglichkeiten des ichfreien, reifen Menschen, der in ihm geboren werden will.

Der Schmerz des unersättlichen Hungers im Herzen des ichhaften Menschen kann folglich eine verborgene Gnade sein. Je öfter sich der Schmerz wiederholt, um so zugänglicher könnte der Mensch für die Einsicht werden, daß nichts Irdisches im letzten sein Herz zufriedenstellen wird. Der Mensch kann diese Einsicht allerdings auch verdrängen. Die Unersättlichkeit des ichhaften Herzens verführt zu einer zweiten Torheit. Der ichhafte Mensch beginnt damit, die anderen um alles das zu beneiden, was ihm selber nicht vergönnt ist. Die breite Palette des menschlichen Lebens reicht nicht aus, um alle Spielarten des Neides aufzuzählen: äußerer Besitz, Kraft und Gesundheit, Schönheit und Begabung, seelische und geistige Talente, äußerer Erfolg und Karriere, menschlicher Charme und Liebreiz, Glück in der Liebe und Freundschaft, Kinderreichtum und Freundeskreis und vieles mehr reizt den Neid zur Mißgunst. Sie zernagt den Frieden der Seele. Der Mensch macht sich unglücklich.

Inwiefern kann die Zufriedenheit diese Qual beenden? Zufriedenheit könnte die Qual nicht beenden, würde sie sich verhalten wie eine lässige Bequemlichkeit. Dem bequemen Menschen ist sogar der Neid zu anstrengend. Er läßt den Dingen ihren Lauf. Er will seine Ruhe. Das heißt: Er will möglichst in Ruhe gelassen werden. Die Ruhe des Faulbettes bringt keine Zufriedenheit, sondern nur einen faulen Frieden. Diesem faulen Frieden wachsen die Probleme über den Kopf. Der Faule wird zum „Meister" der verpaßten Gelegenheiten. Er steht eines Tages vor dem Bankrott seines Lebenskontos. Er wird zum Zinsknecht einer harten Fronarbeit, der er nicht mehr ausweichen kann.

Zufriedenheit als spirituelle Lebenshilfe befähigt den Menschen zum rechten Augenmaß. Sie lehrt ihn, die Ziele eines falschen Ehrgeizes aufzugeben. Der Mensch lernt es, seine Grenzen zu erkennen und anzunehmen. Zufriedenheit übt den Menschen ein, sich innerhalb der ihm zugedachten Grenzen weder zu überfordern noch sich zu unterfordern. Dadurch entsteht Raum zum Atmen. Das Jagen und Hetzen mäßigt sein Tempo, bis es einem ruhigen Gang der Dinge die Bahn freigibt. Der zufriedene Mensch lernt aus Erfahrung, daß er nicht dazu verurteilt ist, sein Leben bis ins kleinste zu regeln. Es ginge über seine Kräfte. Der Zufriedene übernimmt durchaus eine Mitverantwortung für sein Leben. Aber er weiß, daß er weder der Herr noch der Macher noch der Vollender seines Lebens sein kann. Er will dies auch nicht. Er wuchert mit seinen Talenten als verantwortlicher Diener eines größeren Herrn. In seinen Diensteifer mischt sich etwas von der Gelassenheit des Bauern. Dieser ackert, eggt, sät. Regen und Sonnenschein bleiben jedoch die Gaben des Himmels. Die Wachstumskraft liegt im Samen. Darauf vertraut der Sämann. Zufriedenheit öffnet dem Menschen die Augen für die Wachstumsgesetze des inneren Weges. Sie gleichen auf ihre Weise den Gesetzen von Same, Sonne und Regen.

Dies lebensmäßig auf dem inneren Weg zu erfahren, das verbindet die Zufriedenheit mit dem Vertrauen.

Von der Angst zum Vertrauen

Ist es nicht seltsam, daß trotz Reisen, trotz Konzert und Theater, trotz Vergnügen mannigfacher Art viele Menschen an Einsamkeit leiden? Warum verzischen die äußeren Freuden wie die Wassertropfen auf der heißen Herdplatte? Weshalb kehren die Ängste so schnell ins Lebensgefühl zurück, wenn die Spannung äußerer Ablenkung nachläßt? Waren die Ängste überhaupt außer Haus? Oder blieben sie nur für Stunden vergessen, um desto quälender sich für dieses Vergessenwerden zu entschädigen? Warum gelten der philosophischen Betrachtung Einsamkeit und Angst als Grundgefühle des modernen Daseins? Was hat dies für den inneren Weg zu bedeuten? Welche Hilfe kann das Vertrauen für die Bewältigung von Angst und Einsamkeit bieten?

Es ist leichter, solche schwerwiegenden Fragen zu stellen als sie zu beantworten. Dennoch bedarf es heute dringender denn je einer solchen Antwort.

Was hat es also mit der Angst auf sich? Ein Geschichtskundiger könnte auf eine lange Entwicklung hinweisen. Vor Jahrtausenden lebte der Mensch einer magisch-mythischen Zeit zwar eingebunden in den Rhythmus der Natur. Aber sein Leben war durchsetzt von der Angst vor Geistern und Dämonen. Der Mensch lernte es damals, Schutz bei den Göttern zu suchen. Schließlich formte sich das Bild von einem allwissenden, allmächtigen und alliebenden Gott. Der Mensch sah in sich das göttliche Abbild. Er verstand sich als Kind Gottes. Dann zersetzte der Zweifel alles. Der Glaube an die Vernunft beruhigte kurze Zeit. In den Stahlgewittern der beiden Weltkriege folgte der Götterdämmerung der Untergang der Ersatzgötter. Frühere Zeiten fragten nach dem gnädigen Gott. Heute fragen wir nach dem gnädigen Menschen. Seuchen, Erdbeben, Umweltverschmutzung, Ozonloch, Atombomben, Rassismus und Ideologien, Bürgerkriege und weltweite Wirtschaftskrisen werfen apokalyptische Schatten an die Wände unserer Wohnungen. Die Verdrängungsmechanismen dieser Ängste werden durch die klassische Psychoanalyse und durch die Psychotherapie entlarvt.

Der moderne Mensch verlor Gott, verlor sich selbst und verlor den Mitmenschen. Er steht im Begriff, nun auch seinen Lebensraum, die Welt zu verlieren.

Die Angst wurzelt in dem Bewußtsein dieses dreifachen Verlustes. Die Angst wirkt sich selbst unbewußt als Lebensgefühl in den Menschen aus, die sich diese tieferen Zusammenhänge nicht klarmachen können.

Schlimmer als die Angst ist die Angst vor der Angst. Sie vergiftet das Unterbewußte, weil solche Gedanken und solche Gefühle der Angst das Unterbewußte falsch programmieren. Gefühle und Gedanken sind Kräfte. Sie sind die Samen späterer Ereignisse und Handlungen. Insofern gestaltet der einzelne Mensch teilweise sein eigenes Schicksal, sei es positiv, sei es negativ.

Um die Angst besser zu verstehen, kann die Psychologie weitere Hinweise geben. Angst ist die erste Erfahrung des Menschen bei seiner Geburt. Man sieht darin sogar eine Art vorweggenommener Todesangst. Die Angst verstärkt sich, wenn das Kind Ungewißheit, Konflikte oder Wahrnehmungen verkraften muß, die unerwartet oder entgegen seinen Erwartungen auftreten. Angst ist eine ursprüngliche Triebkraft. Droht Gefahr, so reagiert jedes Lebewesen instinktmäßig mit Furcht oder mit Schutzmaßnahmen. Wie sich Flucht und Aggression ablösen, so schlagen Angst und Haß wechselseitig ineinander um. Auch die Angstbereitschaft kann in der Persönlichkeitsstruktur Angst verstärken, wenn der Betreffende häufig Ängste durchlebt hat oder wenn er in seiner Struktur geprägt ist von einer intensiven Erregbarkeit. Besonders aufschlußreich dürfte es sein, daß dieses erregte Lebensgefühl sich mit Beengung und Verzweiflung auffüllt. Dies verhindert eine willensmäßige oder verstandesmäßige Steuerung der Angst. Wille und Verstand kommen alleine gegen die Angst nicht an. Darum ist es zwecklos, zur Bewältigung der Angst an den Willen und an die Selbstbeherrschung des verängstigten Menschen zu appellieren. Auch Verstandesgründe und Vernunftgründe schlagen nicht durch.

Es gibt Situationen, in denen sich der Mensch überfordert fühlt. Alle seine Anstrengungen scheitern. Er ist der Übermacht der Umstände nicht gewachsen. Krankheiten bewirken in ihm eine Kraftlosigkeit. Er wird seelisch müde. Die Widerstandskraft erlischt. Der Mensch resigniert. Er fügt sich leidvoll ins Unvermeidliche. Das Leben liegt zentnerschwer auf seinem Gefühl.

Das Gefühlsbarometer kann noch tiefer fallen. Das Gefühl, fundamentale Lebensaufgaben nicht mehr bewältigen zu können, kann zur

Neurose führen. Sie ist eine Nervenkrankheit ohne einen körperlich krankhaften Befund. In der Neurose äußert sich ein unbewußter Widerstand. Ihm liegen seelische (psychodynamische) Konflikte zugrunde. Die Verhaltenstherapie definiert die Neurose als „gelernte Fehlsteuerung". Eysenck spricht von einer gelernten Fehlanpassung.

Ohne die wissenschaftliche Diskussion über die Neurose aufrollen zu wollen, sind zur Bewältigung der Neurose einzelne Erkenntnisse hilfreich. Sie weisen die Vielschichtigkeit der innerseelischen Konflikte auf. Dadurch zeigen sie Ansatzpunkte für die Heilung.

Freud erkannte an der Neurose das Problem einer unvollständigen Verdrängung von Impulsen. Sie steigen auf aus der unbewußten Es-Schicht. Sie werden verdrängt vom menschlichen Ich. Dies gelingt nur teilweise. Der Mensch versucht, den Impuls durch Ersatz zu befriedigen, andererseits ihn endgültig zu beseitigen.

Ein chronischer Triebkonflikt führt leicht zu Abwehrpsychoneurosen. Ein Unfall kann eine übertriebene Sicherungstendenz auslösen. Sie bewirkt eine traumatische Neurose.

J. H. Schultz versteht unter Neurose eine „im Unbewußten lagernde, seelisch begründete Fehlhaltung des gesamten Organismus". Die Neurose hemmt oder übersteuert das Antriebsleben.

C. G. Jung hebt die Selbstentzweiung von Bewußtem und Unbewußtem hervor. Adler betont die Überkompensation. Jaspers unterstreicht bei der Neurose das individuelle Scheitern in Grenzsituation. Binswanger lenkt den Blick auf den existentiellen Konflikt zwischen Ich und Welt.

Die Grundkonflikte der Neurose betreffen also die Mißverhältnisse zwischen Bewußtem und Unbewußtem, zwischen Ich und Es, zwischen Ich und Welt.

Die Grundkonflikte bedürfen der fachmännischen ärztlichen und therapeutischen Behandlung. Als Krankheit blockieren neurotische Ängste den inneren Weg.

Welcher Mensch wäre seelisch aber kerngesund? Neurotische Verhaltensstörungen in kleinerem Ausmaß betreffen auch den Alltag des Durchschnittsmenschen. In einem erträglichen Umfang steht der einzelne in Tuchfühlung mit übersteigerten Reaktionen, die neurotisch gefärbt sind.

Worin bietet ihm dabei der innere Weg eine Lebenshilfe? Der innere Weg ermutigt den neurotisch Erkrankten, ärztliche und therapeutische Hilfe in Anspruch zu nehmen. Damit überwindet der Kranke seine falsche Scham.

Der innere Weg übt den Menschen in der Achtsamkeit. Der achtsame Mensch lernt, seine Gefühle zu beobachten. Er denkt über sie nach. Auf diese Weise erkennt er die Beweggründe seiner Gefühle. Er schaut nicht mehr weg von seinem negativen Fühlen. Der Mut wächst, sich wahrhaftig mit Ärger, mit Mißgunst, mit Zorn, mit Haß, mit Neid auseinanderzusetzen. Die Konflikte werden nicht mehr verdrängt. Ihre Ursachen kommen ans Licht. Die Erkenntnis der Ursachen löst eine Stellungnahme aus. Sie führt zur Entscheidung. Entscheidung leitet eine Veränderung der Haltung ein. Umkehr wird möglich. Der innere Weg erleichtert damit Konfliktlösungen.

Der einzelne macht die Erfahrung, wie befreiend es wirkt, seine Gefühle klar zu äußern. Diese Wahrhaftigkeit gibt auch dem Mitmenschen Klarheit. Er überschaut die Situation des anderen nun besser. Er kann sich dafür oder dagegen entscheiden. So ersparen sich zwei Menschen gegenseitig den heimlichen Groll, weil sie zu ihren Gefühlen stehen können.

Der innere Weg stärkt ferner das Unterscheidungsvermögen. An der Auswirkung der Gefühle verrät sich, ob das kleine Ich oder das wahre Wesen der Ursprung eines Gefühles war. Ichhaftigkeit befriedigt nur im Augenblick. Bald macht sich Traurigkeit, Bedrückung, Angst, Schuldgefühl breit. Eine innere Scham beschleicht das Herz. Gefühle, die dem wahren Wesen entspringen, machen weit. Sie stimmen froh. Friede kehrt ein. Die innere Kraft wächst. Der Mensch erstarkt im Selbst-Vertrauen. Er vertraut auf die strömende Kraft seines Selbst, seines wahren Wesens.

Solche positiven Erfahrungen vertreiben allmählich die Ängste aus den Gedanken. Die Gedanken werden freier, weil sie nicht mehr an schmerzlichen Erlebnissen der Vergangenheit kleben. Die Gedanken eilen auch nicht mehr voraus. Sie malen sich nicht mehr alle möglichen schrecklichen Ereignisse aus, um sich davor zu ängstigen. Die Übung der Achtsamkeit konzentriert das Denken auf den gegenwärtigen Augenblick. Er allein ist uns gegeben. Vergangenheit und Zukunft sind für den Menschen nur im gegenwärtigen Augenblick erfaßbar und erlebbar.

Der innere Weg eröffnet dem Menschen den inneren Zugang zu den Kräften seines wahren Wesens. Dieses ist angeschlossen an das Netz der kosmischen Energie. Schrittweise lernt der Mensch aus Erfahrung, sich mehr und mehr zum Kanal für diese kosmische Energie umgestalten zu lassen. Die Entwicklung seiner eigenen Intuition ist dafür der Schlüssel.

Diese Intuition äußert sich in einem inneren Gefühl. Sie klärt sich zur inneren Stimme. Immer sicherer lernt es der innere Mensch, diese Wesensstimme von den vielen anderen Stimmen seines Ich zu unterscheiden. Die innere Stimme übernimmt mehr und mehr die Führung auf dem inneren Weg. Sie entzieht den Ängsten langsam ihren Nährboden.

Das gesunde Selbstvertrauen heilt die Minderwertigkeitsgefühle. Der ichhafte Mensch bläht sich nach außen hin auf. Er gleicht mit Angeberei oder mit lautem Gepolter, mit Überheblichkeit, mit Spott oder mit Verachtung anderer seine innere Unsicherheit aus. Er kompensiert, sagt der Psychologe. Gesundes Selbstvertrauen läßt sich erkennen an der inneren Würde und an der echten Demut. Die demutsvolle Würde kann nicht vom kleinen Ich nachgemacht werden.

Dieses würdevoll-demütige Selbstvertrauen weckt im Umgang mit anderen Menschen neues Vertrauen.

Ist beides eingebettet in ein tiefes gläubiges Gottvertrauen, so trocknen die Sümpfe der inneren Ängste langsam aus. Neuland ist gewonnen und fester Boden. Der Bogen von der Angst zum Vertrauen ist gelungen. Weil innerhalb dieses Bogens für viele Menschen heute die Einsamkeit und die Depression eine gefährliche Klippe auf dem inneren Weg bedeuten, sei kurz auf den Parallelbogen der Einsamkeit zurückgeblendet.

Von der Einsamkeit zur Geborgenheit

Der aktive und nach außen orientierte Mensch erträgt die Einsamkeit sehr schwer. Er versucht alles, um sich abzulenken. Er flieht die Einsamkeit, weil er nichts mit sich anzufangen weiß. Auf Dauer kann sich keiner entfliehen. Die Korrektur des Lebens macht dies schmerzlich bewußt. Alter und Krankheit sind ein unfreiwilliger Nachhilfeunterricht.

Der innere Weg möchte dem Menschen Flucht und unfreiwilligen Nachhilfeunterricht ersparen. Er bietet dem einzelnen zunächst die Chance einer therapeutischen Besinnung. Er führt zurück zu den Ursachen der Vereinsamung.

Meist tragen zerbrochene oder verhinderte menschliche Beziehungen die Schuld. Das kann schon im Säuglingsalter zu massiven Störungen führen. R. Spitz macht darauf aufmerksam, daß eine längere Trennung des Säuglings von der Mutter oder fehlende Gefühlsbeziehung zu ihr das Baby verkümmern läßt. Es wird teilnahmslos, nimmt von seiner Umgebung keine Notiz. Sein Gesicht wirkt ausdruckslos. Seinem Verhalten fehlt die lebendige Bewegung. Diese Vereinsamung des Klein-kindes prägt das ganze Leben.

Verlassenheitsgefühle stürzen später die verratene Liebe in eine schwere Krise. Das Leben erscheint sinnlos und ausweglos. Es ist, als ob die Lebenssonne für immer untergegangen wäre. Verzweiflung bemäch-tigt sich der Seele. Gedanken an Selbstmord beschleichen das Herz.

Vereinsamung macht das Leben der Hinterbliebenen schwer, wenn der Tod einen endgültigen Abschied erzwang. Harte Schicksalsschläge werfen in ähnlicher Weise den Menschen aus der Bahn. Krieg, Krank-heiten, Unglücksfälle können über Nacht das Leben verändern. Ohn-mächtig und hilflos steht der Betroffene vor den Trümmern seiner äuße-ren und bisweilen auch seiner inneren Existenz. Manche fallen in tiefe Depressionen. Was bedeutet das?

Depression ist ein vielschichtiges Verhaltensmuster. Es erfaßt alle Seinsschichten des Menschen. Im Gefühl kommt eine gedrückte, trau-rige Verstimmung auf. Das Erkennen belastet sich mit Selbstvorwürfen. Ein Grübeln zersetzt. Die Konzentrationskraft schwindet. Die Bewe-gungen werden kraftloser, langsamer. Der Depressive verliert das Inter-esse an allem. Selbst gegenüber den eigenen Angehörigen wirkt er teil-nahmslos. Entschlüsse fallen ihm schwer. Lustlos starrt er vor sich hin. Zu nichts kann er sich aufraffen. Entschlußunfähigkeit setzt ihn schach-matt. Appetitlosigkeit und Schlaflosigkeit zehren an seiner letzten Kraft.

Die soziale Lerntheorie bezeichnet die Depression als Folge eines Mangels an positiver Verstärkung in der menschlichen Umgebung des Betroffenen. Der harte Konkurrenzkampf in der modernen Leistungsge-sellschaft verstärkt nur die Erfolgreichen und frustriert die Gescheiter-ten. Die Wunderwerke technischer Erfindung überwinden äußerlich Raum und Zeit. Aber viele Menschen können dabei innerlich nicht Schritt halten. Die Spannung zerreibt sie. Sie werden seelisch krank.

Kann der innere Weg die innere Entgleisung verhindern? Kann er den Entgleisten heilen?

Die Heilung bedarf wiederum wie bei der Neurose der medizinisch-therapeutischen Hilfe. Der innere Weg kann die Heilung verstärken. Er macht den Menschen unabhängiger von äußerer positiver Verstärkung. Der Kontakt zum wahren Wesen vermittelt ein neues Selbstwertgefühl. Die Bedürfnisse nach Angenommensein, nach Verstandenwerden, nach menschlicher Geborgenheit müssen gewiß von anderen Menschen erfüllt werden. Alles aber bleibt Durchgang zu tieferen Quellen. Bliebe der Mensch auf Dauer von äußeren Erfüllungen abhängig, er könnte nicht ganz heil werden. Immer bliebe ein Rest von Unerfülltheit. Diese Einsicht auf dem inneren Weg löst das krampfhafte Festhaltenwollen geduldig auf. Die äußere Welt und die Mitmenschen spiegeln die innere Welt. Die wachsende Geborgenheit, die der innere Weg aus der Verwandlung des Menschen in sein wahres Wesen schöpft, macht frei. Aus dieser Erfahrung gehen dem Suchenden die Augen auf. Eines Tages erkennt er, daß Einsamkeit nur für das ichverhaftete Leben ein Unglück ist. Mit Recht. Denn das Gefühl, als einsamer Mensch unglücklich zu sein, enthält die Chance, die Geborgenheit nicht nur draußen bei anderen Menschen zu suchen.

Alles hat seine Zeit. Lange Zeit bedarf der Mensch zu seinem inneren Wachstum der mitmenschlichen Hilfe. Klammert er sich daran, wird die Hilfe zum Hindernis.

Der schöpferisch Begabte weiß intuitiv um diese Klippe. Um schöpferisch tätig zu sein, vertraut er seiner inneren Eingebung. Sie gleicht dem Samen, der befruchtet. Die Einsamkeit ist für den Kreativen wie der Mutterschoß, der die empfangene Frucht zur Reife bringt. Gelingt es, die innere Geborgenheit zu finden, so wandelt sich die schmerzliche Leere der negativen Einsamkeit zur beglückenden Erfüllung der fruchtbringenden, beseelten Einsamkeit. Solche Erfahrung macht den Menschen auf dem inneren Weg dankbar.

In der Beschreibung der einzelnen Gefühle entdeckte bisher die spirituelle Lebenshilfe einen Generalschlüssel, den Kontakt des Menschen mit seinem wahren Wesen. Diese Entdeckung muß nun im einzelnen nicht immer wieder ausführlich entfaltet werden. Es genügt, daß andere Gesichtspunkte die Erkenntnis des Generalschlüssels ergänzen.

Von der Gedankenlosigkeit zur Dankbarkeit

Der Gedankenlose hat es schwer mit sich. Seine Aufmerksamkeit ist zerstreut. Er ist nur leiblich anwesend. Weil er nur halb bei der Sache ist, unterlaufen ihm viele Fehler. Wichtige Angelegenheiten vergißt er. Anderes wird übereilt, um Versäumtes einzuholen. Gedankenlosigkeit bringt viel Ärger und Verdruß. Die Unzufriedenheit der anderen mit dem Gedankenlosen schwappt gefühlsmäßig auf den Gedankenlosen über. Er reagiert aggressiv oder depressiv. Schließlich wird er sich selber zuwider.

Wie sollen in diesem inneren Zwiespalt der Gedankenlosigkeit Gedanken der Dankbarkeit keimen können? Es wäre Same auf dem zertrampelten Feldpfad, den die Vögel fressen.

Von der Gedankenlosigkeit zur Dankbarkeit spannt sich ein weiter Bogen. Viele Lernschritte sind erfordert. Sie werden jetzt nicht bis ins einzelne wiederholt. Kernworte erinnern. Der Gedankenlose gewinnt inneren Halt vor dem Strudel seiner Zerstreuungen durch die Übung der Achtsamkeit. Unermüdliches Ringen um Konzentration im Augenblick sammelt seine zersplitterten Kräfte. Er lernt auf dem inneren Weg innere Disziplin und Ordnung. Ein Vergleich seiner Entwicklung mit seinem früheren Verhalten stimmt ihn dankbar für das Gewordene.

Welche Gefühle bewegen den dankbaren Menschen auf dem inneren Weg?

Für den dankbaren Menschen ist nichts mehr selbstverständlich wie für den Gedankenlosen. Es gibt auch keine Zufälle mehr. Der wachsende innere Kontakt mit dem wahren Wesen schärft den Blick für die kleinen und großen Überraschungen der inneren Führung durch das wahre Wesen.

Skepsis und Unsicherheit blockieren am Anfang. Die innere Stimme ist noch schwach oder überlagert. Dem dankbaren Menschen fällt es nicht schwer, sich immer neu von innen her belehren zu lassen. Hat er ein recht lebhaftes Temperament, so werden Übereilungsfehler unvermeidlich. Oft entdeckt die Rückbesinnung, daß nur der Verstand um Rat gefragt wurde. Falsche Rücksichten auf andere waren ausschlaggebend. Vorurteile oder Vorliebe färbten die innere Wegweisung.

All diese Fehlerquellen entstammen der Stimme der Ichverhaftung. Erfahrung läßt den Dankbaren immer besser unterscheiden. Solange Unklarheiten bestehen, läßt er sich Zeit, bis die Entscheidungen reif geworden sind. Ein inneres Gefühl mahnt ihn daher zur Geduld. Handelt er trotzdem gegen dieses Gefühl aus Angst oder aus Gedankenlosigkeit, so gerät er in Sackgassen. Er muß umkehren und neu ansetzen. Gehorcht er seiner inneren Eingebung, so kommt ein gesundes inneres Verlangen, die geplante Sache in Angriff zu nehmen, wenn die Stunde dafür reif geworden ist. Scheinbar mühelos gelingt nun die Lösung eines schwierigen Problems. Die Dinge spielen äußerlich wie von selbst ineinander.

Der innere Weg beschenkt mit einem inneren Sehen und einem inneren Hören. Beides erfüllt mit tiefer Dankbarkeit.

Die dankbare Haltung intensiviert sich. Ein Charakterzug der Dankbarkeit prägt den Menschen. Solche Dankbarkeit ist aufmerksam für jeden freundlichen Blick, für jedes aufmunternde Wort. Die Begegnung mit anderen Menschen verläuft nun nicht mehr funktional oder unter dem Blickwinkel von Nutzen und Vorteil. Der Dankbare hält Auge und Herz offen für den anderen. Die Wärme und der persönliche Ton im Gespräch vermitteln dem anderen das Gefühl von innerer persönlicher Nähe. Solche Begegnungen wecken auf aus der Stumpfheit des Alltagstrotts. Für einen Augenblick durchbricht das Staunen wie ein Sonnenstrahl den grauen Himmel.

Von der Stumpfheit zum Staunen

Das aufreibende, hektische moderne Leben treibt den Gedankenlosen in die innere Abwehrhaltung. Er verliert den persönlichen Bezug zu seiner Arbeit. Hauptsache ist, die Lohntüte stimmt, so spricht der Arbeiter. Hauptsache, ich komme irgendwie über die Runden, so sprechen viele. Sie leben vom Wochenende, vom Urlaub, vom Feiertag, von den Ferien. Der Angestellte rechnet mit der Unkündbarkeit seines Arbeitsverhältnisses. Der Beamte fühlt sich noch sicherer. Selbst Erzieher und Lehrer passen sich an. Sie halten ihren Unterricht nach Plan. Ihre Berufserfahrung hat ihnen eine gewisse Routine vermittelt. Aber es ist selten, wenn die einstige Begeisterung, wenn die persönliche Einsatzbereitschaft ungebrochen erhalten blieb. Selbst im heiligen Bezirk der Religionen machen viele Priester den Eindruck des Religionsdieners, des Funktionärs, der ein System verwaltet. Deswegen werden die Kirchen immer leerer. Rücksicht auf die öffentliche Meinung oder das Pflichtgefühl bestimmen ältere Menschen, traditionell am Alten festzuhalten. Aber wenige entgehen der inneren Abnutzung der Gebete und Zeremonien.

Gewohnheit stumpft ab, selbst im intimsten Bereich menschlicher Beziehung in Freundschaft, in Liebe, in Ehe, in Familie.

Der innere Weg macht diese tödliche Gefahr bewußt. Die Stumpfheit legt sich auf das innere Gefühl wie die Ölpest bei einem Tankerunglück auf die See oder auf einen Flußlauf. Mühsam muß das ausgelaufene Öl abgesaugt werden. Die verseuchten Küsten müssen sorgfältig gereinigt werden, damit neues Leben entstehen kann.

Eine ähnlich harte Arbeit leistet der innere Weg, um die Stumpfheit und die Verkrustung der Seele aufzulösen. Eines der wirksamsten Mittel bei dieser Bekämpfung der inneren Stumpfheit ist das Gefühl des Staunens.

Der Stumpfsinnige sieht und sieht doch nicht, als hätte grüner oder grauer Star sein inneres Auge langsam erblinden lassen. Der innere Weg heilt diese Erblindung durch das neue Sehen, wie es bereits bei den einzelnen Sinnen beschrieben wurde. Über ein genaues Hinsehen und ein verweilendes Betrachten öffnet sich der Blick langsam zum staunenden Vernehmen, zum erstaunten Wahrnehmen, zum inneren Zuhörenkönnen. Der Staunende wird durchlässig für das unverstellte Aufnehmen. Seine ichhaften Verengungen verlieren ihre Starre. Die dumpfe Dunkelheit seiner Sinne durchlichtet sich. Sie hellt sich auf, als würden Vorhänge von den Fenstern weggezogen. Der Staunende tritt durch eine geöffnete Tür ins Freie. Weite umgibt ihn.

Das Kind in ihm erwacht. Das innere Kind nimmt alles unvoreingenommen hin. Sein Auge saugt sich an einer Blume, an einem Menschen fest. Als sei die äußere Wirklichkeit verflüssigt, so trinkt dieses innere Kind sich satt beim Sehen. Es läßt sich innerlich anfüllen beim Hören. Horchen und Lauschen weiten ihm das innere Ohr.

Dieses innere Kind bleibt der Meister des Staunens auch für den genialen Künstler und Philosophen. Alle Weisheit beginnt mit dem Staunen. Es wäre töricht, sich seines inneren Kindes zu schämen. Je mehr sich der Mensch der Führung dieses inneren Kindes überläßt, um so tiefer dringt er ein in das Geheimnis seiner Wesenswahrheit.

Er braucht diesen inneren Halt. Denn nicht nur die Farbenpracht des Frühlings oder der Sternenglanz heller Winternächte erregen sein Staunen. Auch die dunklen Seiten des Lebens erschüttern zu einem fast ungläubigen Staunen. Wieviel brutale Gewalt, nackte Verzweiflung, unmenschlicher Haß, grausame Folterung, wieviel lebensbedrohender Wahnsinn an Vernichtungswaffen, wieviel Not und Leid der Rassenkämpfe und Bürgerkriege lösen ein bedrückendes Erstaunen aus. Verstand und menschliche Vernunft erstarren in diesem Erstaunen.

Ein Urvertrauen versucht zwar mühsam, das innere Gleichgewicht wieder herzustellen. Es gelingt nicht aus eigener Kraft. Der tragende Seinsgrund wäre Stütze genug für dieses Urvertrauen. Aber das menschliche Herz sehnt sich nach einem Antlitz, dessen Weisheit, Allmacht und Güte mehr verbürgen kann als den kosmischen Ausgleich der lichten und dunklen Schicksalskräfte. Der Mensch kann sich tiefer bergen in die Arme eines liebenden Gottes als in den Lichtschoß einer unendlichen Seinsfülle. Aus beiden Quellen speist sich jene Begeisterung, die aus dem Staunen fließt, um auch das Ödland der Langeweile zu befruchten.

Von der Langeweile zur Begeisterung

Langeweile ist für manchen Menschen eine wahre Geißel. Sie züchtigt peinvoller als die Stumpfheit. Dem Gelangweilten scheint die Zeit stillzustehen. Darum muß er sie totschlagen. Der Langweilige hat an allem den Geschmack verloren. Was auch immer geschieht, er antwortet darauf mit einem matten Gähnen. Die Äste seines Lebensbaumes sind vertrocknet. Es läßt sich schwer entscheiden, wieviel Lebenskraft noch in der Wurzel übrigblieb.

Eine Erschütterung müßte den Boden lockern, damit der Regen die Wurzelfasern erfrischt. Nur so könnten neue Triebe und neue Blätter aufbrechen.

Vermag die Begeisterung etwas Ähnliches beim Langweiligen wie die Erschütterung des Bodens und der benetzende Regen bei den Wurzeln? Der Funke könnte auf den Gelangweilten überspringen, wenn ihm ein Begeisterter in den Weg liefe.

Jeder, der begeistert sich dem inneren Weg anvertraut, erfährt gelegentlich, wie unbeweglich andere Menschen in seiner Umgebung in ihrer dumpfen Langeweile verharren. Sie schotten sich ab, sehen die Begeisterung als überspannt. Sie werten alles skeptisch ab, was über ihren Horizont hinausgeht.

Das fällt schwer, wenn der Mensch auf dem inneren Weg dieser Haltung bei seinen nächsten Angehörigen begegnet. Er wird dies jedoch leichter verstehen, wenn er selber auf dem inneren Weg mit diesem Problem sich auseinandersetzen muß. Denn es kann nicht ausbleiben, daß nach einer gewissen Zeit der Anfangsbegeisterung die innere Schwungkraft auf dem inneren Weg erlahmt. Solange die Übungen der Meditation, des Gebetes, der Sammlung neu waren, beflügelte das Neuheitserlebnis. Das beschwingende Gefühl des ersten Anreizes verfliegt mit der Zeit. Trockenheit schleicht sich ein. Die Meditationsübung vollzieht sich weiterhin, aber sie wird zur Pflicht. Eine gewisse Leere macht sich breit. Manche kehren nun um. Sie geben den inneren Weg auf, weil er sie scheinbar enttäuscht. Er bringt anscheinend nichts mehr für ihr Erleben.

Diese Prüfung läßt sich nicht umgehen, nicht vermeiden. Sie trifft eine Auslese. Für den Menschen, der den inneren Weg aufgibt, geht die Erinnerung an die erste Begeisterung als Same mit. Irgendwann wird der Same neu aufblühen. Vielleicht ist der Neubeginn auf dem inneren Weg gesegnet mit dem Gefühl der Reue und des Schmerzes über die verlorene Zeit. Vielleicht erkennt der Betreffende auch seine Schuld. Feigheit, Bequemlichkeit, mangelnde Willenskraft, Weichlichkeit tragen die Verantwortung für den Abbruch des inneren Strebens. Die wahrhaftige Selbsterkenntnis kann daraus auch einen Nutzen ziehen. Ein um so intensiveres Streben wird dann den Unterlassungsfehler und den Verlust ausgleichen. Wer in der Prüfung standhält, wird nach und nach die Langeweile überwinden. Sein Gefühl der Begeisterung mischt sich mit einer nüchternen Tapferkeit. Das Gefühl wandelt sich zur geistigen Form. Die Überschwenglichkeit ist daraus verschwunden. Die Begeisterung ist realistischer geworden. Sie behält die eigene Schwachheit und Anfälligkeit für Fehler und Versagen im Blick. Daraus entsteht ein tieferes Verstehen für das Verhalten anderer. Vorsichtiger urteilt nun der Mensch. Er geht schweigsamer seinen Weg. Es vergeht ihm die Lust, sich als besser zu betrachten, weil er den inneren Weg als seine Lebensaufgabe erkannt hat.

Diese demütige Haltung zieht neue Gnadenkraft auf ihn herab. Trägt ihn dann eine neue Woge der Begeisterung wieder auf eine lichte Höhe, so nimmt er dankbar diesen Aufschwung an. Er nutzt die Zeit innerer Hochstimmung um so intensiver für den Fortschritt auf dem inneren Weg.

Die Erfahrung einer solchen Prüfung durch innere Langeweile macht ihn jedoch vorsichtig. Er hat gelernt, auf Gefühle nicht zu bauen. Sie kommen und gehen nach eigenem Gesetz. Dieses Gesetz läßt sich schwer durchschauen. Andererseits nimmt er dankbar die Hilfe der positiven Gefühle in Dienst.

Verliert sich die Begeisterung im Gefühl, so wirkt dieses Gefühl dennoch nach als Erinnerung an Vergangenes und als Hoffnung auf Kommendes.

Das Leben auf dem inneren Weg gleicht in einem anderen Bilde der Ebbe und Flut. Im Gegensatz zum Meeresbild verharrt diese Bewegung nicht in festen Grenzen. Der Weg ist zielgerichtet, daher dynamische Vorwärtsbewegung. Insofern nimmt die Intensität zu. Das Staunen formt sich aus in der Begeisterung. Begeisterung tieft sich aus im Ergriffensein.

Von der Gleichgültigkeit zum Ergriffensein

Bei der Klärung der Gefühle gingen zwei Blickrichtungen ineinander über. Sie überschnitten sich teilweise. Der eine Aspekt beschrieb das Gefühl im äußeren menschlichen Umfeld. Es darf auf dem inneren Weg nicht aus den Augen verloren werden. Der andere Aspekt achtete auf den Wanderer des inneren Weges. Er bedarf der konkreten spirituellen Lebenshilfe. Beide Betrachtungsweisen kommen auch hier zum Zuge.

Die Gleichgültigkeit ist ein Kennzeichen der Massengesellschaft. Das immer engmaschigere Netz der Kommunikationsmittel verbindet alle mit allem. Die Informationen überfluten den einzelnen, obwohl aus dem Angebot der Nachrichten nur ein geringer Prozentsatz herausgefiltert wird. Der einzelne schaltet infolgedessen innerlich ab. Er nimmt mit dem Kopf das für ihn Wichtige und Interessante auf. Alles andere vergißt er, um Neuem Platz zu machen. Diese innere Reserve spart Gefühlsenergie und seelische Kraft. Das innere Unbeteiligtsein schafft andererseits eine Haltung der Gleichgültigkeit. Solange es den einzelnen nicht unmittelbar selber trifft, wecken Bilder des Grauens und Schreckens nur eine kurzatmige Aufmerksamkeit. Fast täglich berichten Radio und Fernsehen von Bürgerkrieg, Unglücksfällen, Katastrophen. Der Gewöhnungseffekt stumpft ab, macht gleichgültig.

Die Gleichgültigkeit ist kein Rüstzeug für den inneren Weg. Aber sie bleibt ein äußerlicher Begleiter des inneren Weges in der Gestalt der Mitmenschen. Umgerechnet auf die Bevölkerung im ganzen, befindet sich nur ein geringer Prozentsatz auf dem inneren Weg. Es werden aber immer mehr. Die Zukunft gehört dem ganzheitlichen Menschen. Ganzheit ist ohne inneren Weg nicht möglich.

Der Mensch auf dem inneren Weg würde gegen sein eigenes Entwicklungsgesetz fehlen, wenn er sich gegen die ihn umgebende Gleichgültigkeit auflehnte oder sie angriffe. Diese Waffe würde nur zum Bumerang, der auf ihn zurückflöge. Eis läßt sich nicht mit Kälte auftauen. Und Sand läßt sich nicht mit Steinen begießen. Das Eis taut auf in der Sonne. Wüste verlangt nach Regen. Gleichgültigkeit verliert ihre Starre, wenn die innere Dynamik des Ergriffenseins sie durchdringt.

Welche Gefühle bewegen also einen ergriffenen Menschen? Das Ergriffenwerdenkönnen hat seine Vorgeschichte. Ein Beispiel kann es erklären. Wenn man nasses Holz ins Feuer legt, so erzeugt es zunächst Qualm und Rauch. Im Feuer hört man ein Zischen und Fauchen, ein Prasseln und Explodieren. Nässe und Feuer ringen miteinander. Ist das Feuer zu klein, so löscht die Nässe es aus. Ist das Feuer stärker, so verdampft die Feuchtigkeit im Holz. Der Rauch läßt nach. Langsam wird das Holz mehr und mehr von der Flamme ergriffen.

Ähnlich ergeht es dem Menschen auf dem inneren Weg. Seine Ichverhaftung gleicht der Feuchtigkeit und Nässe des Holzes. In dem Maße der

Mensch in Berührung kommt mit seinem tieferen Wesen, in dem Maße durchglüht ihn der inneren Lichtfunke. Er entstammt dem göttlichen Urfeuer. Deshalb wohnt eine göttliche Flamme in ihm, die brennt, ohne zu verbrennen. Je großmütiger sich der Mensch dieser Flamme hingibt, um so schneller verzehrt sie alles Egoistische seiner irdischen Ichform.

Diese Durchlichtung von innen her überträgt sich auf dem inneren Weg mehr und mehr auf die Erlebnisweise des Menschen. Die Schönheit eines Naturereignisses ergreift ihn mit elementarer Gewalt. Die Begegnung mit einem liebenden Menschen rührt an die Liebeskraft aus der Wesenstiefe. Eine Wahrheitserkenntnis leuchtet in ihm auf. Er erfährt, daß Wahrheit Leben ist.

Wie soll der noch nicht Ergriffene, wie soll der Halbergriffene das für sich einüben? Was tut ein Musiker vor seinem Spiel? Er stimmt die Saiten seines Instrumentes. So sollte sich der Mensch auf dem inneren Weg jeden Morgen stimmen. Kommt es im Laufe des Tages zur Verstimmung, so tut er sich und seiner Umgebung den größeren Dienst, die verstimmte Saite neu zu stimmen. Eine kleine Pause, eine Besinnung, ein Nach-innen-gehen, ein Stillewerden inmitten der Arbeit, ein kurzes Gebet – all das hilft, um sich wieder neu einzustimmen. Wochenenden, freie Stunden, Urlaubszeiten können dazu beitragen, bewußt sich ergreifen zu lassen, auch von den alltäglichen Dingen.

„Es schläft ein Lied in allen Dingen." Der Dichter bringt dieses Lied der Dinge zum Klingen. Er verwandelt sich in das Wesen der Dinge, indem er sich von ihrem Wesen ergreifen läßt.

Unser wahres Wesen ist in seinem innersten Kern mit allen Dingen, mit allen Lebewesen, mit allen Menschen so tief eins, wie die Farben des Regenbogens im klaren Sonnenlichte eins sind. In dieser Seinseinheit sind wir nicht nur von allem anderen Sein ergriffen. Wir sind davon durchdrungen.

Asiatische Weisheit sieht in dem Aufgehen der einzelnen Farben im klaren farblosen Licht ein Symbol für die wesensmäßige Einheit allen Seins. Die Unterschiede der einzelnen Menschen und Dinge gelten dem Asiaten nur für die Oberfläche der scheinhaften Welt. Jeder Mensch ist nur eine Welle im Ozean. Darum betont der Asiate als Ziel des inneren Weges die Seinserfahrung.

Christentum, Judentum und Islam erhalten in diesem Alleinheitsgefühl die Spannung zwischen Seiendem und Sein, zwischen Mensch und Gott. Die Intensität des Ergriffenseins setzt ja voraus, daß der Ergriffene um sein Ergriffensein noch weiß. Je höher der Seinsrang des

Ergreifenden ist, um so überwältigender wirkt das Ergreifende im Ergriffenen. Die Klärung der Gefühle überschreitet hier den Raum des Menschlichen. Das Heilige weckt in der Begegnung mit dem Menschen, wenn er das Heilige liebend vermehrt, jene wundervolle Mischung aus Hingezogensein und Scheu, die den Ergriffenen reinigt und heiligt.

Die Reinigung legt jenes strahlende göttliche Abbild im Menschen frei, dem er seine wahre Würde und seine Seligkeit verdankt.

Wie der Regenbogen sich in sieben Farben auffächert, so fächert sich die menschliche Natur auf in verschiedene Charakterstrukturen und Charaktertypen. Das Typische verbindet Einmaliges und Gemeinsames. Das macht den Reichtum und die Armut des einzelnen aus. Die Armut der Begrenzung bereichert der innere Weg durch das Angebot der Ergänzung der einzelnen Strukturen der Charaktere. Die Formung der Seele wird in der Klärung der Gefühle immer tiefere Gefühlsintensität erreichen. Der Zusammenklang menschlicher Liebe und göttlicher Liebe überhöht das menschliche Fühlen ins gottmenschliche Fühlen. Denn der gläubige Christ versteht sein Leben als Gliedsein am geheimnisvollen Leibe Christi. Er hat daher teil an den Gefühlen dieses gottmenschlichen Herzens.

Die Formung der Seele in der Bildung des Charakters vertieft durch die Kenntnisnahme der einzelnen Charakterstrukturen die Selbsterkenntnis des einzelnen. Das lebensmäßige Vertrautwerden mit dem Reichtum des Seelischen an Charakterprägungen erleichtert den lebensvollen Umgang mit anderen Menschen. Das gegenseitige bessere Verstehen befähigt zur Toleranz, zur Liebe – trotz bedingter Grenzen.

Die Bildung des Charakters

Die Klärung unserer Charakterstruktur ist ein langer und vielschichtiger Prozeß. Wahrscheinlich läßt sich diese Klärung auf Erden nie ganz abschließen, weil unsere Existenz ausgespannt bleibt zwischen Zeit und Ewigkeit. Die Umpolung unserer Existenzmitte ist zudem nie unser alleiniges Lebenswerk. Sie geschieht zwar nicht ohne uns, weil sie sich in Freiheit vollziehen soll. Unsere freie Entscheidung für diese spirituelle Lebensarbeit mobilisiert zwar immer wieder unsere Beweggründe. Der Zwiespalt zwischen Einsicht und Vollbringen, die innere

Zerrissenheit und Widersprüchlichkeit unserer irdischen Existenz bringen aber die Dynamik dieser spirituellen Arbeit immer wieder zum Erliegen. Praktisch bedarf es eines unbeugsamen Mutes, täglich ja stündlich von neuem zu beginnen. Noch unser letzter Atemzug wird von dieser Spannung durchzittert.

Trotz dieses ständigen Wechsels von Fortschritt und Rückschritt, von Sieg und Niederlage lohnt sich jeder Einsatz. Es erfüllt mit Zuversicht und Hoffnung, daß kein einziger guter Gedanke, daß kein Gefühl der Sehnsucht nach dem Guten und Besseren vergeblich ist. Nichts, wirklich gar nichts im Streben nach menschlicher und spiritueller Reife ist umsonst. Um wieviel mehr trägt jede gute Tat ihren Lohn in sich, wenn wir zielstrebig um Selbsterkenntnis ringen.

Die zentrale Frage der Selbsterkenntnis lautet seit eh und je: „Wer sind wir in Wirklichkeit?" Eine entscheidende Antwort auf diese zentrale Frage liegt in der Erkenntnis unserer Charakterstruktur. Die Erkenntnis der Charakterstruktur auf dem inneren Weg konzentriert den Blick auf die Vielschichtigkeit des Charakters. Aus welchen Elementen setzt sich diese Vielschichtigkeit zusammen?

Die Vielschichtigkeit der Charakterstrukturen

Drei Elemente seien hervorgehoben.

Am Beginn des Lebens blickt das Kind in den Spiegel seiner Umgebung. Es sieht sich mit den Augen der Mutter. Ihre Zuwendung belebt. Ihre Ablehnung erschreckt. Um Liebe zu gewinnen, paßt sich das Kind den Erwartungen der Eltern an. Im Laufe des Lebens vermehren sich die Spiegel der Umgebung. Familie, Schule, Arbeitsstätte und gesellschaftliches Leben werden wie zu einem Spiegelsaal, der dem einzelnen Menschen verschiedene Bilder über sich selber vermittelt. In diesen Spiegelungen leuchten ganz verschiedene Charakterzüge auf. Das kann verwirren, wenn die gleiche Verhaltensweise scheinbar widersprüchlich von anderen in ihrem Urteil widergespiegelt wird. Die sich widersprechenden Urteile sind eine Herausforderung. Sie kann angenommen, sie kann verdrängt werden. Wer sie annimmt, der wird versuchen, den Widerspruch zu klären.

Der einzelne braucht oft lange Zeit, bis er entdeckt, daß die anderen in ihrem Urteil getrübt sein können. Vorurteile, verletzte Gefühle, bittere Erfahrungen, Enttäuschungen, selbstsüchtige Erwartungen verstellen den Blick. Sie verzerren die Wahrheit unbewußt. Gehässigkeit und

Boshaftigkeit, Neid und Mißgunst verfälschen die Wirklichkeit mitunter bewußt.

Ein argloser Mensch ist diesen falschen Spiegelungen seiner Umgebung zunächst hilflos ausgeliefert. Sein Herz kennt keine solchen Regungen. Schmerzlich muß er die dunklen Wesensseiten anderer Menschen kennenlernen. Lange Zeit wird er zunächst die falschen Spiegelungen der anderen für wahr halten. Er sucht bei sich selber die Gründe, kann sie aber nicht finden. Dies quält ihn. Es läßt ihn nicht zur Ruhe kommen. Vielleicht öffnet ihm ein guter Freund die Augen für den wahren Sachverhalt. Vielleicht ergeben sich kritische Situationen, die ihm Beweise liefern, daß er sich zu Unrecht mit Selbstvorwürfen martert. Erleichterung und Erstaunen bemächtigen sich seiner. Der arglose Mensch verliert seine Naivität. Wachsende Kritikfähigkeit schafft eine gesunde Distanz. Nun treffen die verfälschenden Urteile nicht mehr einen Wehrlosen und Schutzlosen. Er ist von den fremden Bildern, die andere von ihm entwerfen, unabhängiger geworden.

Diese innere Befreiung mißlingt, wenn ein argloser Mensch sich den Widersprüchen im fremden Urteil nicht stellt. Er verdrängt sie und leidet im Unterbewußten nur um so schwerer. Träume könnten darauf aufmerksam machen. Aber wenige verstehen es, die Träume richtig zu deuten. Die Verunsicherung durch die negativen Spiegelungen aus der Umwelt wird den Menschen mehr und mehr isolieren. Er traut sich nichts mehr zu. Er zieht sich zurück. Selbstzweifel nagen an seinem Selbstwertgefühl. Schließlich wird er seelisch und dann körperlich krank. Nun bedarf er der Hilfe des Therapeuten.

Den entgegengesetzten Weg zur Angst führt den Menschen die eitle Selbstgefälligkeit. Ihre Wurzel liegt oft in den übertriebenen Schmeicheleien der Mutter. Einem begabten und beliebten Kind fällt die Bewunderung seiner Eltern und Erzieher fast mühelos zu. Seine Selbstüberschätzung erstarkt daran. Lob wird zur Selbstverständlichkeit. Der dadurch Verwöhnte leitet daraus Erwartungen ab. Sie wachsen sich aus zu Rechtsansprüchen. Dies ist jedoch unrealistisch. Das Leben ist kein Dauerabonnement auf Plätze an der Sonne. Ein Mensch, der bei allen Liebkind sein will, ist auf die Schattenseiten des Lebens schlecht vorbereitet. Das Leben fragt nicht danach, ob er Liebesentzug, Leiderfahrungen, Bitterkeiten annehmen will. Sie treffen ihn wie der Blitz aus heiterem Himmel. Der Schock ist groß, weil das Unheil überrascht. Dann kann der verwöhnte Mensch leicht scheitern. Er kann aber auch daran reifen. Reife allein wird dem Licht wie dem Schatten gerecht. Weise

Distanz und wohlwollende Nähe treffen die rechte Mitte. In ihr gewinnt der Mensch Halt. Er lernt unterscheiden. Dadurch klärt sich die Wahrheit der Bilder, die im Herzen und in den Köpfen der anderen über uns entstehen. Sie sind das erste Strukturelement in der Vielschichtigkeit unserer Charakterbildung.

Das zweite Strukturelement ist das Bild, das wir vom anderen Menschen haben. Auch dieses Bild bleibt lange Zeit bunt gefärbt. Beglückende Lebenserfahrungen hellen es auf. Bittere Erinnerungen verdunkeln es. Nicht leicht lassen sich die Übertragungen der eigenen Lebensgeschichte auf den anderen Menschen erkennen. In unserem Urteil über den anderen schwingen unsere Erwartungen und unsere Befürchtungen. Selbsterkenntnis trennt geduldig die Übertragungen auf den anderen von der Wirklichkeit des anderen. Selbsterkenntnis begreift, daß wir im Urteil über den anderen auch ein Urteil fällen über uns selbst. Diese Erkenntnis überrascht. Sie ernüchtert. Sie befreit und macht vorsichtig, bescheiden, demütig.

Das dritte Strukturelement ist noch verborgener und subtiler. Nur eine innere Wachheit kann es in den Blick nehmen. Es ist das Bild, von dem wir meinen, der andere habe es von uns. Meinungen treffen selten die Wahrheit. Zu viel Eigenes mischt sich in den Wirrwarr der Vermutungen. Wiederum haben die Übertragungen die Oberhand. Selten findet sich Zeit und Kraft, ein klärendes Gespräch zu führen. Das stumme Nebeneinander mißdeutet leicht das gegenseitige Verhalten.

Die Kluft zwischen den Menschen wächst. Sie meiden sich, wenn sie es können. Der Alltag verarmt zum seelenlosen Funktionieren. Wie erlösend wirken dann kleine Zeichen: ein Lächeln in den Augen, ein helfender Zugriff, ein Händedruck, ein vertrauendes Wort.

Prägender als diese drei Strukturelemente wechselseitiger Meinungsbilder formt unseren Charakter das Bild, das wir von uns selber haben. Selbsterkenntnis entdeckt darin vier Schichten. Der Alltag bestimmt die Außenseite des Selbstbildes. Im bunten Wechsel der Ereignisse dringt selten ein Erlebnis unter die Oberfläche. Gewohnheiten graben feste Bahnen, Routineverhalten gleitet mühelos über diese Alltagsschienen. Routine entlastet. Sie stumpft zugleich ab. Das alltägliche Selbstbild bleibt dumpf. Vieles läuft von morgens bis zum Abend mechanisch ab. Wenige Menschen nehmen sich vor dem Schlafengehen die Zeit, den Tag nochmals zu überdenken. Diese Rückschau nährt jedoch die Selbsterkenntnis. Sie würde durch diese Übung die zweite Schicht unseres Selbstbildes freilegen.

Die zweite Schicht besteht aus Einseitigkeiten. Auch darin spricht unsere Vergangenheit. Manche Menschen reagieren auf die Ereignisse des Lebens immer zuerst pessimistisch. Oft liegen die Gründe für diesen Pessimismus in der Kindheit. Schon als Säuglinge oder Kleinkinder fühlen sie sich verlassen. Es fehlte die echte und warme Zuwendung. Eine strenge Erziehung hob immer nur die Fehler und Versäumnisse ins Bewußtsein. Für Kleinigkeiten wurden sie streng bestraft. Das untergrub ihr Selbstvertrauen. Der Selbstzweifel war die Folge. Die dunkle Brille verschattet seitdem ihr Auge. Diese Menschen sind nicht mehr überrascht, wenn Mißgeschick sie verfolgt. Pech zu haben erscheint ihnen normal. Lob wehren sie ab, als sei es unverdient. Sie finden an sich kaum etwas Liebenswertes. Schweigend nehmen sie Vorwürfe hin. Sie wagen es nicht, sich zu verteidigen. Ihr Leben kennt anscheinend nur die Grauzonen. Die helle Sonne des Glückes würden sie nur mit blinzelnden Augen ungläubig bestaunen. So ungewohnt wäre ihr Anblick. Nur manchmal wird für den einen oder anderen das Märchen vom Aschenputtel Wirklichkeit. Es gibt dann kaum glücklichere und dankbarere Menschen.

Eine andere Einseitigkeit zeichnet die Sonnenseite des Lebens ins Selbstbild des Menschen. Als Kinder sind diese Menschen in den Augen der Mutter schon der kleine Prinz. Er wird verhätschelt und verwöhnt. Die Eltern lesen ihm seine Wünsche von den Augen ab. Seine positiven Seiten werden hochstilisiert. Übersteigerte Erwartungen fallen wie Samenkörner in seine Seele. Ihr Wachstum wird gepflegt wie in einem Treibhaus. Vielleicht glückt es, durch gute Beziehungen noch eine Zeitlang die schützende Hand über die weitere Entwicklung des Lieblings zu halten. Früher oder später schlägt jedoch die Stunde der Wahrheit. Keiner lebt auf Dauer von Vorschußlorbeeren. Die Wechsel fremder Anerkennung müssen gedeckt werden durch eigene Leistung. Sonst erweisen sie sich als Falschgeld. Der innere Bankrott wäre die Folge. Der Optimist entgeht dieser Gefahr, wenn wirkliche Vorzüge ihn auszeichnen. Talente gedeihen am besten, wenn Glück sie begünstigt. Dann bleibt die Stirn sorgenfrei. Erfolge ermutigen zu immer größerem Wagnis. Dennoch sind auch dem Optimisten Grenzen gesetzt. Lange Zeit erlebt er vielleicht die Schattenseiten des Lebens nur im Spiegel fremder Lebensschicksale. Für Augenblicke nur nimmt er sie wahr. Als Gesunder sieht er die Krankenhäuser nur von außen. Selbst Krankenbesuche stimmen ihn nicht allzu ernst. Sein Humor übertönt noch die betretene Stille um das Krankenbett. Billige Trostworte erleichtern ihm den Abschied. Arbeit und Vergnügen lassen das Schwere des Lebens schneller vergessen.

Der Optimist versteht es „meisterhaft", Schmerz und Leid zu übersehen. Erfolg und Ehre verstärken seine Lebensenergien. Schalkhaftigkeit würzt ihm langweilige Stunden. Er träumt von einem langen und glücklichen Leben. Gesundheit und Geistesfrische sollen es ihm garantieren.

Diese Träume können über Nacht verfliegen. Unglück, Schicksalsschläge, Krankheiten verwandeln die bisher so ruhige und heitere See des optimistischen Lebens in ein rasendes Ungeheuer. In diesem Sturm geht viel über Bord. Der Optimist muß nicht untergehen. Die Erschütterung kann heilsam sein.

Die Charakterbildung erzielt bleibende Früchte, wenn es gelingt, die einseitigen Selbstbilder geduldig zu korrigieren. Daraus erwächst die dritte Schicht: das wirklichkeitsnahe Selbstbild. In ihm kommen Licht und Schatten zu ihrem Recht. Zur menschlichen Reife gehören beide. Schwierig ist es, mit ihnen richtig umzugehen. Hilfreich dabei wäre es, daß die negativen oder positiven Gefühle nicht die Oberhand gewinnen. Das erschwert sonst ein klares Urteil. Auch der Wille darf sich nicht entmutigen lassen. Deshalb bedarf er der begründeten Hoffnung. Sie lebt von Zielen, die aus der Tiefe aufsteigen. Der Schlüssel zur Tiefe liegt in der vierten Schicht unserer Struktur: im reifungsoffenen Selbstbild.

Das reifungsoffene Selbstbild hat seine eigenen Wertmaßstäbe. Sie entstammen unserem wahren Wesen. Dieses ist gezeichnet vom Siegel der Ewigkeit. Der Sinn unseres Lebens besteht darin, dieses Siegel der Ewigkeit zu lösen. Dieses schwierige Werk bedarf der göttlichen Hilfe.

Die wachsende Selbsterkenntnis in der Vielschichtigkeit menschlicher Charakterstrukturen bereitet den Menschen auf das göttliche Wirken vor. Das göttliche Licht selber strahlt dann auf. Der Mensch findet so auf dem Grunde seines Seins das Abbild Gottes. In ihm wird die Selbsterkenntnis zum Spiegel göttlicher Erkenntnis.

Die Klärung der verschiedenen Selbstbildnisse ist ein langsamer und langwieriger Prozeß. Geduldiges Mühen erkennt allmählich die gegenseitigen Übertragungen der eigenen Erfahrungen auf die anderen und deren Rückspiegelung. Der Blick lernt das alltägliche, das einseitige, das wirklichkeitsnahe und das reifungsoffene Selbstbild zu unterscheiden. Die Vielschichtigkeit unserer Charakterformung bringt Spannungsfelder aber auch vielfältige Fruchtbarkeit mit sich.

Charakterstrukturen nach dem Enneagramm
aus spirituell-psychologischer Sicht

Die Frage nach dem wahren Wesen des Menschen ist so alt wie die Menschheit. Die Selbstfindung des Menschen war immer die schwerste Lebensaufgabe. In ihr liegt der eigentliche Sinn des Lebens. Eines der großen Geschenke auf dem inneren Weg ist die Begegnung mit einem Meister der Selbsterkenntnis. Meister sind sehr dünn gesät. Aber es gab und gibt sie zu allen Zeiten. Sie treten aus ihrer Verborgenheit hervor, wenn Krisenzeiten die Menschen bedrohen. Darum ist es nicht verwunderlich, daß in der Umbruchsituation der Gegenwart geheime Weisheitstraditionen ans Licht kommen, um in der Verwirrung der Meinungen spirituelle Lebenshilfe zu geben. In Amerika und Westeuropa beschäftigen sich zur Zeit immer mehr Menschen mit einer Typenlehre, deren Ursprung im dunkeln liegt. Manche vermuten diesen Ursprung in Babylon oder im mittleren Osten. Sie greifen dabei weit zurück auf die Zeit 4000 bis 2500 vor Christus. Die Überlieferung selber geschah mündlich. Ihre Linie taucht auf im 14. oder 15. Jahrhundert nach Christus bei den islamischen Mystikern. Man nennt sie Sufis. Diese Annahme ist nicht unbestritten. Bei uns im Westen war diese Überlieferung unbekannt. Der Abenteurer und spirituelle Lehrer Gurdjieff (etwa 1877–1940) brachte diese Typenlehre der neun Charakterstrukturen zum ersten Mal in den Westen. Die Typenlehre trägt einen griechischen Namen. Neun heißt auf Griechisch „Ennea". Das griechische Wort „Gramma" bedeutet Buchstabe, Schrift, Verzeichnis. Die neun Typen werden mit den Zahlen eins bis neun bezeichnet. „Enneagramm" ist daher der Name dieser Typenlehre. D. R. Riso, Richard Rohr und Andreas Ebert sind bekannte Autoren zu diesem Enneagramm-Thema geworden. Ihre Anregungen gebe ich dankbar hier weiter. Ich versuchte, sie selbständig zu verarbeiten.

Die Beschreibung der neun Charakterbilder erleichtert die Selbsterkenntnis des Menschen auf dem inneren Weg sehr. Der Leser, der sich zum inneren Weg entschlossen hat, erwartet konkrete Hinweise und Hilfen. Es wäre ihm am liebsten, es würde ihm ein spirituelles Foto, zumindest ein Paßbild geliefert. Das wäre zu einfach. Für Selbsterkenntnis gibt es keinen Automaten, auch kein Rezeptbuch. Sie ist eine Lebensarbeit. Da sich der einzelne immer wieder wandelt, bleibt Selbsterkenntnis ein lebendiger, offener Entwicklungsprozeß. In dem Sinne wird der Mensch nie ganz mit sich fertig. Das Abenteuer der Selbsterkenntnis kennt kein „happy end". Die Offenheit für eine wachsende Dynamik macht den Reiz dieses Abenteuers aus. Das spirituelle Wachstum gleicht der offenen Spirale, die ins Unendliche weist.

Die Fülle der Einzelzüge in diesen neun Charakterbildern erschließt sich auf den folgenden Seiten nicht einem ungeduldigen Leser. Bloße Neugier erfaßt nur Bruchstücke. Neugier hastet der Oberfläche entlang, um rasch zu einem Ergebnis zu kommen. Wer in diesen Bildern echte Selbstbegegnung finden will, der muß sie als Spiegel gebrauchen. Jeder muß selbst herausfinden, in welchem Charakterbild er sich in besonderer Weise wiedergespiegelt fühlt. So kann er dann in dem Reifeprozeß des inneren Weges seine lichten Seiten des Charakters verstärken, die dunklen abbauen und das göttliche Ebenbild in ihm immer mehr verwirklichen. Er wird oftmals sich in diesem Spiegel betrachten. Der häufige Gebrauch des Spiegels vertieft die Klarheit der Spiegelung. Sie befreit das Auge des Betrachters von seiner Trübung. Das trübe Auge entsteht durch die Ängste oder durch die Eitelkeit der Ichverhaftung. Die Ängste können schon in früher Kindheit grundgelegt sein. Auch Eitelkeit ist bisweilen die Frucht fremder Schmeicheleien. Mutige Selbsterkenntnis will diese Schleier aus Angst und Eitelkeit zerreißen. Die Tapferkeit des Ringenden liegt in seiner Geduld und Ausdauer.

Noch einer anderen Enttäuschung möchte ich vorbeugen. Der einzelne Leser wünscht sich ein maßgeschneidertes Modell seines Charakters. Dabei fixiert er sich auf seine augenblicklichen Bedürfnisse. Diese Bedürfnisse sollen und müssen berücksichtigt werden. Der innere Weg sollte aber nicht so verstanden werden, als führe er zu einer Vereinfachung nach innen, indem er die komplizierte äußere Wirklichkeit ausblende. Das ergäbe eine Engführung, die unfruchtbar bleibt. Im Gegenteil. Weil das Ziel des inneren Weges die Ganzheit des reifen Menschen ist, bedarf jeder Wachstumsschritt nach innen des gleichgewichtigen Ausgriffes nach außen. Deshalb ist es gut, die Fülle der Charakterbilder in dieser Typenlehre nicht so zu schmälern, daß der Durchschnittsmensch als Maßstab gilt. Es wäre das gleiche, wie wenn eine Sinfonie in ihrer Fülle von einem einzigen Instrument gespielt werden sollte. Es tut auch uns Durchschnittsmenschen auf dem inneren Weg gut, uns selber im richtigen Verhältnis zur Wirklichkeitsfülle zu erleben und kritisch zu sehen. Darum zeichne ich diese Charakterbilder so nach, daß sie auch die großen Persönlichkeiten, wie zum Beispiel den Künstler, den Denker, den Staatsmann, mit umfassen. Diese Ausmaße helfen auch dem inneren Wachstum des durchschnittlichen Menschen. Warum? Sein

Blick schärft sich für die Ereignisse auf der kleinen und großen Weltbühne. Er kann die Geschichte besser verstehen. Die sogenannten Spitzen der Gesellschaft in Politik und Wirtschaft, in Kirche und religiösen Gruppierungen werden für ihn durchschaubarer. Die Vorzüge und Schwächen dieser führenden Persönlichkeiten sind dem verständlicher, der mit diesen Charakterbildern immer vertrauter wird.

Die Lektüre der folgenden Charakterstrukturen versteht sich als ein intensives Studium. Die konzentrierte Fassung des Gehaltes läßt sich nicht auf einmal verarbeiten. Es lohnt sich, diese Texte immer wieder zu lesen, zu meditieren, auf sich und auf andere Menschen anzuwenden. Diese konkrete Umsetzung fordert einen kreativen Prozeß heraus. Das bedeutet, daß der einzelne sie wie Symbole versteht. Wenn vom Künstler oder vom Denker die Rede ist, so soll die künstlerische oder denkerische Fähigkeit des einzelnen angesprochen werden, auch wenn sie nicht ein überdurchschnittliches Niveau erreicht. Wo Überflieger bisweilen scheitern, da kommen durchschnittliche Talente ans Ziel, weil sie in zäher Arbeit die geduldige Ausdauer gelernt haben.

Während viele Schriftsteller die einzelnen Typen mit den Zahlen von eins bis neun bezeichnen, wie es der Tradition des Enneagramms entspricht, gibt Riso den Typen symbolische Namen. Ich habe von ihm diese Namen übernommen, weil sie den typischen Gehalt besser im Gedächtnis speichern als Zahlen. Ich beginne dabei mit dem „Helfer", der dem Typ zwei entspricht.

Zweimal begegnen wir diesen Charakterbildern. Zunächst zeichne ich von jedem Typ ein kleines Porträt. Dann zeige ich die Mischungen auf, die entstehen, wenn sich zwei benachbarte Strukturen verschmelzen.

Der Helfer

Sein Symbol ist das Herz. Die Sehnsucht, geliebt zu werden, bestimmt sein Wesen. Er ist glücklich, wenn ihn die Mitmenschen brauchen. Ein mütterlicher Urtrieb inspiriert ihn zu unermüdlicher Tätigkeit. Diese Gefühlsdynamik läßt zwar die Einsatzkräfte wachsen. Sie erschwert andererseits das klare Urteil über die Notwendigkeit der einzelnen Aktivitäten. So schwankt das Gefühlsleben zwischen überschwenglicher Freundlichkeit und distanzloser Vereinnahmung. Die Aufopferung für andere hat bisweilen den Beigeschmack einer versteckten Selbstbezogenheit, der es schwerfällt, den anderen loszulassen und ihn freizugeben für den eigenen Entwicklungsweg. Dem Helfer-Typ wird seine besitzergreifende Haltung kaum bewußt. Entziehen sich die Schützlinge der aufgedrängten Fürsorge, weil sie deren geheime Bindungsabsicht spüren, so kann der Helfer verbittert sich in die Märtyrerrolle flüchten. Vorwürfe der Undankbarkeit wecken dann Schuldgefühle, um die Abhängigkeit des anderen auf diese Weise neu zu beleben. Gelingt dagegen die Reifung zur echten Selbstlosigkeit, so beglücken die mütterlichen Gaben warmherziger Einfühlsamkeit um so tiefer.

Der Statusmensch

Das beherrschende Motiv seines Lebens ist die Ehre. Er nährt sich von der Bewunderung der anderen. Darum spielen Karriere und Erfolg für ihn die Hauptrolle. Sein Ehrgeiz scheut keine Mühe, um sich von anderen abzuheben. Geschickt weiß er sich ins beste Licht zu setzen. In der Wahl der Mittel ist er nicht zimperlich. Der Schein ist ihm wichtiger als das Sein. Nur wer scharf hinsieht, entdeckt hinter den Masken des Statusmenschen die berechnende Kühle. Sie kann in Feindseligkeit und Verachtung umschlagen, wenn es gilt, Konkurrenten auszuschalten oder Gegner zu beseitigen. Nutzt der Statusmensch seine Veranlagung, um sich selbstlos für eine Sache einzusetzen, so gelingt es ihm leichter, sein Erscheinungsbild nach außen mit seiner inneren Haltung in Einklang zu bringen. Seine Energien dienen nun nicht mehr in erster Linie den Zielen seines Ehrgeizes. Seine Selbstsicherheit hat die Chance, anderen Vertrauen einzuflößen. Weil er anpassungsfähig ist und zugleich unabhängig bleiben kann, versteht er es, andere mitzureißen und für hohe Ziele zu begeistern. Er weiß zu motivieren und zu führen.

Der Künstler

Ihn fasziniert die Welt des Schönen. Sie weckt in ihm die Kräfte des Formens und Gestaltens. Schöpferisch tätig sein zu dürfen, das bedeutet ihm die Erfüllung seiner tiefsten Sehnsüchte. Der Preis, den der Künstler dafür zahlen muß, ist hoch. Es gilt, die Spannung auszuhalten zwischen künstlerischer Vision und alltäglicher Wirklichkeit. Nicht zu jeder Zeit kann der Künstler gleich gut diese Spannung ausbalancieren. Die Feinnervigkeit und Feinfühligkeit des künstlerischen Temperamentes machen es leicht verletzbar. Die Stimmungslage kann ein Werk erleichtern oder erschweren. Der Künstler braucht das positive Echo seiner Zeitgenossen. Schafft er Überzeitliches, so fehlt es oft am nötigen

Verständnis für das Neue und Ungewohnte. Nicht immer entsprechen sich die inneren Visionen des Schönen und die äußere Kraft zu ihrer Gestaltung. Lebhafte Phantasien führen dann zu Übersteigerung und Selbstüberschätzung. Weil ihnen aber die reale Grundlage fehlt, ist der Absturz des Gefühles in Selbstvorwürfe und Selbsthaß die zwangsläufige Folge. Der Künstler kann aber auch von seiner intuitiven Schaukraft auf Höhen getragen werden, deren Gipfel ins Universelle hineinragen. Dann liegt der Abglanz des Ewigen über seinem Werk. Er selber wird ergriffen von dem Zauber unvergänglicher Schönheit. Priesterliche Züge prägen sich ein in sein geistiges Antlitz.

Der Denker

Er ist dem Künstler verwandt in der Genialität seiner Anlage. Den Denker ziehen Weisheit und Wissen in ihren Bann. Die Frage nach der Wahrheit ist sein Lebenselixier. Er schafft geistige Systeme. Er möchte alles verstehen und erklären. Dabei muß sich der durchschnittliche Denker damit zufrieden geben, die großen Gedanken der Klassiker nachzudenken. Mit viel Fleiß sammelt er sich Schätze von Wissen in einem bestimmten Gebiet. Als Spezialist gewinnt er Anerkennung. Er kann abgleiten, wenn er die Teilerkenntnisse als Ersatz fürs Ganze mißversteht. Dogmatischer Fanatismus kann ihn ankämpfen lassen gegen neue Denkmodelle. Das Ringen um menschliche Erkenntnis bleibt ein leidvoller Weg, wenn nicht Weisheit zum wissenden Nichtwissen befreit.

Der Loyale

Er strebt nach Sicherheit, um seine Ängste zu bewältigen. Darum sind die Bestätigungen von anderen oder durch ein System, dessen Gesetzen er folgen kann, für ihn so wichtig. Pflichtbewußtsein und Solidarität kennzeichnen bereits den Durchschnitt dieses Typs. Der Loyale neigt zum Traditionalismus. Um Risiken einzugehen, dafür ist er zu vorsichtig. In Konfliktfällen richtet er sich lieber nach der Parteilinie, auch wenn er gefühlsmäßig in manchem anders empfindet. Es kann ein Überdruck in ihm entstehen. Dann treibt ihn seine innere Unsicherheit in Selbstverachtung. Er fühlt sich unterlegen und muß gegen selbstzerstörerische Neigungen ankämpfen. Seine Fähigkeit, sich persönlich stark mit anderen zu identifizieren, macht den Loyalen andererseits zu einem verläßlichen und vertrauenerweckenden Partner. Es fällt ihm leicht, mit anderen gut auszukommen und zusammenzuarbeiten. Die gemeinsamen Interessen bleiben nicht zweckgebunden. Ein starker Gefühlskontakt mildert Gegensätze, weil die Anpassung und Einordnung in die übergreifenden Zielsetzungen des gemeinsam bejahten Systems vieles Zweitrangige relativieren.

Der Vielseitige

Als Lebenskünstler versteht es der Vielseitige, allem eine glückliche Seite abzugewinnen. So wird das Leben zum heiteren Spiel, bei dem man niemandem zu schnell den Spaß verderben sollte. Es bleibt genug Schweres und Tragisches übrig. Deshalb sollte man die Rosen pflücken, ehe sie verblühen. Oft geht diese Rechnung nicht auf. Der Vielseitige weiß sich durch Abwechslung schnell die schlechte Laune zu vertreiben. Die Wendung nach außen und eine gewisse Unbekümmertheit lassen ihn oberflächlich werden. Der Vielseitige neigt zum Dilettantismus. Die Sensation bestimmt leicht seine Aktivität. Genußsucht und Vergnügungshunger verführen ihn zum Auskosten bis zur Übersättigung. Zügelt er seine überschäumende Lebenslust, so wird er zum beliebten Mittelpunkt in Freizeit und Gesellschaft. Sein Humor steckt an. Der Phantasiereichtum wird zur unerschöpflichen Quelle der Unterhaltungskunst. Der Vielseitige versteht es, das Leben in all seinen Höhen und Tiefen zu genießen. Er kann aber auch voller Ehrfurcht vor den Geheimnissen des Lebens stehen und sie staunend verehren.

Der Führer

Seine Begabung drängt ihn zur Gestaltung der Geschichte. Er hat die Kraft, die Massen für nationale, politische oder religiöse Ideale zu begeistern. Auf dem Gipfel der Macht wächst die Gefahr, der Selbstherrlichkeit zu verfallen. Widersteht der Führer dieser Verlockung eines Mißbrauchs seiner Macht, wird er nicht als Tyrann und Diktator zum Verführer, so erspart er seinem Volk das Leid von Terror, Krieg und Zerstörung. Er kann zu historischer Größe reifen, wenn er seine Stärke und Unabhängigkeit mit Klugheit und Maßhalten zu verbinden weiß. Auch die kleinen Gipfel der Macht umgeben Abgründe. Neid, Intrigen, Manipulationen sind die Schatten der kämpferischen Naturen. Sie lieben die Konfrontation, um ihre Kräfte stets neu messen zu können. Der äußere Glanz irdischer Machtfülle blendet jene Führergestalten nicht mehr, denen das Geheimnis der wahren inneren Größe die Augen öffnet für die bleibenden Werte. Weil sie sich selbst bezwungen haben, können sie ihrer Zeit die Wege weisen in eine bessere, gerechtere und friedvollere Menschenwelt.

Der Friedliebende

In gewisser Weise bildet der Friedliebende den Gegenpol zur Führergestalt. Der Friedliebende kämpft nicht. Er harmonisiert, vermeidet Konflikte, sucht den Erhalt des Friedens um jeden Preis. Diese Haltung läßt ihn passiv werden. Aus Bequemlichkeit paßt er sich seiner Umgebung an. Die Erwartungen der anderen bestimmen sein Verhalten. Er verschließt gerne die Augen vor unangenehmen Dingen. Seine Vogel-Strauß-Politik bringt ihn früher oder später in Zugzwang. Die verdrängten Probleme und verpaßten Gelegenheiten werden zur unfreiwilligen Leidensschule, in der er aus Resignation leicht scheitert. Gelingt dem Friedliebenden jedoch eine mutige Offenheit gegenüber der harten Wirklichkeit, so können sich seine Geduld und Bescheidenheit sehr wohltuend in kritischen Situationen auf seine Mitmenschen auswirken. Die Fähigkeit des Friedliebenden, Gegensätze ausgleichen zu können, wird auch festgefahrene Verhandlungen neu in Gang bringen. Selbst im Alltag ist die Liebenswürdigkeit des Friedliebenden eine Wohltat, sofern sie nicht als Schwäche mißverstanden oder mißbraucht wird.

Der Reformer

Ihn beseelt die Begeisterungsfähigkeit für große Ideale. Das Streben nach dem Höheren ist sein hervorstechender Charakterzug. Am Ideal mißt er die Wirklichkeit. Darum möchte er auch die Welt um sich zum Besseren verändern. Wichtigste Aufgabe bleibt, daß er zunächst in sich selber Ideal und Leben in Einklang bringen muß. Weil die Spannung zwischen hochfliegendem Idealismus und zwiespältiger Alltagswirklichkeit aber nie ganz auszugleichen ist, darum fällt es dem Reformer schwer, genügend selbstkritisch zu sein. Als Perfektionist hebt er gerne den moralischen Zeigefinger. Er kann selbstgerecht und hart andere verurteilen, ist jedoch überempfindlich gegenüber fremder Kritik. Der Reformer entgleist, wenn er zum Fanatiker entartet. Er wird jedoch zum Segen, wenn die persönliche Integrität gewährleistet ist. Dann setzt er alle seine Kräfte ein für Wahrheit und Gerechtigkeit, ohne zu vergessen, daß alle Normen dem Heil des Menschen dienen sollen. Denn der Buchstabe tötet. Der Geist aber macht lebendig.

Die notwenige Spannung von Buchstabe und Geist gilt im übertragenen Sinn auch von der Spannung zwischen Typenmodell und konkreter Persönlichkeit. Meist prägen uns Züge aus verschiedenen Typenskizzen. Unsere Vielschichtigkeit ist dafür der Grund. Da unsere Selbsterkenntnis eine lebenslange Aufgabe bleibt, werden auch die Schwerpunkte unserer spirituellen Aufgabe auf dem Weg nach innen entsprechend dem inneren Wachstum sich verschieben. Darum gilt es nun, den Blick darauf zu richten, wie der Reichtum des Seelischen innerhalb der vorgegebenen Struktur durch Charakterbildung zur vollen Entfaltung gebracht werden kann.

Die Wechselwirkung innerhalb der Charakterstrukturen

Die neun Charaktertypen zeichnen einen Grundriß unserer Charakterstruktur. Sie schärfen den Blick für Entwicklungschancen und für Entwicklungshindernisse. In der Charakterbildung geht es darum, die Entwicklungschancen zu nutzen und die Entwicklungshindernisse zu überwinden. Als Entwicklungsprozeß ist die Charakterbildung ein aufregendes Abenteuer. Warum ist das so? Normalerweise sind wir Durchschnittsmenschen. Viele Menschen werden von den äußeren Umständen und Sachzwängen mehr gelebt, als daß sie selber leben. Sie sehnen sich zwar in guten Augenblicken danach, selber zu leben, selber ihr Schicksal zu gestalten. In diesen Augenblicken träumen sie sogar davon, daß sie ihre Ahnungen von einem vollen, runden Menschenleben auch verwirklichen dürfen. Die Charakterbildung möchte das Fundament dafür legen, daß diese Träume keine Träume bleiben, sondern lebendige und beglückende Erfahrung werden. Das ist nicht möglich ohne Mut zur Wahrhaftigkeit im Umgang mit sich selber. Selbsterkenntnis bringt Reifungsschmerzen, weil Selbsterkenntnis die falschen Idealisierungen unseres Selbstbildes zerstören muß. Dieser Schmerz ist heilsam. Er befreit für die bleibenden Werte unseres wahren Wesens. Die wachsende Klarsicht für dieses wahre Wesen gibt dem Willen auch die Kraft, die Hindernisse in der Entwicklung in immer neuen Anläufen zu überwinden. In der Charakterbildung entscheidet ja weitgehend die Entschlossenheit und Stärke des Willens darüber, ob Erkenntnisse und theoretische Einsichten für die Umpolung unserer Existenzmitte fruchtbar werden können. Je wacher wir innerlich diese Erfahrungen mit den Licht- und Schattenseiten unseres Charakters wahrnehmen, um so sicherer und müheloser trifft das Verhalten im Alltag die rechte Entscheidung. So arbeiten Selbsterkenntnis, Willensschulung und reflektierende Erinnerung bei der Charakterbildung Hand in Hand.

Ich möchte dieses Zusammenspiel von Erkennen, Wollen und Handeln nun durch Hinweise aus der Enneagrammforschung vertiefen. Riso macht darauf aufmerksam, daß die einzelnen Typen jeweils mitgeprägt sind von einem ihrer zwei Nebentypen. Dadurch entstehen Mischtypen. Der Statusmensch zum Beispiel kann durch Charakterzüge verändert werden, die mehr der Struktur des Helfers oder der Struktur des Künstlers zugehören. Oder der Loyale kann mitbestimmt sein vom denkerischen oder vom vielseitigen Typ. Diese Einfärbungen durch die beiden Nachbartypen gelten natürlich für jedes der neun Charakterbilder.

Ich verarbeite dabei das Forschungsmaterial als Denkanstoß für praktische Lebenshilfe. Sie soll abzielen auf eine immer reichere Entfaltung unseres eigentlichen Wesens. In diesem wahren Wesen verbinden sich einmalige Individualität und Teilhabe an der Universalität. In ihm durchdringen sich menschliche Personalität, natürliche Gottebenbildlichkeit und gnadenhafte Gotteskindschaft. Die Charakterbildung selber legt die Fundamente für diese Fülle vergöttlichter Menschlichkeit.

Mischungen mit den Nachbartypen

Die Verschmelzung des Helfers mit dem Reformer oder mit dem Statusmenschen

Der Helfer kann in seiner Struktur verändert werden durch Charakterelemente, die dem Reformer oder dem Statusmenschen entsprechen. Ich skizziere kurz diese beiden Einflüsse. Ein Helfer, den der Reformertyp mitprägt, hat die Chance und die Schwierigkeit, Kopf und Herz, Prinzipientreue und warmes Mitgefühl in sich zu verbinden. Die Inspiration des Herzens wird zwar dominieren. Aber sie kann durch eine wache Nüchternheit an Realitätssinn gewinnen. Der Zug des Unpersönlichen im Reformer wird die verschleierte Ichbezogenheit des Helfers mildern. Das wirkt sich im konkreten Alltag segensvoll aus. Einige Beispiele können dies verdeutlichen. Ein Lehrer, der in seiner Grundstruktur den Typ des Helfers verkörpert, wird durch die Prägung des Reformers seine

Einfühlungsgabe und seine warme Personenbeziehung versachlichen lernen. Es wird ihm besser gelingen, in der Vermittlung des Unterrichtsstoffes die Klarheit in der Darbietung mit der Begeisterungsfähigkeit zu verbinden. Als Lehrer wird er nicht der Versuchung erliegen, einzelne Schüler als Lieblinge zu bevorzugen oder sie fest an sich zu binden. Das impulsive Verhalten des Helfers kann er mäßigen durch ein wachsendes Gespür für die Pflicht, als Lehrer nach Möglichkeit allen Schülern gerecht zu werden. Lehrer und Erzieher kommen nun im Unterricht oder in der eigenen Familie besser zu ihrem Recht und ergänzen sich in diesem Mischtyp in der Gesamtpersönlichkeit des einzelnen. Einer Mutter dieses Mischtyps wird es weniger Schmerzen bereiten, zur gegebenen Zeit die eigenen Kinder für ihren persönlichen Lebensweg freizugeben. Steht ein solcher Mensch im öffentlichen Dienst als Beamter oder als Politiker, so wird er in seinem Urteil über andere weniger schnell verblendet durch harte Selbstgerechtigkeit, weil genügend wache Selbstkritik die eigenen Schwächen mitbedenkt.

Diese Beispiele ließen sich vermehren. Sie wollen nur Denkanstöße sein für die Erkenntnis unseres Menschseins.

Welche Einflüsse auf die Formung des Helfers werden nun durch die Struktur des Statusmenschen ausgelöst?

In diesem Mischtyp verstärken sich die Grundmotive beider Strukturen, nämlich die Sehnsucht nach Liebe und die Sehnsucht nach Ehren. Die Verschmelzung beider Sehnsüchte vertieft die Fähigkeit, sich für andere Menschen zu öffnen, um intensiv an ihrem Leben teilzuhaben. Der Kontakt mit anderen fällt leicht, ist emotional von Wärme gefüllt und speist sich aus einem gesunden Selbstbewußtsein. Das eigene Wohlbefinden, aufgrund eines ausgeprägten Selbstwertgefühles, läßt die Begegnung mit anderen Menschen gelöst und unkompliziert verlaufen. Die Gutmütigkeit des Helfers wird durch den Ehrgeiz des Statusmenschen wenigstens teilweise in diesem Mischtyp von Naivität befreit. Wie bei allen Typen bleibt die Ichverhaftung auch hier die entscheidende Schwierigkeit, die es zu meistern gilt. Helfer wie Statusmensch reagieren sehr empfindlich auf die Meinung und Wertschätzung der anderen. Weil die Neigung zur Selbstüberschätzung eifersüchtig über das gewünschte Selbstbild beim anderen wacht, kann bei Enttäuschung die Ehrsucht in Eifersucht umschlagen. Beide Fehlformen können zu Rachsucht und Bosheit entarten. Diese für den Statusmenschen typische Gefahr entschärft sich für den Mischtyp, weil ihm letztlich das Geliebtwerden wichtiger ist als das Geehrtwerden.

Die Verschmelzung des Statusmenschen mit dem Helfer
oder mit dem Künstler

In der Abfolge der Typenreihe steht der Statusmensch zwischen Helfer und Künstler. Es versteht sich von selbst, daß die Struktur der Mischungsformen Helfer – Statusmensch und Statusmensch – Helfer sich weitgehend ähneln. Die Verschiedenheit bleibt erhalten durch die Grundmotivation des Einzeltyps. Dies gilt für die Skizzierung aller Mischtypen. Deshalb verzichte ich auf Wiederholungen und erwähne nur wichtige Akzentsetzungen. Das Verlangen, geliebt zu werden, wie es dem Helfer eignet, mildert das rücksichtslose Ellenbogenverhalten des ehrgeizigen Statusmenschen. Der Helfer bringt in diese Mischform die Wertmaßstäbe des Herzens ein. Dadurch verliert die Neigung des Statusmenschen, alle verfügbaren Mittel in seiner Umgebung zur Erhöhung des eigenen Standbildes zu mißbrauchen, an Härte und Kälte. Wie bei jedem Mischtyp, so können auch hier sich die Charakterschwächen gegenseitig verstärken. Wird der Helfer durch Liebesentzug enttäuscht, wird der Statusmensch durch Verweigerung von Anerkennung gedemütigt, so kann diese doppelte Frustrierung die Aggressivität des Mischtyps steigern. Charmante Leutseligkeit schlägt dann um in Feindseligkeit. Fürsorge für Nahestehende kehrt sich um in Haß oder Gewalttätigkeit. Der verletzte Mischtyp verletzt gerade die, denen er selber am meisten zu verdanken hätte. Der wache Blick für diesen Kippvorgang kann rechtzeitig in der Charakterbildung der Entgleisung vorbeugen. Dies geschieht am sinnvollsten durch das Ausschleifen der Charakterschwächen, die durch Ehrsucht oder durch den Besitzanspruch in der Liebe verursacht werden.

Wie formt sich nun der Mischtyp in der Verbindung des Statusmenschen mit dem Künstler?

Die Schwäche des Statusmenschen für den äußeren Schein, für die glanzvolle Maske, für das Streben nach Überlegenheit wird teilweise in diesem Mischtyp ausgeglichen durch die Neigung des Künstlers, im schöpferischen Werk seine Erfüllung zu suchen. Der Statusmensch liebt die große Bühne des Lebens. Ihn faszinieren die geräuschvollen Auftritte und vor allem der Beifall der Menge. Darum kann er so geschmeidig von einer Rolle in die andere schlüpfen. Weil Selbsterkenntnis fehlt, beunruhigt ihn nicht dieses geschäftige Treiben, dem der Erfolg und die Anerkennung alles bedeuten. In diese Hektik der Ehrsucht mischt die Struktur des Künstlers gegenläufige Charakterzüge. Um kreativ zu sein, bevorzugt der schöpferische Mensch die Stille und Einsamkeit. Er braucht die Sammlung der Kräfte. Schweigen nährt die Quelle seiner Intuitionen. Die innere Schau übersteigt oft die Fähigkeit, die Fülle des Geschauten in Wort, Bild, Ton oder Form entsprechend zu gestalten. Darum leidet der Künstler an dem Mißverhältnis von Schau und Werk. Er leidet ferner an dem Mißverhältnis von genialer Begabung und menschlicher Existenz. Kunst und Leben entstammen verschiedenen Ebenen. Sie können nicht dauernd ins Gleichgewicht gebracht werden. Diese Erfahrung des Künstlers geht ahnungsweise in den Mischtyp aus Statusmensch und Künstler ein. Diese Ahnung schärft das Gewissen des Statusmenschen für den eigenen Widerspruch zwischen Sein und Schein. Der Statusmensch gewinnt allmählich an Mut, um sich selber ohne Maske anzuschauen. Der Blick in die Fragwürdigkeit seines Karrieredenkens und seines ehrgeizigen Verhaltens nimmt seiner Selbstüberschätzung die Blindheit und Unbekümmertheit. Selbsterkenntnis wird nun wichtiger als erschlichener Beifall der Leute. Intuition vermittelt seelisch-geistige Reichtümer, denen gegenüber äußere Ehrungen verblassen.

Andererseits wird die Mischung von Statusmensch und Künstler die Schatten beider Veranlagungen im Auge behalten. Sonst könnte sich die Überheblichkeit des Statusmenschen mit der angemaßten Sonderrolle des Künstlers unheilvoll verquicken. Auch hier liegt die Kunst der Charakterbildung in der Verstärkung der Lichtseiten durch geduldiges Ausmerzen der Schattenseiten.

Die Verschmelzung des Künstlers mit dem Statusmenschen oder mit dem Denker

Wie der Künstler den Statusmenschen prägt, ist bereits bedacht. Nun gilt es, in umgekehrter Blickrichtung zu fragen, wie die Struktur des Statusmenschen den Charaktertyp des Künstlers verändert. Das charmante und gesellige Wesen des Statusmenschen lockert das nach innen gerichtete Verhalten des Künstlers auf. Die Fähigkeit des Statusmenschen, sich durchzusetzen und nach Erfolg zu streben, mildert die Selbstzweifel und Unsicherheit der künstlerischen Veranlagung. Da die Künstler infolge der inneren Spannung zwischen Vision und Werk mehr zur Selbstkritik neigen und deswegen kein ausgeprägtes Selbstbewußtsein haben, gleicht der Drang des Statusmenschen zur Selbstdarstellung diese Seite der künstlerischen Zurückhaltung aus.

Neben den Lichtseiten des Statusmenschen wirken auch seine Schattenseiten auf den Künstlertyp ein. Neid und Eifersucht, als Folge des Ehrgeizes, beeinträchtigen den Empfang der inneren inspirativen Bilder. Enttäuschungen und Demütigungen verstärken die Selbstzweifel bis zur Lähmung künstlerischer Gestaltungskraft. Die Selbstverachtung projiziert die selbstzerstörerischen Anfechtungen in die Umwelt und vertieft die pessimistische Einstellung.

Welcher Mischtyp entsteht nun aus einer Verbindung des Künstlers und Denkers?

Beide Typen verstärken sich gegenseitig in ihrer Liebe zur Einsamkeit und Zurückgezogenheit. Die Stille schenkt Kraft zur Konzentration und Sammlung. Die visionäre Begabung des Künstlers gewinnt durch die spekulative Kraft des Denkers an Klarheit und Tiefe. Der seelische Bilderreichtum des Künstlers und seine Gefühlsintensität werden durchlichtet und geweitet durch die intellektuelle Durchdringungsfähigkeit des Denkers. Deswegen gilt dieser Mischtyp des Künstler-Denkers als der schöpferischste und originellste Typ. Es vereinen sich in ihm ja auf sehr glückliche Weise die Gaben der Seele und die Gaben des Geistes. Diese innere Fülle der Gesichte verstärkt andererseits den Hang zum Alleinsein. Die schöpferische Gestaltung dieses inneren Reichtums wird wichtiger als der gesellige Umgang mit Menschen. Darum wächst die innere Unabhängigkeit dieses Mischtyps von Konvention, Tradition und menschlicher Umgebung.

Vertieft sich die Distanz zur menschlichen Umwelt, gewinnen die Schattenseiten mehr und mehr die Oberhand, so kann die Entfremdung in tiefe Depressionen stürzen. Es fällt dann schwer, fremde Hilfe anzunehmen, weil der Selbsthaß die rettenden Hände zurückstößt. Es bleibt daher die Aufgabe dieses Mischtyps, den anderen Menschen und den Stellenwert menschlicher Liebe mit dem schöpferischen Auftrag in Einklang zu bringen.

Die Verschmelzung des Denkers mit dem Künstler oder mit dem Loyalen

Was vom günstigen Einfluß des Denkers auf den Künstler gilt, das gilt auch umgekehrt von der Bereicherung des Denkers durch die Gaben des Künstlers. Der Denker baut das geistige Haus. Der Künstler schmückt es aus. Im Mischtyp Denker – Künstler gewinnt die Erkenntnis der Wahrheit durch die Anziehungskraft der Schönheit an Glanz und Strahlkraft.

Die Einsichten des Intellektes nähren sich zugleich von den Intuitionen des Herzens. Deswegen verfügt dieser Mischtyp über innere Quellen, aus denen ein Strom begnadeter Fruchtbarkeit zu fließen beginnt. Ins Stocken gerät dieser Fluß, wenn hartnäckige äußere Kritik und Ablehnung die schlafenden Hunde der Selbstzweifel wecken. Die künstlerische Sensibilität macht um so tiefer verletzbar, je intensiver das Selbstwertgefühl von der Identifikation mit dem künstlerischen Werk genährt wird. Um das innere Gleichgewicht wiederzufinden, bedarf es der inneren Freiheit, die um die eigene Würde weiß, unabhängig von der äußeren Leistung. Dieses innere Insichstehen ist schwer zu erringen. Die Flucht in den Scheintrost von Alkohol, Drogen oder sexuellem Rausch lauert als Versuchung zur bequemeren Lösung. Daß der bequemere Weg nur eine Sackgasse ist, erfährt der Verführte früher als er ahnen konnte. Welche Zerreißproben dieser Mischtyp bisweilen aushalten muß, das ahnt die Volksweisheit, wenn sie Genialität und Wahnsinn als Nachbarn benennt.

Ein zweiter Mischtyp entsteht für den Denker aus seiner Verbindung mit Charakterzügen des Loyalen. Der Loyale strebt nach Sicherheit. Er braucht die Bestätigung durch andere Menschen oder durch ein System, dem er vertrauen kann. Darum prüft er lange und beschränkt seine Beziehungen auf den engeren Kreis der Familie, der Freunde und Gleichgesinnten. Diese Haltung des Loyalen verstärkt die Beziehungskonflikte des Denkers. Um sie zu lösen, bevorzugt dieser Mischtyp die Konzentration seiner Kräfte auf die Arbeit, anstatt sich den Beziehungsproblemen selber zu stellen. Seine Ungeschicklichkeit, mit den eigenen Gefühlen ins reine zu kommen, erschwert den versöhnenden oder gewinnenden Ausdruck im Umgang mit den anderen. Er kann sich schwer mitteilen. Mißtrauen und Minderwertigkeitsgefühle verfestigen die Isolation. Die Entfremdung hinwiederum verengt den geistigen Blick und nimmt der denkerischen Arbeit die fruchtbringende Lebensnähe. Die Charakterschulung für beide Mischtypen des Denker-Künstlers und des Denker-Loyalen findet ihren Schwerpunkt darin, das Ringen um die Gestaltung der geistigen Gehalte mit der notwendigen Offenheit in der menschlichen Begegnung in Harmonie zu bringen.

Die Verschmelzung des Loyalen mit dem Denker
oder mit dem Vielseitigen

Der Grundzug im Charakter des Loyalen strebt nach Absicherung. Sein Mangel an Selbstvertrauen weckt Minderwertigkeitsgefühle. In der

Mischung mit der Charakteranlage des Denkers verstärkt sich die scharfe Beobachtungsfähigkeit des Loyalen durch die intellektuelle Begabung des Denkers. Die denkerische Dynamik zielt auf das Erkennen der Zusammenhänge und baut neue geistige Systeme. Das erlaubt dem Denker innere Unabhängigkeit von äußeren Traditionen, wenn er sie als überholt betrachten kann. Diese innere Freiheit des Denkens kann sich als Spannungsfaktor für die Anlehnungsbedürftigkeit des Loyalen negativ auswirken, weil sie Konflikte auslöst. Die denkerische Unabhängigkeit kann aber auch heilsam die Unsicherheit des Loyalen verändern. Der Mischtyp aus beidem vermag dann gelassener, Traditionstreue und Risikobereitschaft zur Weiterentwicklung des Bestehenden in sich auszusöhnen. Pflichtbewußtsein und Fleiß, ein ausgeprägtes Rechtsempfinden und Zuverlässigkeit sind Eigenschaften des Loyalen, die durch sein angeborenes Mißtrauen verdunkelt werden. Der intellektuelle Einfluß des Denkers hilft dem Loyalen, innerlich zu diesem Mißtrauen auf Distanz zu gehen. Dadurch entkrampft er die gefühlsmäßige Fixierung aufs Negative. Der Mischtyp aus beiden hat es leichter, Schwarzseherei oder blinden Fanatismus schon in den Anfängen als Gefahr zu erkennen und dadurch einer Fehlentwicklung entgegenzuarbeiten. Wenn auch die Neigung des Denkers, sich zurückzuziehen, die Tendenz des Loyalen, sich in sich selber zu verschließen, unter Umständen verstärken kann, so wird dennoch die geistige Offenheit und Lebendigkeit des Denkers der Verschlossenheit des Loyalen ihre Dumpfheit nehmen. Die Gefahr, zu verbittern oder gewalttätig sich zu rächen, wird so leichter gebannt. Die inneren Ängste des Loyalen müssen dann auch nicht kompensiert werden durch Alkohol oder Drogenmißbrauch.

Die Neigung des Loyalen zur Verdrossenheit und zum Griesgram verändert sich auf andere Weise durch die Lebenslust des Vielseitigen, wenn beide Charaktertypen sich mischen. Die Unbekümmertheit des Vielseitigen wird dabei in Schranken gehalten durch die Vorsicht und Scharfäugigkeit des Loyalen für die Schwächen der Menschen in seiner Umgebung. Die gute Laune des Lebenskünstlers im Vielseitigen bringt die zögernde Verhaltenheit des Loyalen wenigstens ab und an zu humorvollen Reaktionen. Der Humor ist bisweilen bei diesem Mischtyp gefärbt mit einem Schuß Galle. Man spricht dann vom schwarzen Humor, weil er spitzen Spott mit selbstzerstörerischen Seitenhieben mischt. Die unterschwelligen Minderwertigkeitsgefühle verhindern jedoch, daß die Aggressionen auf Dauer die Ängste überrunden. Wutausbrüche sind mehr Theaterdonner als ernstgemeinte Bedrohung.

Andererseits mildert der spielerische Umgang des Vielseitigen mit dem Leben den feierlichen Ernst der düsteren Unheilsprophezeiungen, zu denen sich der Loyale in seinen trüben Stunden pessimistisch versteigen kann.

Da die Angst in all ihren Variationen das Grundgefühl des Loyalen mitbestimmt, wird eine kluge Charakterbildung darauf abzielen, das Selbstvertrauen zu stärken und die innere Unabhängigkeit stets neu zu erringen. Dann entfällt die Furcht vor dem Alleinsein, das auf seine Weise als Herausforderung zur Reifung der Persönlichkeit beizutragen vermag, wenn es als Chance begriffen werden kann.

Die Verschmelzung des Vielseitigen mit dem Loyalen oder mit dem Führer

Als Genießer versteht es der Vielseitige, das Leben auszukosten, ohne sich dabei von den Lasten des Lebens allzusehr beschweren zu lassen. Üppige Fülle umgibt ihn. Am liebsten würde er gleichzeitig auf mehreren Hochzeiten tanzen, wenn dies möglich wäre. Diese Sucht, in möglichst kurzer Zeit möglichst viel erleben zu können, läßt kaum einen Tiefgang des Erlebens zu. Im Umgang mit Dingen gelingt dieses Spiel der Abwechslung leichter als im Umgang mit Menschen.

Der Loyale indes ist mehr auf Menschen ausgerichtet als auf Dinge. Mischen sich nun beide Typen, so kann das Grundgefühl der Angst im Loyalen dem Leichtsinn des Vielseitigen korrigierend entgegenwirken. Die leutselige Unbefangenheit des Vielseitigen nimmt andererseits dem Mißtrauen des Loyalen den Stachel des Pessimismus. So gewinnt der Mischtyp eine anziehende Liebenswürdigkeit, die sich durch geistreiche Einfälle und eine gewisse Schalkhaftigkeit vorteilhaft auszeichnet. Der Drang nach Geselligkeit des Vielseitigen zerstreut die Minderwertigkeitsgefühle des Loyalen durch Einladungen von Gästen oder durch abwechslungsreiche Reisen. Die Neigung zur Verschwendungssucht des Vielseitigen wird gezähmt durch das ausgeprägte Pflichtgefühl und Verantwortungsbewußtsein des Loyalen. Der Sprunghaftigkeit des Vielseitigen legt die vorsichtige Zurückhaltung des Loyalen Zügel an. Die Mischung aus Optimismus und Pessimismus, aus Leichtfüßigkeit und Angsthase, aus Spaß und Trübsinn macht es gewiß nicht leicht, die gegenläufigen Gefühlsbewegungen in fruchtbare Spannungen umzupolen. Wo es gelingt, ist ein Zuwachs an Lebensfülle der Lohn für alle mühsame Charakterformung.

Ein anderes Charakterbild formt sich aus der Verbindung des Vielseitigen mit dem Führertyp. Die Angriffslust und die Freude an der Konfrontation prägt den Führer. Seine starke Willenskraft scheint mit dem Grad der Schwierigkeiten zu wachsen. Er liebt die Herausforderungen, weil sie sein Selbstwertgefühl immer mehr bestätigen. Überlegen zu sein, das bedeutet ihm größten Genuß. Dieses Lebensgefühl des Führers gibt der Lebenslust des Vielseitigen eine andere Richtung. Nicht die abwechslungsreiche Schnellebigkeit oberflächlichen Verbrauchens ist jetzt beim Mischtyp gefragt, sondern die Stärke eigener Durchsetzungskraft lockt zum Risiko. Die Qualitäten des Führers beschleunigen im Mischtyp ferner die Wendigkeit im gesellschaftlichen Umgang und das rasche Erfassen des Geschehens im Alltag. Da Macht auch von Machtmitteln abhängt, spielen Geld und Ansehen bei diesem Mischtyp eine größere Rolle. Die Charakterbildung wird dem materiellen Streben und dem genußsüchtigen Lebensstil durch Maßhalten Schranken setzen müssen. Demut und Bescheidenheit werden leicht als Schwäche von diesem Mischtyp verkannt. Daß diese Haltungen auch Weisheit und Stärke beinhalten, dies lernt der Führertyp nur sehr mühsam.

Die Verschmelzung des Führers mit dem Vielseitigen oder mit dem Friedliebenden

Die Geschichte lehrt uns, daß für die Charakterstruktur des Führers der Kampf um die Macht und das Festhalten der Macht zum Zentralnerv dieses Typs gehören. Macht ist an und für sich wertneutral. Sie kann zum Guten eingesetzt und sie kann zum Bösen mißbraucht werden. Für das Streben nach Unabhängigkeit und für herrschsüchtige Menschen wird die Macht zur großen Versuchung. Mit Recht sagt man, daß von allen Lebensspielen das Spiel mit der Macht noch den alten Menschen über die Jahre hinaus zu faszinieren vermag. Weil Machtzuwachs und Machterhalt auch von finanziellen Mitteln abhängen, spielt Geld eine wichtige Rolle. Geld und Macht sind also die beiden Brennpunkte in der Ellipse dieses Lebensstiles.

Im Mischtyp verbindet sich der Führer mit dem Vielseitigen und andererseits mit dem Friedliebenden. Die Kombination Führer und Vielseitiger verstärkt bestimmte Charakterzüge, die beiden eignen. Die Machtgier des Führers und die Genußsucht des Vielseitigen steigern die Aggressivität und Egozentrik. Die Herrschsucht im Bunde mit der Unbekümmertheit intensiviert die Rücksichtslosigkeit und Skrupellosigkeit dieses Mischtyps. Ihn begünstigen eine intensive Außenorientierung, die dynamisch gefüllt wird von einer überschäumenden Vitalität. Diese Kraftreserven ermöglichen Zähigkeit und Ausdauer im Verfolgen der eigenen Ziele. Der Eindruck einer kraftvollen und leistungsfähigen Führergestalt schafft Vertrauen und sammelt um sich eine willige Gefolgschaft. Den Gesinnungsgenossen gegenüber verhält sich dieser Mischcharakter großmütig. Er kann sogar als Vaterfigur kindliche Gefühle von Verehrung bei seinen Anhängern wecken. Die Leutseligkeit des Vielseitigen kommt dieser Austrahlungskraft zugute. Nur große Charaktere erkennen die Gefahr, daß Allmachtsillusionen und Gelüste tyrannischer Willkür als Schatten ihrer Struktur auf Dauer ihre Herrschaft untergraben. Wären diese Machtmenschen mehr von Schuldgefühlen betroffen, so könnten Gerechtigkeitssinn, Edelmut und Maßhalten sie vor Untergang und Verderben bewahren. Ihre Charakterbildung sollte durch diese positiven Haltungen das innere Gleichgewicht im harten Kampf mit sich selber immer wieder neu erringen.

Die Verbindung von Führer und Friedliebendem mäßigt die Exzesse des aggressiven Verhaltens. Dieser Mischtyp wirkt ruhiger und umgänglicher, weil er mehr auf Menschen als auf äußeren Besitz ausgerichtet ist. Die gütige Vatergestalt mildert hier die ichbesessene Härte der Führerbegabung. Der innere Ausgleich der sich widerstreitenden Anlagen zur Führung und zum Vermitteln ist ein schwerer Balanceakt. Meist gelingt es leichter, die beiden Haltungen im Wechsel und im Nacheinander immer wieder auszugleichen. Die Durchsetzungskraft zeigt sich dann besonders im Beruf und im Umgang mit fremden Menschen. Nachgiebigkeit und Anpassungsfähigkeit kommen zum Zug im familiären Kreis und in der Begegnung mit Vertrauten und Freunden. Eine Charakterbildung wird sich darauf konzentrieren, diesen Zwiespalt im Verhalten zu überwinden.

Die Verschmelzung des Friedliebenden mit dem Führer oder dem Reformer

Das Bedürfnis des Friedliebenden, mit allen gut auszukommen, sucht den Frieden um jeden Preis. Darum harmonisiert er auch dort, wo Konfrontation mit der Wirklichkeit die bessere Lösung gewährleisten würde. Die Methode, alles auf die lange Bank zu schieben, unangenehmen Dingen auszuweichen, ähnelt oft der Vogel-Strauß-Politik, die den Kopf in den Sand steckt, anstatt den Schwierigkeiten klar ins Auge zu schauen. Dieser Neigung zum „faulen Frieden" wirkt die Kampfeslust und die Bereitschaft zur Konfliktlösung im Führer entgegen. Da die Grundprägung des Friedliebenden vorherrscht, bleiben im Gefühl Widersprüche aufgrund der Gegensätze beider Charaktere. Diese Gefühlsspannung verursacht eine gewisse Unausgeglichenheit im Verhalten. Sie zu beseitigen, fällt deswegen schwer, weil weder der Führer noch der Friedliebende mit intellektuellen Gaben besonders gesegnet sind. Der Führer denkt mehr mit dem Willen. Der Friedliebende denkt mehr mit dem Gefühl.

Im Mischtyp kommt daher je nach äußerer oder innerer Situation eine andere Charakterseite zum Vorschein. Es wechseln Liebenswürdigkeit und Festigkeit, Einfühlsamkeit und Durchsetzungskraft, Gutmütigkeit und Entschiedenheit, Nachlässigkeit und Ehrgeiz, Bequemlichkeit und Wutausbruch. Dieses Hinken nach beiden Seiten zum Ausgleich zu bringen, stellt sich hier als Hauptaufgabe für die Charakterschulung.

Den Schwächen der Nachgiebigkeit und Feigheit des Friedliebenden widersetzen sich die Prinzipientreue und die Begeisterungsfähigkeit für hohe Ideale im Reformer. Der Mischtyp aus Friedliebendem und Reformer wirkt in seinem Gefühlsleben disziplinierter und gelassener. Feste Grundsätze bestimmen sein Handeln. Die Klarsicht im Denken des Reformers ermöglicht es dem Friedliebenden, im Umgang mit den Menschen Klugheit und faires Verhalten mit dem Mut zur Wahrhaftigkeit zu verbinden. Eine gewisse Arglosigkeit bleibt auch dann erhalten, wenn der Hang zum Idealisieren kämpferische Töne anschlägt. Die Neigung des Friedliebenden, seine Gefühle um des lieben Friedens willen zu unterdrücken, und die Tendenz des Reformers, seine Gefühle zu unterdrücken, um seine Selbstbeherrschung nicht zu verlieren, verstärken die Kontrolle im emotionalen Bereich. Das begünstigt die Organisation in praktischen Angelegenheiten. Die Charakterbildung bei diesem Mischtyp muß sich hüten vor der Gefahr des Moralisierens aus einer Verhaftung heraus, die traditionellen Vorstellungen oder ideologischer Einseitigkeit zu großes Gewicht beimißt.

Die Verschmelzung des Reformers mit dem Friedliebenden oder mit dem Helfer

Die Unterkühlung im Gefühlsleben intensiviert sich im Mischtyp aus Friedliebendem und Reformer, wenn die Struktur des Reformers die Grundlinien bestimmt. Dabei verstärken beide Typen gegenseitig die

Neigung zum Idealisieren. Der Friedliebende idealisiert Menschen, um seine Sehnsucht nach Ruhe und Frieden durch Wunschbilder von Menschen zu erfüllen. Der Reformer idealisiert die Wirklichkeit, um seine hohen Erwartungen ans Leben aufrechterhalten zu können. Ein ausgeprägtes Gespür für Sachlichkeit, Gerechtigkeit und Prinzipientreue schmälert in diesem Mischtyp die offene und warmherzige Beziehung zum Mitmenschen. Die Sache oder das Prinzip sind ihm wichtiger als der Mensch in seiner Vielschichtigkeit und Widersprüchlichkeit. Diese nüchterne und verobjektivierende Haltung ließe sich leichter gefühlsmäßig auflockern, wenn es nicht eine Schwäche dieses Mischtyps wäre, den inneren Blick von der eigenen Unzulänglichkeit abzuwenden. Daher merken es diese Charaktere kaum, daß ihre moralischen Appelle an die anderen vom eigenen Leben Lügen gestraft werden. Das erschwert ihnen die Einsicht, daß sie selber so verbohrt in eigenen Ansichten sein können, daß sie andere ungerecht bestrafen. In dieser Fehlhaltung verquicken sich die traditionellen Prägungen des Friedliebenden mit der Prinzipienreiterei des Reformers. Die Charakterbildung kann die Chance nutzen, die intellektuelle Begabung fürs Ideelle und Theoretische ans konkrete Leben zurückzubinden. Dann fällt es auch leichter, die Kritikfähigkeit gegenüber den anderen aufs eigene Verhalten heilsam anzuwenden. Die Erschütterung dieser Selbstentlarvung wird auch die eigene Gefühlsstarre lösen lernen.

Die emotionalen Schwierigkeiten aus der Verbindung von Friedliebendem und Reformer schwächen sich ab beim Verschmelzen des Reformers mit dem Helfer. Der Gefühlsreichtum des Helfers bringt Liebenswürdigkeit, Wärme und Kontaktfreudigkeit in diese Mischung mit ein. Dadurch gewinnt dieser Mischtyp für sein Verhalten einen persönlichen und offenen Umgangsstil. Sache und Person, Prinzip und Leben kommen nun besser ins Gleichgewicht. Der Idealismus wird durch die Hingabe und konkrete Zuwendung zum anderen lebensnaher und fruchtbarer. Andererseits bewahrt die ausgeprägte Selbstdisziplin und die Fähigkeit zur Distanz im Reformer den Helfer davor, sich im Dienst am anderen zu verlieren oder ihn durch Liebe an sich zu binden. Dabei bleibt die Gefahr bestehen, aus der Neigung zum Perfektionismus heraus, sich elitär zu fühlen. Diese Selbstüberheblichkeit verträgt es dann schwer, wenn der andere die wohlgemeinte Fremdbestimmung ablehnt oder gar kritisiert. Selbst wenn in der Reaktion des Mischtyps auf ein solches Infragegestelltwerden die Aggressionen unterdrückt werden, so wirken Verstimmung und innerer Groll lange nach. Nicht leicht ist Denken und Fühlen zu versöhnen. Dies immer wieder zu versuchen, wird zur Hauptaufgabe in der Charakterbildung dieses Mischtyps.

Bei der Verschmelzung der einzelnen Charakterstrukturen werden naturgemäß die Lichtseiten und Schattenseiten der einzelnen Charaktertypen mehr oder weniger mit übernommen. Die Bereicherung innerhalb der Charaktertypen zielt auf die organische Verbindung der positiven Charakterzüge und auf die Durchlichtung der Schattenseiten. Die Entwicklungsdynamik drängt beim reifungswilligen Menschen zur wachsenden Fülle einer Ganzheit. In diesen Prozeß werden nicht nur die jeweiligen Nachbartypen mit einbezogen. Es entstehen vielmehr Querverbindungen innerhalb der Typenreihe, die Ergänzungsstrukturen hervorbringen. Auch diese Ergänzungslinien müssen das Problem der Doppelseitigkeit von Licht und Schatten positiv bewältigen. Den Wachstumszuwachs bezeichne ich im folgenden als Gewinn, die Wachstumsminderung als Verlust.

Querverbindungen innerhalb der Charaktertypen

Gewinne und Verluste des Helfers

Das Symbol seiner Grundstruktur ist das Herz. Die Sehnsucht nach Liebe prägt ihn am tiefsten. Sein Gefühlsleben ist überentwickelt. Die Gefühlsbetontheit erschwert die Distanz des Helfers zu sich selbst und zum anderen. Das erklärt seinen Mangel an Selbsterkenntnis. Es begründet, warum für den Helfer der Umgang mit seinen Aggressionen, die er meistens verdrängt, so problematisch ist.

In seinem Bemühen um Ganzheit empfängt nun der Helfer eine entscheidende Entwicklungshilfe von der Charakterprägung des Künstlers. Das Gefühlsleben des Künstlers ist unterentwickelt. Dadurch gleicht sich die Überschwenglichkeit des Gefühls im Helfer aus. Die wache Selbstkritik des Künstlers schafft im Helfer jene Distanz zu sich und zum anderen, deren der Helfer so dringend bedarf. Nun kann der Helfer seine unterdrückten Aggressionen in seine Selbstwahrnehmung zulassen. Er wird ehrlicher mit sich und mit dem anderen umgehen lernen. Es fällt jetzt dem Helfer leichter, sich selber und die anderen so anzunehmen wie sie sind. Der Gefühlsreichtum des Helfers speist nun die Fähigkeit zur künstlerischen Produktivität. In seiner Sehnsucht, geliebt zu werden, wächst die innere Unabhängigkeit des Helfers durch die Neigung des Künstlers zum Alleinsein. Die menschlichen Beziehungen werden kritischer geprüft und anspruchsvoller.

Entwicklungsverluste des Helfers werden ausgelöst durch die Struktur des Führers. Dadurch verstärkt sich der Schatten eines überentwickelten Gefühlslebens im Helfer durch den Schatten einer überentwickelten Beziehungsfähigkeit im Führer. Die Dämme, welche die verdrängten Aggressionen zurückhielten, geraten ins Wanken und brechen. Die Enttäuschung über wirklichen oder vermeintlichen Liebesentzug kann nun Formen annehmen, die ins Neurotische übergehen. Bitterkeit, Rachsucht, Haß bis zur Zerstörungswut verdüstern die Lebenstage. Das Zusammenleben wird um so mehr zur Qual, je intensiver vorher die gegenseitige Beziehung sein durfte. Die Charakterarbeit wird großen Gewinn davon haben, rechtzeitig den wahrhaftigen Umgang mit den positiven und mit den negativen Gefühlen einzuüben.

Gewinne und Verluste des Statusmenschen

Das Gefühlsleben spielt beim Statusmenschen fast keine Rolle. Sein Symbol ist die Maske. Sein Verlangen zielt auf Karriere, Ehre und Ansehen. Die Hauptschwierigkeit dieses Charakters liegt im verdeckten Gegensatz von Sein und Schein. Darum lähmt ihn der innere Zwiespalt in seiner Beziehung zum anderen Menschen. Er fürchtet es, in seiner inneren Widersprüchlichkeit erkannt zu werden und dadurch Ehre und Ansehen zu verlieren.

Diese Verlustangst kann schwinden, wenn sich der Statusmensch in Richtung der Charakterstruktur des Loyalen weiterentwickelt. Wenn es dem Statusmenschen gelingt, einen Menschen lieben zu lernen, der mehr wert ist als er selber, so erfährt er die befreiende Erkenntnis, daß Liebe das Konkurrenzdenken überwindet. Er lernt begreifen, daß Liebe hellsichtig macht für die Widersprüche des anderen, ohne ihm deswegen weniger Zuneigung zu schenken. Diese Erfahrung verändert die Wertskala des Statusmenschen. Er muß weder vor dem anderen, der ihn liebt, seine Widersprüche verstecken, noch ist er gezwungen, ständig mit Leistungen zu imponieren. Die Fähigkeit des Loyalen zur Treue nimmt dem Rollenspiel und der Verwandlungskunst des Statusmenschen die innere Unruhe und Berechnungskälte.

Die Gefühlsleere im Statusmenschen wirkt sich unheilvoll aus in der Desintegrationslinie, die zum Friedliebenden führt. Die Schwäche des

Friedliebenden, sich den Konflikten des Lebens wirklich zu stellen, treibt den inneren Zwiespalt zwischen Sein und Schein im Statusmenschen so weit vor, bis die Selbstentfremdung zur Persönlichkeitsspaltung durchschlägt. Nun erlischt sogar das Interesse des Statusmenschen an sich selber.

Das Ringen ums Ganzwerden wird sich um so erfolgreicher gestalten, je entschlossener der Statusmensch den inneren Zwiespalt durch Hingabe an die anderen überwindet. Echte Liebe befreit ihn von Ehrgeiz und Ehrsucht. Liebe beschenkt ihn mit einer inneren Würde, die ihm kein äußerer Ruhmestitel je verleihen könnte.

Gewinne und Verluste des Künstlers

Der Statusmensch verlagert das Schwergewicht seiner Existenz nach außen, weil er sich mit seinen Funktionen und Rollen identifiziert. Der Künstler erlebt die Innenwelt als seine ihm gemäße Wirklichkeit. Der Reichtum an Phantasie und schöpferischer Dynamik erfüllen seine ganze Seele. Um in seiner Charakterstruktur ganzheitlicher werden zu können, bedarf der Künstler des Ausgleichs seiner Subjektivität durch Objektivität. Der schwankende Boden seiner Stimmungen braucht die Stütze fester Selbstdisziplin. Die künstlerische Neigung, sich als Ausnahmemensch zu fühlen, der Sonderrechte beanspruchen darf, wird die Gefahr der Übersteigerung und Extratouren nur dann vermeiden, wenn die sachliche Leistung die Ansprüche auf eine Sonderrolle rechtfertigen. Weil schöpferische Tätigkeit die Kräfte des Künstlers zeitweise überfordert, folgt der Vollendung eines Werkes meist die Phase der Erschöpfung. In diesen kraftlosen Zuständen sucht der Künstler vermehrt nach Verständnis der anderen. Er sehnt sich nach liebevoller Zuwendung, um für neues Schaffen sich regenerieren zu können.

Aus dieser Grundstruktur des Künstlers ergeben sich Gewinn und Verlust fast zwangsläufig. Die notwendigen Korrekturen zu seiner subjektiven Stimmungslage gewinnt er am Reformer. Dessen Stärke liegt in der Objektivität, Selbstdisziplin und Prinzipienstrenge. Gelingt diese Synthese zwischen Künstler und Reformer, so überwindet der Künstler auch leichter seine Selbstzweifel und Minderwertigkeitsgefühle. Sein Selbstvertrauen ruht nun nicht mehr einseitig auf den Hoffnungen, die seinen inneren Visionen entsteigen. Weil er dennoch an der Diskrepanz in sich zwischen Künstler und Mensch leidet, lauert gerade in Erschöpfungszuständen und bei Mißerfolgen eine Gefahr für den Künstler. Die

Einsamkeit, die in guten Stunden die Kräfte seines Schaffens nährt, wird nun zur Fessel, die ihn lähmt. Da ihm seine Werke mehr bedeuten als menschliche Beziehungen, wird er nun doppelt hart auf sich zurückgeworfen. Es ist für ihn ein Glücksfall, wenn ein Mensch ihn dennoch annimmt und ihn selbstlos liebt, weil er dem Künstler wie dem Werk dienen möchte. Dies geschieht sehr selten. Kann der Künstler keine selbstlose Liebe finden, so drängt ihn innere und äußere Not dazu, wenigstens zu versuchen, Mitleid zu erregen. Das empfangene Mitleid erinnert ihn andererseits intensiv an die eigenen Mängel, denen er sich ausgeliefert sieht. Diese Spannung kann für den Künstler sehr schmerzlich, wenn nicht unerträglich werden. Der innere Konflikt löst Gefühle des Hasses aus. Dieser Haß richtet sich sowohl gegen den Künstler selbst wie auch gegen den Liebenden, dessen Wärme und Zuneigung er braucht.

Der Widerstreit der Gefühle verstärkt sich auch durch die Struktur des Liebenden. Als Helfertyp kommt er zwar dem Künstler entgegen. Er trägt die Lasten der Künstlerexistenz mit. Weil der Helfer aber selber zutiefst geprägt bleibt von der eigenen Sehnsucht geliebt zu werden, wird er früher oder später vom Künstler enttäuscht werden, weil dem Künstler sein Werk wichtiger ist. Der Künstler selber leidet an einer Beziehungsschwäche und an einem Mangel an menschlicher Liebes- und Hingabefähigkeit. Erlahmt die Schaffenskraft, so verdüstern die Schatten den Lebensabend. Dessen Vereinsamung ist mit Bitterkeit gesalzen. Diese Qual kann sich der Künstler ersparen, wenn er einerseits die Qualitäten des Reformers auf eigene Weise integriert und andererseits sich müht, der Rangordnung der Liebe, die dem Menschen auf der Wertskala den ersten Platz zuweist, mehr gerecht zu werden, ohne die künstlerische Dynamik zu verlieren.

Gewinne und Verluste des Denkers

Dem Künstler fällt als Reifungsaufgabe zu, Kunst und Leben zu versöhnen. Der Denker muß sich darum mühen, Denken und Handeln zu integrieren. Ähnlich wie beim Künstler spielt die innere Welt beim Denker die Hauptrolle. Ziel seiner inneren Dynamik ist weniger die künstlerische Form. Der geistige Gehalt fasziniert ihn. Das weltanschauliche, philosophische oder religiöse System zu bauen und immer mehr zu vervollkommnen, dies erfordert und mobilisiert alle seine Kräfte. Gerade weil sich seine geistigen Horizonte immer mehr weiten, wachsen ihm stets neue Erkenntnisse zu. Seiner Wißbegier fällt es dennoch schwer, Maß zu halten und sich selber Grenzen zu setzen. Das ahnende Wissen um das noch nicht Gewußte läßt ihn den Mangel an Wissen unverhältnismäßig tief erfassen. So lebt er in dem schmerzlichen Bewußtsein, zu wenig zu wissen. Das lähmt sein Handeln. Der Denker möchte, ehe er handelt, Gewißtheit haben über die Richtigkeit seiner Erkenntnisse. Eine solche Sicherheit gibt es aber auf Erden nicht. Unser Menschsein gedeiht nicht ohne den Mut zum Risiko. Die Risikobereitschaft und der Tatendrang des Führertyps können daher dem Denker helfen, sein Zaudern und Zögern zu überwinden.

Die Charakterstruktur des Führers wird somit zur Zielgestalt für die Integrationsaufgabe des Denkers. Der Prozeß des Ganzwerdens gliedert sich in einzelne Entwicklungsschritte. Zunächst vollzieht sich eine Umstrukturierung in der Lernmethode des Denkers. Von Haus aus begabt mit spekulativer Kraft, hat der Denker Freude am Theoretisieren und Systematisieren. Sein Systembau fußt auf den Gesetzen der Logik. Theorie und Praxis stehen indes in einer gewissen Spannung zueinander. Die Wirklichkeit des Lebens hat ihre eigenen Gesetze. Die zum Teil widersprüchliche Vielschichtigkeit der konkreten Realität sprengt gewaltsam die feingesponnenen Netze spekulativer Systemkünste. Indem nun der Denker vom Führertyp den Mut zum Handeln zu erlernen trachtet, belehrt ihn das Handeln über die Möglichkeiten und Grenzen seiner Theorien. Der Denker lernt es, die Widersprüche des Lebens nicht theoretisch aufzulösen, sondern ihnen standzuhalten. Der Zuwachs an Lebenserfahrung inspiriert jetzt sein Nachdenken. Sein geistiges Haus, das er baut, schwebt nun nicht mehr in Wolkenhöhe über den Niederungen des Lebens. Es füllt sich dieses Haus vielmehr mit der bunten Vielfalt menschlicher Freuden und Leiden. Die Lebensnähe des Denkers wird zwar mit der Tatkraft des Führers nicht immer Schritt halten, was die äußere Aktivität anbelangt. Das Handeln des Denkers wird aber als innere Aktivität durch die Gabe der Weisheit zur hilfreichen Wegweisung.

Die Ausreife zum weisheitsvollen Handeln gelingt indes nicht, wenn der Denker Mut und Geduld scheut und für seine Spannung zwischen Denken und Handeln einen Ausgleich auf leichteren Wegen sucht. Dann übernimmt er zu seinem eigenen Nachteil das impulsive und sprunghafte Verhalten, wie es die Schattenseite des Vielseitigen auslebt. Der Denker verflacht, weil er einer Vielgeschäftigkeit zum Opfer fällt, die immer kopfloser wird. Es fehlt dann dem Denker die schnellebige

Genußsucht des Vielseitigen, um sich in der Hektik wohlfühlen zu können. Die Reflexion über die eigene Fehlentwicklung kann zum Stachel werden, der zur Umkehr treibt.

Gewinne und Verluste des Loyalen

Seine Schwierigkeit liegt in den widersprüchlichen Gefühlen sich selbst und anderen gegenüber. Er sucht Sicherheit in einem System oder durch Anschluß an einen vorbildlichen Charakter, dessen Autorität ihm Stütze sein kann. Sein Mißtrauen nimmt ihm die Spontaneität und Offenheit im Umgang mit den Menschen. Diese Charakterschwäche kann der Loyale ausgleichen, wenn er die Arbeit an sich selbst ausrichtet auf Haltungen, die dem Friedliebenden eigen sind. Die Fähigkeit des Friedliebenden, in sich selber zu ruhen, das Leben optimistisch zu sehen, selbstbeherrscht und geistesgegenwärtig auf Situationen zu reagieren, geben dem Loyalen mehr Zutrauen zu sich selber und zum anderen. Sein Anlehnungsbedürfnis wandelt sich zur Selbständigkeit. Diese wiederum bietet nun anderen Menschen Halt, weckt Vertrauen und schenkt Führungskraft. Die Einformung der Charakterstruktur des Friedfertigen in die Veranlagung des Loyalen ergibt einen liebenswürdigen, umgänglichen Menschen, dessen Freundeskreis wächst.

Bei einer negativen Entwicklung des Loyalen verbindet sich sein Hang zum Mißtrauen mit den Schattenseiten des Statusmenschen. Diese Tendenz setzt die unterdrückten Aggressionen frei. Die Rachsucht des Statusmenschen lenkt im Loyalen die Aggressionen gegen die Mitmenschen. Dann schreckt er auch vor Haß, Gewalt und Zerstörungswut nicht zurück. Weil eine gewisse Gespaltenheit im Selbstwertgefühl des Loyalen dennoch vorhanden ist, werden selbst seine Aggressionen von der Ambivalenz seiner Gefühle eingeholt. Sein Minderwertigkeitsgefühl und seine Ängste können zur aggressiven Überkompensierung anstacheln. Das Selbstmitleid und die Anlehnungsbedürftigkeit können aber auch den Umschlag bewirken. Dann sucht der Loyale nach Liebe und Zuwendung noch bei dem Menschen, den er vorher gequält hat.

Gewinne und Verluste des Vielseitigen

Während die inneren Ängste den Loyalen intensiv beschäftigen, weiß sich der Vielseitige sein Leben abwechslungsreich und aufregend zu gestalten. Ängste melden sich nun als Sorge des Vielseitigen, er könne nicht genug Vergnügungen und Lustbarkeiten auskosten. Denn im Genießen liegt sein Glück. Diesem Genießen fehlt jedoch die Tiefe. Den Schlüssel zur Tiefe findet der Vielseitige, wenn er auf dem Weg zur Ganzwerdung beim Denker in die Schule geht. Vom Denker lernt er, die Welt nicht nur als Selbstbedienungsladen zu betrachten, sondern ihre Werte und ihr Geheimnis zu entdecken. Dieses Innehalten im Umgang mit den Dingen vermittelt dem Vielseitigen die Erfahrung, daß fruchtbringendes Genießen nicht das Ergebnis einer bunten Vielfalt von Zerstreuungen sein kann. Kultiviertes Genießen weiß vielmehr, klug auszuwählen, sich auf Kostbarkeiten zu beschränken und in der Intensität das Höchstmaß an Genuß zu finden.

Der Denker erschließt dem Vielseitigen zudem die geistige Welt, deren Genuß erst der ernsten Arbeit als Lohn zufällt. Dieser Zuwachs an Ausreife aus der Struktur des Denkers beschenkt den Vielseitigen für seine eigene Erlebnisfähigkeit mit der Erfahrungsintensität der Tiefe und Weite.

Die Schwäche des Vielseitigen kann sich andererseits verstärken, wenn seine ruhelose Oberflächlichkeit im Negativen einen Konzentrationspunkt sucht. Die Fähigkeit zur Selbstkontrolle, die den Reformer auszeichnet, wäre normalerweise ein gutes Gegengewicht für die Zerstreuungssucht des Vielseitigen. Die Disziplinierung müßte sich dann allerdings auf die Ordnung im eigenen Inneren richten. In der Fehlentwicklung sammelt sich die Energie des Vielseitigen auf Ziele außerhalb seiner selbst, seien es nun Dinge oder Personen. An ihnen reagiert er seine zerstörerischen Gefühle ab, wobei die Prinzipienreiterei des Reformers die Bestrafungstendenzen des Vielseitigen gewalttätig verstärkt.

Gewinne und Verluste des Führers

Den Führer reizt das Spiel mit der Macht mehr als alle anderen Angebote des Lebens. Den Weg zur ersehnten Herrschaft ebnen ihm seine innere Unabhängigkeit und die zähe Durchsetzungskraft. Weil er vor Schwierigkeiten nicht zurückschreckt und in der Wahl seiner Mittel auch nicht ängstlich ist, scheint es unvermeidlich, daß der Umgang mit der Macht seine Hände schmutzig oder sogar blutbefleckt macht. Deshalb umgibt den Herrscher die Atmosphäre der Kühle, ja Kälte. Dem Glanz der Krone fehlt oft die Wärme der Liebesstrahlung. Dieser Mangel entwertet den Gekrönten, macht ihn inmitten seiner Machtfülle einsam.

Welcher Weg zur Ganzheit stünde dann dem Führer offen? Das Zauberwort für seine Ausreife läge in der Umkehrung seiner Wesensformel. Der Führer müßte versuchen, die Liebe zur Macht mit der Macht der Liebe zu vertauschen oder wenigstens zu verbinden. Die Charakterstruktur des Helfers wäre dabei das Modell für diese Bereicherung. Kaum eine größere Entdeckung ist für den Führer denkbar, als zu erfahren, daß Dienen Herrschen bedeuten kann. Diese Umpolung seiner Struktur in der Zielrichtung der Liebe kommt einer Revolution gleich, die schöpferische Kräfte entbindet. Indem der Führer seine Gaben nun in den Dienst der Menschen stellt, entwickelt sich durch die Fähigkeit des Helfers sein Einfühlungsvermögen. Die Nöte der anderen wecken sein Mitleid und seine Fürsorge. Der Führer lernt es, sich mit den anderen zu identifizieren. Sein Selbstwertgefühl bedarf nicht mehr der sich wiederholenden Bestätigung seiner Überlegenheit über andere. Mit zunehmender Aneignung der Helfereigenschaften erfährt der Führer, wie beglückend es ist, nicht nur geehrt, sondern auch verehrt und geliebt zu werden.

In scharfem Kontrast dazu verläuft die Fehlentwicklung des Führers. Sein Machtmißbrauch, der ihn zum Feind aller macht, isoliert ihn vollends. Um dennoch die Oberhand zu behalten, versucht er, von den Fähigkeiten des Denkers zu profitieren. Die Gaben des Geistes, die den Denker zieren, verwendet der Führer einseitig für den Erhalt seiner Macht. Dadurch entarten selbst die Geistesgaben. Die Klugheit wird zur Gerissenheit und Schlauheit. Einsichten in Zusammenhänge suchen die Schwächen der anderen auszunutzen zum eigenen Vorteil. Eines Tages reift die Saat der Gewalttaten. Der Machtbesessene stürzt vom Throne seiner Herrschaft und wird verfolgt von den Furien der Angst und des Schreckens im eigenen Herzen.

Gewinne und Verluste des Friedliebenden

Die Macht ist keine Versuchung für den Friedliebenden. Er liebt den gewohnten Gang der Dinge. Er gibt sich zufrieden mit einer bescheidenen Rolle im Leben, weil sie ihm allzu große Anstrengungen erspart. Den kleinen Konflikten weicht er am liebsten aus. Zu ernstem Streit oder zu kämpferischen Auseinandersetzungen fehlt ihm die Kraft. Seine Bequemlichkeit, ja Faulheit machen ihn zum Meister der verpaßten Gelegenheiten. So bleibt er weit hinter seinen wahren Möglichkeiten zurück.

Welche Umstellung könnte diesem Charaktertyp die Wege zur Ganz-werdung ebnen? Der Statusmensch wüßte wohl am besten dieser nach-lässigen und bequemen Lebenshaltung abzuhelfen. Das gemächliche Tempo in der Gangart des Friedliebenden kann der Statusmensch ent-sprechend beschleunigen, indem er die Faulheit aus ihrer Schläfrigkeit aufweckt und ihr die Augen öffnet für die bisher vergrabenen Talente. Ein Schuß Ehrgeiz wirkt wie ein Lebenselixier. Die freiwerdenden Kräfte ermöglichen nun Leistungen, die ein neues Selbstwertgefühl erzeugen. Der Friedliebende stellt staunend fest, daß er nicht mehr um Zuneigung und Liebe unterwürfig betteln muß. Er hätte es vorher nicht für möglich gehalten, daß Durchsetzungskraft und entschlossenes Han-deln sogar neue Freunde gewinnen. Seine Angst, er würde mit ent-schlossenem Auftreten die Menschen vor den Kopf stoßen müssen und sie dann verlieren, diese Angst war kaum berechtigt. Denn die Gefahr, er würde sich im Ton zu aggressiv gebärden, lag mehr in seiner Einbil-dung als in der Wirklichkeit.

Der Friedliebende wird durch die Charakterzüge des Statusmenschen weniger dessen Schattenseiten verfallen. Wohl kann es geschehen, daß die eigene Veranlagung zur Verdrängung seiner Aggressionen den Friedliebenden in die Dunkelzone des Loyalen treibt. Brechen dann die Dämme, hinter denen sich die feindseligen Gefühle stauten, so können hysterische Überreaktionen zur Selbsterniedrigung führen. Dieses Mit-tel soll die Zuwendung der anderen erkaufen oder erpressen. Gelingt dies nicht, so kann sich die aggressive Tendenz bis zur Selbstzerstörung steigern.

Gewinne und Verluste des Reformers

Während der Friedliebende manches verschläft und vieles verharm-lost, um in seiner Ruhe nicht gestört zu werden, hängt der Reformer die Latte seiner Erwartungen zu hoch. Dadurch gerät er im Streben nach sei-nen Idealen oft außer Atem. Diese häufige Überforderung treibt in einen Streß, der die Kräfte frühzeitig aufreibt. Schließlich bricht sich die Erkenntnis Bahn, daß es unmöglich ist, im Leben alles perfekt machen zu können.

Dem Perfektionismus des Reformers wirken nun Eigenschaften des Vielseitigen wohltuend entgegen. Das öffnet für den Reformer den Weg zu einer ganzheitlichen Entwicklung. Was heißt das konkret?

Am Vielseitigen lernt der Reformer, daß Anpassung um so fruchtbarer sein kann, wenn sie die Konzentration der Kräfte mit einer inneren Gelöstheit zu verbinden weiß. Die gelöste Spannung ist ein Geheimnis des Erfolges. Die Prinzipientreue des Reformers läßt es bisweilen auf Biegen und Brechen ankommen. Sie wird von ihrer Härte erlöst, wenn die Flexibilität des Vielseitigen feinfühliger für die konkrete Situation macht. Der Reformer staunt dann, wie ein spielerischer Umgang mit dem Leben entlastet und entkrampft. Dann mischt sich in die strenge Lehrermiene des Reformers mitreißende Begeisterungsfähigkeit. Die Welt geht nicht unter, wenn kurzfristig Unerledigtes liegenbleibt. Manches braucht Zeit, um besser auszureifen. Das Gesetz der Pause vermindert ja nicht den Ernst der Pflicht.

Die Eigenschaften des Vielseitigen befähigen den Reformer, ein gut Stück offener und spielerischer mit sich und mit dem Leben umzugehen. Er lernt es dadurch, daß Glücklichsein und Gewissenhaftsein keine Gegensätze sind.

Die Fehlentwicklung vertieft indes den Hang des Reformers zum harten Verurteilen, wenn die Minderwertigkeitsgefühle und die kritische Einstellung des Künstlers zu sich selbst den Reformer zur Selbstverurteilung treiben. Aus den Schatten beider Charaktertypen bildet sich eine Sackgasse, die Gefühle der Ausweglosigkeit und Hoffnungslosigkeit zur Krise werden lassen.

Das Bild der ausgereiften Gesamtpersönlichkeit setzt sich also zusammen aus der Struktur des Grundtyps, aus den Verschmelzungen des Mischtyps und aus den Querverbindungen der Ergänzungstypen. Dieses Ideal einer Lebensfülle ist allerdings nicht leicht erreichbar. Die Kürze des Lebens setzt diesem Streben nach Ganzheit immer wieder eine schmerzliche Grenze. Zudem ist der menschliche Reifungsweg kein lückenloser Aufstieg von Stufe zu Stufe. Der einzelne erfährt seine Siege und seine Niederlagen. Fortschritte wechseln mit Rückschlägen. Nur mühsam lernt der Mensch aus Schuld und Gnade, wer er in Wirklichkeit ist.

Bei diesem Ringen beschränkt sich die Formung der Seele keineswegs auf die Klärung der Gefühle und auf die Bildung des Charakters. In der Praxis spielen aber Gefühle und Charakterbildung eine sehr wichtige Rolle. Sie prägen die seelische Erlebniswelt entscheidend mit.

Die Seele wird für den Geist zum Dolmetscher des Leibes. Die leibseelischen Wechselwirkungen bezeugen andererseits die Durchlässigkeit des Seelischen für den Geist wie für den Leib. Immer ist der Mensch ganzheitlich betroffen, auch wenn sich dieser Entwicklungsprozeß oft im Zickzack bewegt.

Der innere Weg zielt auf die immer intensivere Beseelung des Leibes und auf die Vergeistigung der Seele. Die innere Bilderwelt verschmilzt die Wahrnehmungen der körperlichen Sinne mit der Gefühlstiefe der Seele.

Der im Dunkel des Unbewußten liegende Reichtum an überkommenen Erfahrungen und an vergessenen Erlebnissen ist dem Bewußtsein zwar nicht unmittelbar zugänglich. Aber die Traumbilder können zwischen der Welt des Unbewußten und der Welt des Bewußten in verschlüsselten Symbolformen vermitteln. Dadurch empfängt der Mensch wesentliche Hinweise, Hilfen und Korrekturen auf seinem Reifungsweg.

Traumbilder

Bilder sind die Sprache der Seele. Sie speichern die Erfahrungen des Lebens. Viele Eindrücke sinken ab ins Unbewußte. Der Traum spielt mit diesen Vorräten. Traumbilder sind zugleich eine verschlüsselte Botschaft an den Träumenden. Wie soll aber der Träumende diese symbolträchtige Botschaft verstehen? Der Traum folgt keinen logischen Gesetzen. Bisweilen verwendet er Erlebnisreste des Tages. Manchmal tauchen Bilder wie aus uralten Mythen und Märchen auf. Begegnungen mit Freunden oder Feinden verlaufen im Traum oft ganz unerwartet, weil völlig neue Verhaltensweisen an ihnen wahrgenommen werden. Die meisten Träume sind schnell vergessen. Einzelne graben sich tief in die Erinnerung ein. Scheinbar widersinnige Ereignisse hinterlassen das Gefühl einer geheimen Bedeutung. Wie soll der Mensch damit umgehen?

Die Psychologie kann manchen guten Hinweis geben. Freud nennt vier Gesetze, welche die Deutung der Träume erleichtern. Das Gesetz der Verdichtung konzentriert mehrere Vorstellungen zu einer einzigen. Diese Verdichtung muß bei der Deutung wieder entflochten werden. Das Gesetz der Verschiebung erklärt, warum der Kerngehalt des Traumes in nebensächliche Begleitszenen verschoben wird, während Unwichtiges die Hauptrolle spielt. Das Gesetz der Dramatisierung verwandelt abstrakte Theorien in konkrete Erlebnisbilder. Schließlich vertauschen sich im Gesetz der Symbolisierung konkrete Vorstellungen wechselseitig. Freud ist zudem überzeugt, daß beim Träumenden eine innere Zensur dafür sorgt, daß Trauminhalte, die dem moralischen Empfinden (des Über-Ich) zuwiderlaufen, „verkleidet", also dem Bewußtsein angepaßt werden.

Adler sieht im Traum die Enthüllung der Tiefen einer Persönlichkeitsstruktur.

C. G. Jung hebt zwei Funktionen des Traumes hervor, die für den inneren Weg und für die Charakterbildung recht bedeutsam sind. Träume korrigieren und ergänzen eine einseitige Bewußtseinslage und stellen dadurch das psychische Gleichgewicht wieder her. Ein Mensch mit Minderwertigkeitsgefühlen erlebt sich beispielsweise im Traum als erfolgreich. Wer sich selber übersteigert, der findet sich als Träumer in verzweifelten Lagen, die ihm seine Grenzen bewußt machen. Jung nennt diese Funktionen Kompensation (Ergänzung und Ausgleich). Träume können nach Jung auch die Zukunft aufdecken. Sie ermutigen, warnen oder inspirieren. Bekannt sind die biblischen Träume bei Jakob und Josef im Alten Testament. Es gibt also prophetische Träume und Träume, die auf dem inneren Weg sogar eine Art Einweihungsfunktion in eine neue spirituelle Entwicklungsphase übernehmen. Diese sogenannten „Groß-Träume" sind kostbare Geschenke für den Menschen.

Träume haben neben der Tendenz, das seelische Gleichgewicht des einzelnen wieder herzustellen, mitunter auch eine kollektive Funktion. Sie korrigieren Einseitigkeiten im kollektiv Unbewußten einer bestimmten Zeitepoche. In unserer Gegenwart haben viele Menschen die Verbindung mit der Welt des Religiösen und Geheimnisvollen, des Numinosen, verloren. Der Rationalismus und die Außenorientierung haben die Zugänge zum Spirituellen verschüttet. Der Traum führt solche Menschen in ein „seelisches Jenseits", in psychische „Himmel" und „Höllen". Der Verlust dieser Symbole wird so ausgeglichen. Psychologen verweisen bei der Traumdeutung auf eine Parallele zur vorgeburtlichen Existenz des Menschen. Wie der Embryo im Mutterleib in den neun Monaten vor seiner Geburt die wichtigsten Stadien der gesamten Evolution durchläuft, so umspanne die Traumwelt das Instinktive und Vorgeschichtliche in der Psyche der Menschheit, um es an das rationale Bewußtsein zu vermitteln. Die Erinnerung an diese Serie vorgeschichtlicher Stufen sei sogar eine Hauptaufgabe der Traumbilder.

Es mag nun überraschen, wenn trotz all dieser Hinweise Jung darauf aufmerksam macht, daß es keine „allgemeingültige", keine „gebrauchsfertige" oder „systematische" Traumdeutung gibt. Das Traumsymbol bleibt an die Persönlichkeitsstruktur des einzelnen gebunden. Es kann nur „umkreist" werden. Selbst das Gespräch mit dem Psychoanalytiker muß sich bewußt bleiben, daß Ratsuchende und Beratende in der Traumdeutung sich gegenseitig beeinflussen. Ihr Gespräch ist mehr „dialektischer Austausch" als erlernte Interpretationstechnik.

Je besser der Träumende mit der Symbolsprache seiner Träume vertraut wird, um so intensiver werden die Träume zu Vermittlern zwischen dem Unbewußten und Bewußten. Die Vergeistigung der Seele setzt sich immer organischer um in die Formung des Geistes. Umgekehrt fördert die Bildung des Geistes die Ausreife des Charakters. Beides ergänzt sich und fördert einander. Sie richten auf je eigene Weise den Weg des Menschen auf das Ziel der Daseinsfülle.

Bildung des Geistes

Der Geist ist der Adel des Menschen. Geist zeichnet ihn aus in der sichtbaren Welt. Nur der Mensch weiß um sich selbst. Das Tier lebt im Augenblick. Es wird gesteuert vom Instinkt. Es untersteht dem Trieb. Das Naturgesetz beherrscht das tierische Leben.

Die Entwicklung des Geistes löst den Menschen aus seinem Gebundensein an die Natur. Er tritt der Welt gegenüber als ihr Herr. Das schafft Distanz. Der Mensch herrscht, indem er die Welt gestaltet. Damit übernimmt er Verantwortung. Als Herr muß er ihr zugleich dienen. Das erzeugt Nähe zu den Geschöpfen.

Die Entwicklung des menschlichen Geistes begann vor Millionen von Jahren. Sie ist keineswegs abgeschlossen. Vieles ist erreicht. Eine Fülle von Erkenntnissen ist gesammelt. Wissenschaft und Technik stehen in Blüte. Sie bestimmen unsere moderne Kultur und Zivilisation. Die Forschung erzielt weltweit unüberschaubare Fortschritte. In den einzelnen Wissenszweigen verdoppelt sich der Umfang des Spezialwissens bereits alle fünf Jahre. Kein einzelner kann damit Schritt halten. Was die menschliche Erkenntnis des einzelnen an Tiefe gewinnt, das bezahlt der Mensch mit dem Verlust an Weite. Gerade der erfolgreiche Spezialist erfährt den Verlust des Überblicks über größere Zusammenhänge am schmerzlichsten.

In diesem Spannungsfeld ringt der Mensch auf dem inneren Weg um die Bildung seines Geistes. Für ihn ist der Erwerb von Wissen kein Selbstzweck. Die Faszinationskraft des Wissens ist groß. Denn die innere Dynamik der Wißbegier weckt einen schier unersättlichen Hunger. Darin gleicht der Reiz der geistigen Reichtümer dem Reiz der materiellen Güter. Je mehr der Reiche hat, um so mehr will er erwerben. Dieser Erwerbstrieb schadet. Denn er macht den Menschen einseitig. Es leidet der Charakter durch Geiz wie durch Ehrgeiz.

Auf dem inneren Weg zählt die innere Freiheit gegenüber Ehre und Reichtum mehr als der Glanz äußeren Besitzes oder bestechender Auszeichnungen. Wissen bläht auf, wenn Wissen nicht durch Weisheit ernüchtert wird.

Weisheit beglückt den Menschen am Ende seiner Geistesbildung. Wie aber vollzieht sich die Geistesbildung auf dem inneren Weg in den kleinen Schritten?

Viele verstehen unter Bildung des Geistes die Bildung ihres Verstandes. Sie sprechen von Intellekt oder Intelligenz. Damit bezeichnen sie einen ersten Bereich der Geistesbildung. Die meisten sind mit diesem Bereich vertraut aus eigener Erfahrung. Schule und Erziehung führen in die Verstandesbildung ein. Zeugnisse und Diplome bestätigen einen erfolgreichen Abschluß.

Für Lehrer und Ausbilder ist die Wissensvermittlung Beruf und Broterwerb. Im Lehrer ringt der Wissensvermittler mit dem Erzieher. Stundenpläne und Leistungsnachweise erzwingen ein bestimmtes Lehr- und Lernverhalten. Lehrern wie Schülern gelingt es schwer, Wissenserwerb und Charakterbildung zur Deckung zu bringen.

Geprüft wird in der Schule nur das Kopfwissen. Das Leben selber verlangt mehr. Der innere Weg jedoch hat für die Bildung des Geistes seine eigenen Maßstäbe. Der innere Weg lehrt den Menschen, die Tiefen seines Geistes kennenzulernen. Er weiß dann um seinen Geist als Intelligenz, um seinen Geist als Vernunft und um seinen Geist als Intuition. Intelligenz, Vernunft und Intuition sind die drei Entwicklungsstufen für die Bildung des Geistes auf dem äußeren und inneren Weg. Sie sollen nun im einzelnen intensiver bedacht werden.

Geist als Intelligenz

Was ist Intelligenz im allgemeinen Sinn? Intelligente Menschen finden sich in ungewohnten Situationen schnell zurecht. Sie verfügen über eine rasche Auffassungsgabe. Geistige Beweglichkeit zeichnet sie aus. Ihr Urteil ist treffsicher. Schnell erkennen sie das Wesentliche eines Sachverhaltes. Ihre geistige Lebendigkeit ist vielseitig orientiert. Anstöße von außen oder von innen setzen sofort Denkprozesse in Gang. Das erleichtert ein geschicktes praktisches Verhalten. Es vertieft theoretische Einsichten. Intelligente Menschen gewinnen innere Selbständigkeit gegenüber fremden Meinungen. Das macht sie unabhängig von Modeerscheinungen. Sie sind gefeit gegen Manipulationen.

Der Intellekt bezeichnet also die geistigen Funktionen des Verstandes. Der Verstand setzt die einzelnen Wahrnehmungen in Erkenntnisse um. Eine Schwäche des Verstandes liegt in seiner Begrenzung auf Einzelerkenntnisse. Diese sind selten eingebettet in größere Zusammenhänge. Das führt leicht zu Einseitigkeiten. Zum Teil werden Einzelgebiete der Geistesbildung vernachlässigt. Andere werden überbetont. Die Begabung entscheidet oft dabei die Wahl des Faches. Es entstehen Mißverhältnisse, die eine Zusammenschau erschweren.

Der Verstandesmensch einer theoretischen Veranlagung unterschätzt leicht den Wert der Praxis. Er wirkt dann lebensfremd. Sein praktisches Verhalten trägt Züge von Unbeholfenheit. Sein Auftreten überzeugt weniger. Manche gewiegte Praktiker ihrerseits halten bisweilen wenig von der Theorie. Das hemmt ihren Fortschritt auch auf technischem Gebiet.

Schwerer wiegt der Mangel an Übereinstimmung von intellektueller Einsicht und gelebtem Leben. Dieser Widerspruch wirkt besonders schmerzlich im spirituellen Bereich. Die letzten Fragen des Lebens nach dem Sinn und dem Ziel menschlichen Daseins sind gewiß auch Fragen an den Verstand. Die intellektuelle Durchdringung dieser Fragen ist eine schwere Aufgabe für den begrenzten Verstand.

Ohne Sinnfindung ist menschliches Leben jedoch kaum möglich. Eine verstandesmäßige Klärung der Sinnfrage gelingt indes leichter als die Umsetzung der Erkenntnis in die Praxis des Alltags. Deswegen weichen manche in die Theorie aus. Spirituelle Theorie ohne spirituelle Praxis macht zum einäugigen Berater. Er weist den anderen den Weg, ohne ihn selber zu gehen.

Der Weg nach innen bedarf gewiß der Wegweisung. Es ist die Tragik der spirituellen Theoretiker, daß sie als Wegweiser am Wegrand zurückbleiben. Die Bildung der Intelligenz auf dem inneren Weg will diese Tragik vermeiden. Sie möchte die fremde Belehrung durch eigene Erfahrung vorbereiten, einholen und vertiefen.

Eigene Erfahrung behält in diesem Lernprozeß ihre unverwechselbare Eigenart. Sie wählt daher aus, was ihrem Wachstumsgesetz entspricht. Sie prüft kritisch sich selbst, wenn sie die Früchte ihres Tuns beurteilt. Sie läßt der Praxis den Vorzug. Sie versucht aber auch, die allgemeinen Gesetze des inneren Weges zu erkennen. Das gewährleistet einen Zuwachs an Kraft. Denn das Gemeinsame in der Erfahrung bereichert und ermutigt.

Eines ist noch zu erwähnen. Jedes Gebiet der Verstandesbildung setzt eine spezifische Begabung voraus. Sprachbegabte zum Beispiel haben oft ihre Schwierigkeiten mit den mathematischen Fächern und umgekehrt. Auch der innere Weg erschließt sich nicht ohne eine Veranlagung für das innere Leben. Eine gewisse Grundvoraussetzung für den inneren

Weg liegt in jeder Menschennatur. Ihre Stärke zeigt sich an der Intensität des Verlangens nach dem inneren Leben. Ohne ein intensives Verlangen gelingt kaum ein echter Fortschritt. Zu schnell erlahmt die Kraft, nährt nicht die Begeisterung für ein Ziel den Wanderer. Der Begeisterte schreckt vor keinen Schwierigkeiten zurück. Ihm wachsen die Kräfte mit jedem Teilerfolg auf seinem Weg.

Wie vollzieht sich die Bildung des Geistes als Intelligenz auf dem inneren Weg nun konkret?

Die Spannweite der Intelligenz ist beim einzelnen Menschen klein oder groß, schwach oder stark, starr oder flexibel. Die Unterschiede müssen berücksichtigt werden. Die Formung der Intelligenz des einzelnen müßte sich ganz dessen Eigenart anpassen können. Das ist nur sehr bedingt möglich. Es kann nicht jeder seinen eigenen Lehrer haben. So viele Lehrer stehen gar nicht zur Verfügung. Zudem fehlen die Mittel. Selbst wenn jeder seinen eigenen Lehrer hätte, so wäre nicht jeder Lehrer gleich gut fähig, der Eigenart des Schülers gerechtzuwerden. Lehrer und Schüler müßten auf der gleichen Wellenlänge liegen. Meist sind ihre Charaktere verschieden. Das erschwert das gegenseitige Verständnis. Der Schüler kann für seine eigene Bildung daher nur gewisse Anstöße gewinnen. Er hört die Lehre mit seinen Ohren. In ihm verbindet sich die neue Information mit den eigenen bisherigen Kenntnissen und Erfahrungen. Diese Verschmelzung verändert den Gehalt der Lehre. Das Verständnis färbt den Inhalt. Diese Färbung geschieht zwangsläufig, selbst wenn Lehrer und Schüler die gleichen Worte gebrauchen. Jeder versteht das gleiche Wort auf seine eigene Weise. Es fehlen Zeit und Kraft, um sich diese Unterschiede stets neu bewußtzumachen. Auch bei bestem Willen reden Lehrer und Schüler streckenweise aneinander vorbei.

Die Chance, mit dem gleichen Wort das gleiche zu meinen, ist am Anfang der Intelligenzbildung gering. Der Schüler ist gewiß keine leere Tafel, die der Lehrer nur zu beschreiben braucht. Seine geistige Veranlagung stellt ein Raster bereit. Die Informationen des Lehrers werden gespeichert. Das mechanische Gedächtnis kann sie wiederholen. Ganz langsam baut sich ein geistiger Horizont auf. Die Vorkenntnisse erleichtern das schnellere Verstehen neuer Erkenntnisse. Zusammenhänge werden hergestellt. Sinn erschießt sich. Inneres Wachstum vollzieht im Schüler eine Annäherung an die geistige Welt. Der Schüler wird geistig selbständiger. Diesen Prozeß einer Verselbständigung muß bestimmte Schwierigkeiten überwinden.

Manche Schwierigkeiten liegen in der Außenwelt. Sie sind durch unsere moderne Zeit vorgegeben. Alle sind davon betroffen. Keiner kann ihnen ausweichen. Es erleichtert den inneren Weg, sich diesen Schwierigkeiten bewußt zu stellen. Das verlangt Mut. Denn Schaulust und Konzentationsschwäche sind Haupthindernisse. Von beiden soll im folgenden die Rede sein.

Reizüberflutung

Die Reizüberflutung mit Bildern und Geräuschen umspült schon das Kleinkind. Es kann noch nicht lesen und schreiben. Aber es versteht schon, den Fernsehapparat einzuschalten. Eine Fülle von Eindrücken, Erlebnissen, Ereignissen strömt in seine kleine Seele. Die Phantasie wird erregt. Gefühle erwachen. Das Kind identifiziert sich mit den Gestalten auf dem Bildschirm. Dichtung und Wahrheit, Schein und Wirklichkeit vermischen sich. Wie soll es trennen und unterscheiden lernen? Es fehlt die Kraft, alles zu verarbeiten. Es gewöhnt sich an die Bilderwelt. Aus Gewohnheit wird Sucht. Darin ahmt es die Erwachsenen nach. Die Erwachsenen fallen ihrerseits in kindliches Verhalten zurück. Sie lassen sich berieseln. Sie werden passive Genießer. Der bloße Konsum bildet aber nicht den Geist. Er bereichert auch nicht die Seele. Konsum macht bequem. Er schläfert geistig ein.

Das Fernsehgerät an sich ist neutral. Der Mensch entscheidet, ob es ihm hilft oder ob es ihn hindert. Fernsehen verbindet die kleine Welt mit den Ereignissen auf der großen Lebensbühne. Es überbrückt Länder und Kontinente. Es öffnet die Menschen weltweit füreinander. Der geistige Blick weitet sich für die Not der anderen. Die Menschen werden zu Nachbarn. Sie lernen teilen. Dies geschieht materiell und geistig. Der Wissenshungrige findet in Spezialsendungen reiche Anregungen. Kostbarkeiten der Geschichte, der Kunst, der Musik, der Technik, der Sternenwelt, der Tierwelt vertiefen seine geistige Bildung. Der Verzicht auf bloße Unterhaltungssendungen schafft Raum für die Auswahl solcher Kostbarkeiten. Die ungeteilte Aufmerksamkeit gibt sich ihnen hin. Eine schöpferische Pause unmittelbar nach der Sendung läßt das Erleben ausschwingen. Das Gefühl kostet es aus. Dies nährt die Seele. Die Erinnerung holt in schweren Zeiten die Bilder zurück. Die auflebende Freude aus dieser Erinnerung vertreibt die Trauer, lindert den Schmerz, versüßt die Einsamkeit.

Bücher

Geistige Bildung schöpft Nahrung vor allem aus Büchern. Sie ersetzen den Lehrer, wenn seine Aufgabe erfüllt ist. Die moderne Leistungsgesellschaft zwingt den einzelnen zu dauernder Fortbildung im Beruf. Darum ist eine gute Lernmethode nötig für das ganze Leben. Wir alle bleiben Lernende über die Schulzeit hinaus. Als Lernende sind wir zugleich unsere eigenen Lehrer.

Bücher sind wie gute Freunde. Sie haben sogar Vorteile, die dem menschlichen Freund fehlen. Bücher sind ohne Anspruch und Erwartung. Sie dienen. Es fehlt ihnen die Zunge. Trotzdem geben sie dem fragenden Menschen Antwort.

Bücher spiegeln das Leben erfahrener Menschen auf dem inneren Weg. Im Buch begegnet der Schreiber als Helfer. Er teilt seine Erfahrungen mit. Er wird zum Weggefährten. Sein Beispiel durchleuchtet sein Wort. Es überzeugt und spornt an.

Lesen ist aber eine Kunst. Die Hektik des Lebens nimmt dem Geist die Sammlung. Das Arbeitstempo raubt der Seele die innere Ruhe. Zeit ist kostbar geworden in einer Leistungsgesellschaft. Für die geistige Entwicklung steht ein überreiches Angebot an Lektüre zur Verfügung. Der Leser ist gut beraten, streng auszuwählen. Die geistige Entwicklung vollzieht sich in kleinen Schritten. Die Bedürfnisse haben ihre bestimmte Stunde. Hilfreich ist ein Buch, das dem persönlichen Entwicklungsstand entspricht. Für den nächsten Reifungsschritt werden auch gespeicherte Informationen fruchtbar. Manchmal warten intellektuelle Erkenntnisse jahrelang auf ihre Anwendung im praktischen Leben. Sie sind Same, der nun aufgehen darf.

Lesen wird um so fruchtbarer, je intensiver es den Inhalt in sich aufnimmt. Von jeher gilt die Regel; wenig lesen, aber das Gelesene möglichst ganz in sich verarbeiten. Diese Regel ist einsichtig. Sie ist durch Erfahrung erprobt. Sie kann aber nicht von Anfang an beim Lesen befolgt werden. Zu viele Voraussetzungen müssen erst erfüllt sein.

Konzentration

Es bedarf vieler Übung, um die Aufmerksamkeit freizuhalten von den Zerstreuungen. Der undisziplinierte Geist ist nur kurze Zeit konzentriert auf den Inhalt der Lektüre. Wenige Minuten gelingt es. Dann mischen sich in das Lesen andere Gedanken. Die Augen gleiten weiterhin über den Text. Am Ende der Seite erwacht der Leser wie aus einem Tagtraum. Er beginnt von neuem. Bald entgleiten ihm die Gehalte. Das entmutigt.

Äußerer Druck einer Lernaufgabe wird den Willen mobilisieren. Es fruchtet wenig. In kurzer Zeit sind die Kenntnisse ins Unterbewußte abgesunken. Eine blasse Erinnerung bleibt. Auch ihre Spur verliert sich bald im Dunkel.

Wie soll diese Konzentrationsschwäche verbessert werden?

Im Lernen Erfahrene können gute Hinweise geben. Sie raten, geduldig zurückzugehen zu der Stelle, an der die Aufmerksamkeit abglitt. Hilfreich ist ein langsames Lesen. Dann hat das Verstehen weniger Mühe. Begreifen des Verstandes geht leichter mit dem Behalten im Gedächtnis Hand in Hand. Das kostet mehr Zeit. Sie steht nicht zur Verfügung, wenn das Lernen auf den letzten Moment verschoben wird. Der Schüler erschwert sich die Lernarbeit, wenn er zuerst dem Spiel oder dem Vergnügen nachgeht. Damit vertut er die beste Zeit.

Eine Schulung der Konzentrationsfähigkeit gelingt folglich nicht ohne wachsende Selbstdisziplin. Sie ist gewiß nicht leichter. An der Verklammerung von Konzentration und Disziplin wird eines klar: Schulung des Geistes läßt sich nicht trennen von der Schulung des Willens. Der Wille in sich ist blind. Er folgt der Einsicht. Darum geht die Schulung des Geistes voraus. Der Verstand zeigt dem Willen die Ziele. Der Wille orientiert sich an den Werten dieser Ziele. Er strebt ja das Gute an. Der Verstand fragt nach der Wahrheit. Bloße Erkenntnis erzeugt keine Reife der Gesamtpersönlichkeit. Entscheidend ist die gelebte Wahrheit. Diese ermöglicht der Wille.

Die Erkenntnis der Wechselwirkung von Verstand und Wille ist fruchtbar für die Ausbildung der Konzentrationsfähigkeit. Die Klugheit bringt Ordnung in dieses Wechselspiel.

Wer viel geistig arbeitet, der beobachtet an sich eine Verlaufskurve seiner Aufmerksamkeit. Sie entspricht einem bestimmten Tagesrhythmus. Es gibt Stunden des Tages, an denen die geistige Arbeit leichter fällt. „Morgenstund' hat für viele Gold im Mund". Anderen geht in der Stille der Nacht alles leichter von der Hand. Auch der Nachmittag hat verschiedene Chancen. Selbstbeobachtung und kritisches Prüfen nehmen Rücksicht auf diese Leistungskurve. Anstrengende geistige Tätigkeit bleibt der besten Arbeitszeit vorbehalten. Die unverbrauchte Kraft des Organismus nimmt den Schwierigkeiten harter Arbeit zum Teil den Stachel. Ermüdet der Geist, so erneuert eine Pause die Kräfte.

Im Laufe der Zeit wächst die Fähigkeit zur Konzentration. Verschiedene Umstände tragen dazu bei. Je vertrauter der zu bearbeitende Stoff ist, um so länger reicht der Vorrat an Aufmerksamkeit. Die Vertrautheit entlastet auch die Willensanstrengung. Routine verlangt weniger Konzentration. Es gelingt allmählich, immer längere Zeiteinheiten für eine einzige Aufgabe zu nutzen.

Normalerweise empfiehlt sich ein Wechsel im Lernstoff nach zwei Stunden. Die Abwechslung im Inhalt entspannt die bisherige Einforderung an Aufmerksamkeit. Andere Seiten des Geistes werden nun angesprochen. Auch sie ermüden nach einer gewissen Zeit. Der Geist bleibt jedoch leistungsfähig für leichtere Arbeiten. Der Geist in sich würde nicht ermüden. Der Körper, das Gehirn verursachen den Leistungsabfall.

Ins Zusammenspiel von Verstand und Wille mischt sich daher die gesunde und vernünftige Körperpflege. Ernährungs- und Schlafgewohnheiten verstärken oder schwächen die Konzentrationsfähigkeit. Ein voller Magen studiert nicht gerne. Einem hungrigen Magen soll man keine Philosophie beibringen wollen. Beide Erfahrungen sind althergebrachte Weisheit.

Der Körper braucht seine Erholung. Keiner lebt von seiner geistigen Arbeit allein. Die rechte Ausgewogenheit von Anstrengung und Entspannung ist am fruchtbarsten. Freizeitgestaltung und Ferienzeiten sammeln neue Reserven. Sie dienen der Leistungssteigerung.

Gedächtnis

Leistungssteigerung hat ihr eigenes Gesetz. Die Konzentrationsfähigkeit richtet die Aufmerksamkeit nicht nur auf den Gewinn neuer Erkenntnisse. Der Zuwachs an Einsichten soll verfügbar sein. Dafür sorgt ein gutes Gedächtnis. Es ist nicht selbstverständlich. Wie aber läßt es sich ausbilden?

Den Lernerfolg hindert ein mechanisches Lernen. Auch gedankenloses Wiederholen verbessert nicht das Gedächtnis. Die gedankenlose Mechanik erzeugt für eine gute Gedächtnisaufnahme keine Spannung. Der Willenseinsatz bringt zwar Spannung. Aber er verbraucht zu schnell die seelische Energie. Rasche Ermüdung lähmt dann die Kräfte.

Solch krampfhaftes Bemühen wird erspart durch die Begeisterung für eine Sache. Sie weckt zunächst das Interesse. Interesse schließt auf.

Immer mehr Sinne öffnen sich willig für die Aufnahme eines Inhaltes. Es geschieht spontan und ohne Zwang.

Der Lernende verspürt plötzlich Lust, den Text seines Lehrbuches laut zu lesen, wenn er alleine ist. Er prägt sich den Inhalt nun doppelt gut ein. Das Auge hilft dem Gedächtnis sich zu erinnern, auf welcher Seite ein Text steht. Das Ohr bereichert das Gedächtnis über den Klang. Mund und Zunge sind aktiv beteiligt.

Bei schönem Wetter lockt die Sonne nach draußen. Die frische Luft versorgt das Gehirn besser mit Sauerstoff. Lesen im Gehen fördert die Durchblutung. Nun ist der ganze Leib an der Aufnahme von Wissen beteiligt.

Fast von alleine entstehen Pausen. Das Auge schweift in die Ferne und entspannt sich. Ein besinnliches Nachdenken setzt ein. Mit eigenen Worten wird das Gelesene nochmals wiederholt. Der Leser erkennt schneller, was er noch nicht so recht verstanden hat. Er schaut nach. Liest nochmals die Stelle. Liest langsam. Liest immer wieder. Nun ist alles begriffen. Die Klarheit erleichtert dem Gedächtnis das Behalten.

Die Vertiefung des Gedächtnisses durch Beteiligung aller Sinne am Lernprozeß führt zu einer weiteren Entdeckung. Scheinbar zufällig tauchen aus der Erinnerung Inhalte auf. Sie haben sich besonders eingeprägt. Ihre existentielle Bedeutung für diesen Menschen ist der Grund. Ihr spontanes Erinnern arbeitet nun an der Veränderung dieses Menschen. Gedanken sind Kräfte. Sie sind die Samen der künftigen Taten.

Zwei Erkenntnisse liegen in dieser Erfahrung: Je wichtiger für das eigene Leben ein Lehrinhalt ist, um so tiefer erfaßt ihn der Intellekt, um so lebendiger bleibt er im Gedächtnis. Ferner: Je öfter dieser Lehrinhalt in der Erinnerung auflebt, um so fruchtbarer ist er für das Leben dieses Menschen.

Diese Erfahrung läßt sich zur Schulung des Gedächtnisses teilweise auf andere Lernstoffe übertragen. Auch weniger existentiell bedeutsame Gehalte kann das Gedächtnis besser behalten, wenn sie häufig wiederholt werden. Fachleute haben durch Experimente Gesetze herausgefunden. Sie bestätigen folgendes: Das Gedächtnis behält einen Lernstoff um so leichter, je öfter er wiederholt wird. Entscheidend dabei ist die erste Wiederholung. Sie sollte innerhalb von zwei Tagen geschehen. Diese Regel hat große Konsequenzen für die geistige Arbeitsweise. Fortbildung bei Kursen, Weiterbildung an Volkshochschulen, Teilnahme an Seminaren können viel profitieren von den Methoden der Fachausbildung.

Ein Student erleichtert sich sein Studieren, wenn er das Wesentliche aus den Vorlesungen am Nachmittag oder am Abend desselben Tages nochmals durchdenkt. Kurze Zusammenfassungen in Merksätzen erlauben eine Wiederholung am folgenden Tag. Am Wochenende vergegenwärtigt er sich nochmals größere Zusammenhänge anhand dieser Merksätze. Wiederholtes Lesen der Zusammenfassungen auch während des Semesters schafft eine innere Vertrautheit mit seinem Stoffgebiet. Zusammenhänge erleichtern das Verstehen neuer Erkenntnisse. Dies schenkt Sicherheit und Selbstvertrauen auch für die Prüfungen. Die Einzelfragen können aus dem Zusammenhang heraus beantwortet werden. Schließlich wächst der Student in die volle Selbständigkeit hinein. Aus dem Schüler wird ein Lehrer in eigener Sache. Die Freude an seinem Beruf ebnet seinen Weg in die Zukunft. Freude und Begeisterung führen zum Erfolg. Sie schenken die Kraft, um Schwierigkeiten geduldig zu meistern.

Ergebnisse

Das Nachdenken über die Bildung des Geistes als Intelligenz erbrachte bisher einige Ergebnisse. Die Belehrung von außen durch Lehrer und Bücher baut im lernenden Menschen einen inneren geistigen Horizont auf. In der Reizüberflutung des modernen Lebens ist die Verführung zum bloßen Konsum eine Gefahr. Oberflächlichkeit schwächt die Konzentrationskraft. Die Steigerung der Konzentrationskraft spielt für die Geistesbildung eine wichtige Rolle. Verstand und Wille arbeiten dabei Hand in Hand. Das Ringen mit ablenkenden Gedanken ist eine Hauptaufgabe beim Konzentrieren. Begeisterung für eine bestimmte Sache weckt spontanes Interesse. In den Lernprozeß werden Auge und Ohr, Bewegung und Entspannung in frischer Luft mit einbezogen. Wiederholungen des Gelernten sichern das Behalten des Stoffes. Die Ausbildung eines guten Gedächtnisses legt die Fundamente für die Geistesschulung. Ein wacher Verstand und eine flexible Intelligenz sind die ersten Früchte dieser Geistesbildung.

Der Weg nach innen begnügt sich nicht mit einer formalen Bildung des Verstandes. Das Sammeln von Erkenntnissen ist kein Selbstzweck. Der Weg nach innen bedarf einer Weiterentwicklung des Intellektes, um die eigenen Wachstumsgesetze besser zu erkennen. Ein gutes Gedächtnis und Konzentrationsfähigkeit unterstützen dieses Forschen. Es lenkt die Aufmerksamkeit auf die Frage nach dem wahren Wesen des Menschen. Fachwissen allein garantiert kein besseres Menschsein. Darauf aber kommt es dem inneren Weg an.

Die Frage nach dem wahren Wesen blitzt im Verstande bisweilen auf. Teilerkenntnisse geben Antwort. Sie verlieren sich aber unterwegs. Erschütterungen fördern sie wieder zutage. Das Älterwerden nach der Mitte des Lebens macht Grenzerfahrungen. Die Stürme der jugendlichen Leidenschaften ebben ab. Der reifende Mensch zieht Zwischenbilanz. Die Sinnfrage bohrt in ihm. Er möchte sein bisheriges Leben tiefer verstehen.

Diesem Verlangen nach tieferer Einsicht in den Sinn des Lebens entspricht die Vernunft besser als der Verstand. Die Vernunft erschließt ein neues Gebiet in der Bildung des Geistes.

Geist als Vernunft

Welchen Eindruck erweckt ein vernünftiger Mensch? Er ruht in sich. Sein Handeln ist von Grundsätzen bestimmt. Gefühlsbewegungen und Leidenschaften durchbrechen kaum diese feste Haltung. Er strahlt Sicherheit aus. Das schenkt Vertrauen. Er ist zuverlässig und treu. Äußere Widerstände bringen ihn selten aus dem inneren Gleichgewicht. Er steht über den Dingen des Lebens. Seine innere Gelassenheit gibt ihm dazu die Kraft. Selbst harte Schicksalsschläge brechen seinen Mut und sein Vertrauen nicht im Kern.

Diese Beschreibung zeichnet ein Idealbild. Die Grundzüge sind stimmig. Nicht jeder vernünftige Mensch hat alle Grundzüge verwirklicht. Aber seine Entwicklung zielt in diese Richtung. Der Weg zum Ziel ist freilich weit und beschwerlich. Er führt aber in die Befreiung. Die Verwirklichung des wahren Wesens ist der Lohn aller Mühen.

Welche Einzelschritte führen von der Bildung des Geistes als Intelligenz zur Bildung des Geistes als Vernunft?

Ein Vergleich erleichtert die rechte Einschätzung. Das alltägliche Leben ähnelt dem Leben und Treiben in einem Bergtal. Den Durchschnittsmenschen beherrschen Gefühle und Leidenschaften. Die Ichverhaftung bleibt lange Zeit das Gesetz seines Erlebens und Handelns. Sein Leben verbraucht sich in den Niederungen des Tales. Auch er dient dem Leben auf seine Weise. Aber er begnügt sich mit dem Blick zu den Berggipfeln. Dieser Aufblick ist ein Bild für die Funktion eines durchschnittlichen Denkens. Es nimmt sich selten die Zeit, über Gipfelwahrheiten nachzusinnen. Praktische Fragen stehen im Vordergrund. Das Nächstliegende muß bewältigt werden. Darüber verfließt die Zeit. Die Jahre vergehen.

Die Vernunft weist den Weg über die Grenzen eines engen Alltagslebens hinaus. Die Intelligenz verbraucht sich dann nicht mehr in den Sorgen um Nahrung und Kleidung. Vernunft begnügt sich auch nicht mit einem flüchtigen Aufblick zum Berggipfel. Sie erkundet Wege, die zu diesem Gipfel führen.

Die Wege zur Höhe weiten den Blick. Einem Aufstieg zum Berggipfel öffnen sich neue Horizonte. Verdeckte Bergspitzen tauchen auf. Selbst der Blick ins Tal zurück sieht das Altgewohnte mit anderen Augen.

Ähnliches widerfährt dem Menschen, wenn sich der Verstand zur Vernunft weiterentfaltet. Der Verstand zergliedert ein Problem. Er schließt von den Auswirkungen eines Geschehens auf die zugrundeliegende Ursache. Einzelerkenntnisse summieren sich zu Teilerkenntnissen. Meist fehlt die Kraft, die Teile zu einem geordneten Ganzen zusammenzufügen.

Die Zusammenschau der Teile zu einem Ganzen gelingt über die Vernunft. Ihr aktives Erkennen sieht nicht allein vom Nebensächlichen ab, um zum Wesenskern eines Dinges vorzudringen. Das vermag auch der Verstand. Die Vernunft verlagert ihr Erkennen mehr ins Empfangen. Sie läßt sich im Blick auf die sichtbaren Dinge vom Unsichtbaren in den Dingen und über den Dingen ansprechen. Dadurch vernimmt die Vernunft etwas vom Wesen der Wirklichkeit.

Eine solche Tiefenerfahrung verändert die Haltung des erkennenden Menschen. Im Vernehmen der Weseswirklichkeit fällt ein helleres Licht ins menschliche Erkennen. Das hellere Licht lehrt den Menschen, sein engbegrenztes Denken und die unbegrenzte Weite der Wesenswahrheit zu vergleichen. Er lernt unterscheiden. Die Entstellungen der Wahrheit durch die eigenen Vorurteile und Fixierungen werden dem Menschen immer bewußter. Er durchschaut die Trübungen seines Erkennens. Seine unkontrollierten Gefühle tragen dafür die Schuld. Er begreift, wie fragwürdg es ist, sich durch Sympathie oder Antipathie allein bestimmen zu lassen. Schmerzlich wird ihm bewußt, wieviel Kraft und Zeit ihn die „Mühle der Gefühle" bisher gekostet hat.

Das Licht der Wesenswahrheit schärft den Blick für die Charakterschwächen. In diesem Wesenslicht gewinnt die Selbsterkenntnis neuen

Mut. Sie verdrängt nicht mehr die häßlichen Züge der Ichsucht. Stolz und Ehrgeiz verlieren allmählich ihre Anziehungskraft. Die Reize der Sinnlichkeit verblassen. Machthunger fasziniert nicht länger. Ängste lösen sich langsam auf. Der Faule erwacht aus dem Halbschlaf seiner Bequemlichkeit.

Die Selbsterkenntnis der Vernunft vertieft die Selbsterkenntnis des Verstandes. Der Verstand betrachtet die Struktur des eigenen Charakters mehr objektiv und sachlich. Seine Einsichten setzen sich nur teilweise um in gelebtes Leben. Die Vernunft orientiert sich stärker an den Wertmaßstäben des inneren Lebens.

Werterkenntnis

Die Vernunft besitzt ein eigenes Gespür für die Erkenntnis der Werte. Sie lehrt den Menschen, echte und falsche Werte zu unterscheiden. Die echten Werte wirken anziehend auf Erkennen und Wollen. Dieses Zusammenspiel gibt der Verwirklichung der Werte ihre Durchschlagskraft.

Die Wertwirklichkeit ist vielgestaltig. Die Vernunfterkenntnis dringt durch die Oberfläche der Realität. Auf dem Grunde des Seins entdeckt die Vernunft den Zusammenklang von Wahrsein, Schönsein und Gutsein. Aus diesen drei Seinsweisen ist jedes Ding, ist jedes Wesen zusammengesetzt. Es besteht eine schicksalhafte Wechselwirkung zwischen der äußeren Wirklichkeit und dem existentiell erkennenden Menschen. Die Dinge zeigen den Reichtum ihres Wesens nur in dem Maße, wie das existentielle Wachstum des Erkennenden voranschreitet. Oberflächlichkeit, Vorurteile, falsche Erwartungen, verletzte Gefühle, Charakterschwächen jeder Art färben das geistige Auge des Menschen. Es trägt gewissermaßen eine Brille. Diese verzerrt die Wahrnehmungsbilder. Sie stimmen nicht mehr mit der Wirklichkeit voll überein.

Der innere Weg deckt dieses Mißverhältnis auf. Im Streben nach Erkenntnis wird dem Menschen die große Bedeutung seiner Charakterformung bewußt. Die Ichverhaftungen gleichen Schleiern, die Seele und Geist verdunkeln. Jeder Schleier, der sich ablöst, befreit zu tieferer Erkenntnis. Die Vernunft erfaßt dabei nicht nur gründlicher die Wahrheit. Sie erweckt ein neues Wertgefühl im Menschen. Der Sinn für das Schöne und für das Gute erwacht. Es lohnt sich, diesem Erwachen des Schönen und Guten im folgenden nun näher nachzuspüren.

Das Schöne

Das Schöne zeigt sich in mancherlei Gestalt. Manchen Menschen berührt die Schönheit der Natur von klein auf. Vielleicht ist die nähere Umgebung seiner Heimat vom Zauber der Berge geprägt. Die Majestät der schneebedeckten Gipfel ruft im schauenden Kinde Gefühle der Ehrfurcht hervor. Das Spiel von Wind und Wolke beflügelt seine Phantasie. Im Wechsel der Wolkengebilde zeigen sich Gesichter und Tiergestalten. Stürme mit Urgewalt lassen die Ohnmacht des Menschen hautnah erfahren. Die grellen Blitze durchzucken die Himmel über den Tälern. Donnerrollen hallt wider, von den Bergwänden zu vielfachem Echo verstärkt. Ängste können das Herz beschleichen. Ein furchtloses Lauschen crahnt etwas von der Größe des Urgrundes, dem diese Urkräfte entströmen.

Faszinierender noch bezeugt sich das Schöne im Wunder des Frühlings. In wenigen Tagen verwandelt die Wärme des Sonnenlichtes Täler und Auen in einen neuen Schöpfungsmorgen. Der Lichtschmelz blühender Bäume und blumenübersäter Wiesen greift dem Menschen ans Herz. Sehnsucht weckt in ihm ein Verlangen nach ewiger Jugend.

Anders spricht die Schönheit aus dem Gesang der Meereswellen. Die unendliche Weite des Wassers lockt in die Ferne. Träume von unbekannten Ufern lassen die Seele mit den Wolken ziehen.

Die Nächte mit dem Silberschein des Mondes und dem Leuchten unzähliger Sterne legen der Schönheit andere Gewänder bereit. Unerschöpflich scheint die Verwandlungskunst der Natur. Ihre Schönheit trüge bis heute paradiesische Züge, gäbe es nicht den Wechsel von Leben und Tod, von Aufblühen und Verwelken, von Neuschöpfung und Zerstörung.

Die Vernunft schließt nicht die Augen vor dem Gesetz dieses Wechsels. Daß die Blüten verwelken, macht ihren Zauber nur um so kostbarer. Das Häßliche verstärkt durch den Gegensatz die Strahlkraft des Schönen. Dies gilt vom Reich der Natur. Es gilt auch vom Reich der Seele. Die Seele ist der Quellgrund menschlicher Schönheit.

Das Wertfühlen sieht Naturschönheit als den Spiegel menschlicher Schönheit. Der wohlgeformte Leib berührt durch seinen Liebreiz den Blick des Betrachters. Wohlgefallen weckt Zuneigung. Sie erwartet im schönen Leib auch die schöne Seele. Nicht immer erfüllt sich diese Erwartung. Die schöne Seele lebt vom Adel des Guten. So vermählen sich in der Seele Schönsein und Gutsein.

Der Ichmensch sieht das Schöne und Gute und will es besitzen. Der Eigennutz greift gierig danach mit plumpen Händen. Er nimmt, soviel er erraffen kann. Was er hat, hält er fest. Die Habgier weitet seine Augen. Sein Herz ist unersättlich. So fällt der Besitz ins Bodenlose einer trüben Seele. Sie verschlingt alles wie ein Raubtier seine Beute. Es fehlt der Sinn für das rechte Maß. Es bleibt keine Zeit zu echtem Genuß. Darüber verdirbt das Schöne wie das Gute, als hätte es ein Dämon in sein Gegenteil verwandelt. Nicht einmal diese Erfahrung verändert das unsinnige Treiben. Ichsucht schlägt den Menschen mit Wertblindheit.

Vor dieser Erblindung bewahrt die Vernunft den Menschen. Sie bewahrt nicht nur. Vernunft befreit den Menschen von den Fesseln seiner Ichverhaftung. Sie führt ihn aus seiner inneren Dunkelheit. Sie weist den Weg zur Weite und Höhe. Dabei bedient sich die Vernunft auf dem inneren Weg zweier Mittel: Sie läßt durch Grenzerfahrungen den Menschen weise werden. Sie vertieft sein Wissen zum Gewissen.

Grenzerfahrungen

Inwiefern lehrt die Vernunft auf dem inneren Weg durch Grenzerfahrungen den Menschen Weisheit?

Macht nicht auch der Tor Grenzerfahrungen? Gehören sie nicht unabdingbar zum Menschenleben? Ist denn ein Menschenleben denkbar ohne Krankheit, ohne Leid, ohne Schicksalsschläge, ohne Enttäuschungen, ohne Sterben? Warum also wird nicht auch der törichte Mensch durch Grenzerfahrungen weise?

Solange Torheit Torheit bleibt, ist ihr der Zugang zur Weisheit verschlossen. Oder wie könnte Finsternis zum Licht werden, solange sie am Finstersein festhält? Es kann sogar die Erfahrung der Grenze den Toren noch törichter machen. Weshalb? Die Grenze läßt den Toren seine Ohnmacht erfahren. Dagegen lehnt sich sein stolzes Herz auf. Es revoltiert. Sein Zorn versucht mit Gewalt, aus eigener Kraft die Grenze zu überqueren oder hinauszuschieben. Druck aber erzeugt Gegendruck. Verletzter Stolz verliert leicht den Rest an Besinnung. Zerstörungswut zertrümmert schließlich alles um sich. Am Ende wendet sich die Zerstörung gegen den Menschen selbst. Das Chaos ist das tragische Ergebnis.

Grenzerfahrungen als solche sind folglich keine Garantie für Weisheit.

Vernunft schafft zunächst durch Grenzerfahrungen die Voraussetzungen dafür, daß der Mensch durch sie weise werden kann.

An welche Voraussetzungen ist gedacht? Ein genaues Hinsehen vermag, sie am Prozeß der verschiedenen Erfahrungen von Begrenzung abzulesen.

Wie schaffen Enttäuschungen solche Voraussetzungen?

Enttäuschung ist ein Schmerzmittel des Lebens gegen übersteigerte Erwartungen. Sie verzerren die Lebenswahrheit. Übersteigerungen verzehren vorschnell die Kräfte. Der Mensch überfordert sich eine Zeitlang. Seine Wunschträume spiegeln ihm Illusionen vor. Über kurz oder lang zerplatzen sie wie Seifenblasen. Dieser Knall löst einen Schock aus. Hart fällt der Mensch aus den Wolken seiner Träume aufs Pflaster der harten Tatsachen.

Mancher bricht sich dabei die Flügel seiner Schwungkraft. Er resigniert. Vernunft richtet behutsam den Enttäuschten auf. Sie läßt ihm Zeit, den Schrecken zu verarbeiten. Sie wartet geduldig, bis das Gemüt seine Verwirrung klären kann.

Diese Klärung unterstützt sie mit nachdenklichen Fragen: Ist es denn wirklich so schlimm, daß die Illusionen entlarvt wurden? Wäre es ein Vorteil gewesen, noch länger in diesen Wunschträumen verblendet zu leben? Ist die Ernüchterung für den weiteren Lebensweg nicht viel hilfreicher? Wieviel Kräfte lassen sich sparen, wenn all die Überforderungen wegfallen. Sie kommen den Aufgaben innerhalb der gezogenen Grenzen zugute.

Die Enttäuschung schärft den Klarblick für das eigentliche Können. Muß man nicht dankbar sein für diese Klarsicht? Sie verhindert weitere Fehleinschätzungen. Umwege bleiben erspart. Selbsterkenntnis wächst.

Ähnliche Gedanken regt die Vernunft an im kranken Menschen. Krankheit unterbricht die gewohnte Arbeit. Dem Überlasteten verschafft sie eine Ruhepause. Die Schmerzen bewirken zunächst das Gegenteil. Sie verscheuchen den Schlaf, martern den Leib, quälen die Seele. Das Bewußtsein schrumpft. Die Schmerzempfindungen füllen es aus. Nichts anderes hat Platz. Alles Interesse an anderen Dingen scheint erloschen. Nur die Sorge sitzt am Krankenbett Tag und Nacht. Sie treibt bisweilen den Angstschweiß auf die Stirn.

Die kranke Mutter sorgt sich um Mann und Kinder. Wer versieht das Haus? Wer kocht und wäscht? Wer betreut die Kinder bei der Schularbeit? Vielleicht nehmen ihr gute Freundinnen die Sorgen teilweise ab.

Den kranken Mann zermürben Gedanken an die liegengebliebenen Arbeiten. Keiner kann ihn vertreten. Er ist freiberuflich. Krankheit ist für ihn ein harter Schlag.

Wie soll Vernunft da trösten und helfen?

Behutsamer als sonst wird Vernunft nun vorgehen müssen. Die Bitterkeit des Krankseins läßt sich nicht hinwegdiskutieren. Manchmal bringt Kranksein auch wirtschaftlichen Ruin.

Ein Wunder müßte geschehen. Das äußere Wunder der Heilung wirkt die Vernunft kaum. Sie kann nur lindern durch innere Beruhigung. Auch dann erreicht sie nur selten das Herz mit der eigenen Stimme. Zu viele Zweifel verwirren die kranke Seele. Warum so viel Leid? Warum so viel Ungerechtigkeit? Warum so viel Grausamkeit? Dieses Stimmengewirr von Fragen entmutigt die meisten. Wer trägt für die Widersprüche des Lebens die Verantwortung? An wen sollen sich die Menschen wenden auf der Schattenseite des Lebens? Wer beantwortet diese Fragen? Wer verschafft den Unterdrückten und Leidenden ihr Recht? Warum siegt das Böse oft über das Gute? Was soll der Sinn sein von Hunger und Elend? Warum müssen unschuldige Kinder an Seuchen zugrunde gehen? Warum verwüsten Kriege immer noch Land und Städte? Ist es nicht genug, daß Schicksalsschläge aller Art das Menschenleben auch ohne Krieg zur Hölle machen?

Die Fragen lassen sich vermehren. Müssen sie auf Dauer ohne Antwort bleiben? Schleppen sie sich wie ein dunkles Erbe von Generation zu Generation? Wäre dann das Leben noch lebenswert? Erschiene es nicht als absurdes Theater? Alles bliebe ein grausames Spiel, gemischt aus Zufall und Unsinn.

Vernunft vernimmt diese Fragen schweigend. Es ist kein verlegenes Schweigen. Sie ist zu klug, um vorschnelle Antworten zu geben. Vernunft schweigt aus tieferem Wissen. Sie weiß um die Widersprüchlichkeit des Menschen und des Lebens. Der Sinn dieser Widersprüche liegt nicht offen zutage. Selbst scharfer Verstand löst nicht die Rätsel des eigenen Herzens. Vernunft erspürt die Wahrheit hinter den Gegensätzen, jenseits der Widersprüche.

Nur ein qualitativer Sprung erreicht diese Ebene. Für diesen Sprung wächst die Kraft des Menschen nur langsam, für viele zu langsam. Darum begnügt sich Vernunft damit, die Lautstärke der sich empörenden Fragen zu dämpfen. Sie tut es nicht gewaltsam. Das wäre gegen ihre eigene Natur. Vernunft läßt die Fragen des Verstandes ausreden. Auch dann schweigt sie sich lange aus. Sie weiß, der Weg der Antwort ist weit. Theoretische Lösungen greifen zu kurz. Nur die Veränderung der eigenen Existenz des Fragenden ertastet allmählich und mühsam die Antwort. Auch sie ist nur vorläufig. Endgültige Antworten erhofft die Vernunft, aber sie erwartet sie nicht von der eigenen Kraft. Zu groß ist dafür das Geheimnis des Lebens.

Im Ringen mit den Rätseln des Lebens haben es die allermeisten Menschen schwer, die dunklen Seiten des Daseins zu verstehen. Je klarer und kritscher der Verstand des einzelnen ist, um so mehr quälen die uralten Fragen. Sie scheinen für viele unlösbar zu sein.

Auf dem inneren Weg kann der einzelne ihnen nicht auf Dauer ausweichen. Spirituelle Lebenshilfe ist hier sehr gefragt. Aber sie ist schwer anzubieten. Darum wähle ich im folgenden die Darstellungsform eines Zwiegespräches zwischen Verstand und Vernunft. Die Fragen des Verstandes beantwortet die Vernunft mit klärenden Fragen aus ihrer Sicht. Die Fragen der Vernunft sind nachdenklicher, stiller, bescheidener. Der Verstand hört diesen Fragen der Vernunft erst zu, wenn er durch eigenes, erfolgloses Suchen müde geworden ist. Auch diese Erschütterung über sich selbst muß der Verstand immer wieder durchleben. Die innere Stille allein öffnet sein Ohr für die Stimme der Vernunft.

Dieses Zwiegespräch trägt die Überschrift Exkurs. Was ist damit gemeint? Wenn einen Leser diese Auseinandersetzung zwischen Verstand und Vernunft im Augenblick weniger existentiell betrifft, so ist dieses Zwiegespräch vielleicht zu einer späteren Zeit sehr hilfreich. Er lasse also diese Fragen ruhen, überschlage den Exkurs und setze seine Lektüre fort mit dem 3. Abschnitt „Geist als Intuition".

Exkurs

Zwiegespräch zwischen Verstand und Vernunft über kritische Lebensfragen

„Du hast dich redlich bemüht", so beginnt die Vernunft ihr Gespräch mit dem Verstand. „Deine Fragen sind so alt wie die Menschen. Seit Uranfang wiederholen sie sich fast mit den gleichen Worten. Jeder Generation von Menschen erscheinen sie neu. Es sind ja auch ihre eigenen Fragen. Erst allmählich erkennt der einzelne Mensch, daß alle vor ihm die gleichen bedrängenden Probleme zu lösen suchten. Gibt dir das nicht zu denken? Deine Verstandesarbeit wälzt den Stein der Widersprüche schweißgebadet den Berg der Erkenntnis hinan. Aber immer wieder entgleitet er deinen Händen. Nie hast du bisher die Spitze des Berges erreicht. Jahrtausende sind darüber vergangen. Deine innere Unruhe treibt dich dennoch in jedem Menschenherzen zu neuem Versuch. Kam dir nie der Gedanke, du könntest Unmögliches versuchen? Was würdest du sagen, wenn einer von dir verlangen wollte, du solltest die Steine lehren, nach oben zu fallen statt nach unten? Du würdest nur den Kopf schütteln. Das Schwergewicht und die Anziehungskraft der Erde zwingen ja den Stein zum Fallen. Es bedarf gar keines Beweises. Jeder kann die Probe aufs Exempel machen. Was würdest du denken, wenn eine Biene auf einem Blatt sich vornähme, den See, auf dem das Blatt schwimmt, austrinken zu wollen? Ein mitleidiges Lächeln wäre deine Antwort. Ist dein Verhalten denn klüger als der Versuch der Biene? Du willst mit deiner Verstandeskraft die Rätsel des Lebens und die Rätsel der Welt lösen? Sie sind tiefer als das Meer, weiter als die Horizonte des Himmels. Wie sollte dein Auge beides durchmessen?"

Die Vernunft hält inne. Sie bemerkt den Unmut, der im Verstande aufsteigt. Dieser zögert. Aber seine Ungeduld drängt ihn zur Gegenfrage: „Ist denn das gerecht? Ich muß mich den Rätseln des Lebens stellen aus innerer Notwendigkeit. Ohne Sinnfindung kann ich die Widersprüche des Lebens nicht ertragen. Dem stimmst auch du, Vernunft, zu. Gleichzeitig willst du mich davon überzeugen, meine Verstandesarbeit sei zur Erfolglosigkeit verurteilt. Es gehe über meine Kraft. Wer kann diesen Widerspruch ertragen?"

Die Vernunft läßt sich nicht verwirren. Den Schmerz des Verstandes ehrt sie durch Schweigen. Dann fragt sie mit leiser Stimme, in der ihr Mitgefühl nachzittert: „Wer hat dir, Verstand, gesagt, daß die Rätsel des Lebens von dir allein gelöst werden müssen? Liegt in dieser deiner Meinung nicht viel Eitelkeit? Sei nicht gleich gekränkt, wenn ich so offen frage. Aber dein erfolgloses Mühen seit Jahrtausenden scheint meine Vermutung zu bestätigen. Überheblichkeit zwingt zur Überforderung. Beide machen nur unglücklich".

Wiederum schweigt die Vernunft. Der Verstand hält nachdenklich inne. Er unterdrückt seine Neigung zur Selbstverteidigung. Zaghafter als sonst fragt der Verstand zurück: „Siehst du, Vernunft, denn eine Lösung für die schier unlösbaren Rätsel?"

„Es gibt kein Schwert", so antwortet die Vernunft, „den gordischen Knoten der Widersprüche mit einem Schlag zu lösen. Wir können nur geduldig den Verschlingungen des Widerspruchsknotens nachtasten. Wenn wir dabei zusammenarbeiten, werden wir erfolgreich sein. Mit jeder neuen Einsicht löst sich ein Teilknoten. Vertraue also deiner Verstandeskraft, aber überschätze sie nicht. Machen wir uns geduldig an die Arbeit."

„An der Außenseite dieses Widerspruchsknäuels sitzen die Knoten lockerer. Nur dem Ichmenschen erscheinen sie festgezurrt. Ihm fällt es schon schwer, sich mit der Tatsache der Vergänglichkeit abzufinden. Am liebsten möchte er die schönste Zeit des Lebens festhalten. Was gäbe er darum, könnte er sich ewige Jugend erkaufen. Wieviel Mittel setzt er ein, um seine Schönheit zu erhalten. Dennoch werden seine Haare grau. Er kann sie färben, um den Schein zu wahren. Fallen sie ihm aus, so greift er zur Perücke. Die Falten des Gesichtes korrigiert eine Schönheitsoperation. Modische Kleider können sein Erscheinungsbild verjüngen. Immer beschäftigt ihn die äußere Fassade. Seine Seele vereinsamt dahinter. Sie bleibt zurück in ihrem Wachstum. Sie verkümmert. Eines Tages bricht das Kartenhaus äußeren Scheines zusammen. Die törichte Eitelkeit stöhnt unter den Trümmern. Ohnmächtig ist sie dem Verfall der Vergänglichkeit preisgegeben."

„Dem habgierigen Menschen wird der Besitz zum Knoten. Er begreift nicht, daß ihm nur die Rolle des Verwalters zugedacht ist. Er quält sich im Leben mit dem Anhäufen von Gütern. Die Sorge belastet sein Denken. Wie soll er sich absichern gegen Feuer und Wasser? Wie verhindert er Raub und Diebstahl? Wie wehrt er sich gegen unvorhergesehene Schicksalsschläge? Kaum bleibt ihm Zeit und Kraft, sein Hab und Gut zu genießen. Noch der Sterbende versucht, krampfhaft alles festzuhalten. Vergeblich."

Die Vernunft macht eine Pause, um weiter auszuholen. Diese Gelegenheit nutzt der Verstand zu einem Einwand.

„Der Eitle und der Habgierige sind auch meine Freunde nicht", sagt der Verstand. „Warum sollen wir uns mit ihnen aufhalten? Für uns gibt es doch schwierigere Probleme zu lösen."

„Gewiß", antwortet die Vernunft. „Es gibt größere Probleme als Eitelkeit und Habgier. Sie sind indes ein grober Spiegel auch für kniffligere Fragen. Eitelkeit und Habgier können sich auch unter vornehmen Kleidern verbergen. Sie benützen Titel und Erfolgsbilanzen, um sich unter vornehme Gesellschaft zu mischen. Sie haben sogar die Fähigkeit, deine Verstandesklarheit zu vernebeln. Selbst ich muß sehr auf der Hut sein vor ihren Verlockungen", räumt die Vernunft ein.

Betreten schweigt der Verstand. Erwachende Selbstkritik erinnert ihn an eigenes Versagen. Schließlich faßt er den Mut, um erneut zu fragen.

146

„Wie gelingt es dir, Vernunft, den Schlingen von Eitelkeit und Habsucht zu entgehen?"

„Ich kann es dir in wenigen Worten erklären", antwortet die Vernunft dem Verstand. „In den wenigen Worten liegt jedoch die Erfahrung eines weiten Weges. Nur viel Übung und beharrliche Ausdauer lösen dabei Knoten um Knoten vom Knäuel der Widersprüche des Lebens. Wenn du willst, werde ich dir zeigen, wie ich die einzelnen Widersprüche zu lösen versuchte."

Bereitwillig, ja dankbar stimmt der Verstand zu.

„Beginnen wir nochmals beim Knoten der Habgier", sagt die Vernunft. „Der Habsüchtige schwört darauf, daß Nehmen seliger sei als Geben. Meine Erfahrung bezeugt das Gegenteil. Geben ist seliger als Nehmen. Warum ist das so? Gibt ein Mensch von seinem materiellen Besitz einem Notleidenden, so vermindert sich der Besitz quantitativ. Ist der Geber reich, kann er dies leicht verschmerzen. Er bemerkt es kaum. Der Notleidende nimmt die Gabe dankbar an. Ihm bedeutet auch eine Kleinigkeit viel. Hunger tut weh. Eine Mahlzeit ist eine Kostbarkeit. Die Dankbarkeit des Armen strahlt auf den Reichen zurück. Sein Teilen im Materiellen beschenkt ihn mit seelischen Gütern. Ein unbekannter Friede lebt in seinem Herzen auf. Eine seltsame Freude durchströmt sein Gefühl."

„Gleiches wiederholt sich im Mitmenschlichen. Da ist ein trauriger Mensch. Leid hat ihn heimgesucht. Ein Unglück ist ihm widerfahren. Er findet bei einem anderen Verständnis und echtes Mitgefühl. Der Traurige erfährt Trost in der Anteilnahme des Fremden. Sie lernen sich im Austausch näher kennen. Vielleicht entsteht daraus eine tiefere Beziehung. Bisweilen werden Freundschaften auf diese Weise geboren. Nun gewinnen beide ein tieferes Lebensglück. Sie erfahren: im Geben empfangen wir."

„Ähnlich verhält es sich mit dem Ehrgeiz. Der Egozentriker verfällt leicht dem äußeren Glanz der Macht. Er benutzt Mittel und Menschen zum Erreichen seiner Ziele. Keiner läßt sich aber auf Dauer zur Figur auf dem Schachbrett des Machtspiels erniedrigen. Mit Recht fühlt er sich mißbraucht. Rachegefühle werden wach. Widerstand gegen den Ehrgeizigen wächst. Er verliert ebenso schnell, wie er zu gewinnen schien."

„Ehrgeiz ist ein schwer zu lösender Knoten", wiederholt die Vernunft. „Oft habe ich erfahren", so fährt sie fort, „daß bleibende Ehre sich ganz anders verhält. Sie gleicht dem Schatten. Er folgt dem Menschen, der die Ehre flieht. Das erscheint widersprüchlich, sieht man es nur mit deinen Verstandesaugen. Ein tieferes Gesetz müßte es dennoch erklären. Worin läge wohl die Lösung dieses Widerspruchsknotens?"

„Wer flieht denn die Ehre aus eigenem Antrieb? Keiner, der noch irgendwie nach Ehre verlangt. Sein Verlangen bindet ihn. Es flieht auch keiner, dem die Ehre gleichgültig ist. Seine Gleichgültigkeit ist für Ehrungen weder empfänglich noch unzugänglich. Sie läßt alles über sich ergehen. Ehre berührt nicht. Gleichgültigkeit verletzt aber die Ehrenden. Sie verlieren die Lust zum Ehren."

„Wie mag dann der Mensch beschaffen sein, der die Ehre flieht, ohne daß sie ihn flieht? Worin liegt die Anziehungskraft des Fliehenden, so daß Ehre ihm folgt wie der Schatten?"

Der Verstand weiß keine Antwort. Gespannt wartet er auf die Lösung, die ihm die Vernunft anbieten würde.

„Entflechten wir das Widerspruchsknäuel behutsam", fährt die Vernunft fort. „Jeder, der flieht, wittert eine Gefahr. Er fürchtet einen Schaden oder einen Verlust für sich selbst. Wie aber könnte Ehre dem Fliehenden vor seiner Flucht schaden? Ehre belohnt doch echte Verdienste. Sie ist kein Diebstahl. Sie kann zwar durch gute Beziehungen zu Hochgestellten erschlichen werden. Aber davon ist hier nicht die Rede. Hier geht es um verdiente Ehre. Dennoch wird sie gemieden."

„Der Fliehende flieht, um etwas zu retten, was für ihn kostbarer ist als äußere Ehre. Der Gehalt der zu rettenden Kostbarkeit kann durchaus verschieden sein. Ehrungen haben gesellschaftliche Konsequenzen. Es sind Erwartungen an den Geehrten damit verbunden. Diese Erwartungen dürfen nicht enttäuscht werden. Das schafft neue Bindungen. Bindungen engen die Freiheit ein. Ein kreativer Mensch braucht aber viel Freiraum für schöpferisches Tun. Er muß die Gunst der Stunde nutzen. Die Gnade der Eingebung ist Geschenk. Verpaßt er den glücklichen Augenblick, so ist das Geschenk verloren. Vielleicht für immer."

„Äußere Ehren bedeuten dem Menschen wenig, der die inneren Reichtümer sucht. Er flieht den äußeren Glanz, weil die Verborgenheit auf dem inneren Weg die bessere Gefährtin ist. Verborgenheit schenkt Muße zur Besinnung. Besinnung erkennt das Wesen der Dinge. Das Leben vereinfacht sich. Es gewinnt Tiefgang. Dem Verborgenen bleibt viel erspart. Gesellschaftliche Pflichten entfallen. Dem Heer von Zerstreuungen ist Tür und Tor verschlossen. Ungestörte Ruhe weiß um den Genuß inneren Verweilens. Verweilen verkostet die Süße gehaltvoller Gedanken. Die Seele sammelt Schätze an Einsicht und Weisheit."

„Von Weisheit träume auch ich bisweilen", unterbricht der Verstand. „Sie ist bei dir, Vernunft, zu Hause. Darum bist du zu beneiden. Aber sagtest du nicht, es würde die Ehre dem Fliehenden folgen als Schatten? Wie soll das geschehen? Wird die Verborgenheit des Geflohenen dies nicht unmöglich machen?"

„Die Verborgenheit hat ihr eigenes Gesetz", erklärt die Vernunft. „Die verborgene Blüte einer Orchidee im Wipfel eines Baumes scheint dem Verwelken preisgegeben noch vor ihrer Befruchtung. Der feine Duft jedoch lockt Bienen und Insekten zur Bestäubung. Reiche Nahrung an Nektar belohnt den weiten Flug."

„Ähnliches widerfährt dem in Verborgenheit lebenden Menschen, der innerlich reif geworden ist. Eine dem Duft vergleichbare Anziehungskraft geht von ihm aus. Er weiß nicht darum. Diese Selbstvergessenheit macht ihn um so anziehender. Die innere Klarheit durchlichtet auch sein äußeres Auge. Friede zeichnet seine Gesichtszüge. Absichtslose Offenheit nimmt dem anderen jede Angst. Vertrautheit umgibt sein Schweigen. Ohne Worte ereignet sich tiefes Verstehen."

„Ein solch Verborgener kann nicht auf Dauer verborgen bleiben. Es kommt die Stunde für ihn, aus seiner Verborgenheit herauszutreten. Er erscheint in dieser widersprüchlichen Welt wie ein Mensch von einem anderen Stern. Von Mund zu Mund übermittelt sich die Kunde von seinem Dasein. Menschen kommen in Scharen. Sie ehren ihn wie einen Überirdischen. Ehrung wird zur Verehrung."

„Wird der so Verehrte nun abermals fliehen?", fragt der Verstand. „Wohl kaum", antwortet die Vernunft. „Sein innerer Weg steht nun unter einem höheren Gesetz. Die Liebe zu allen Geschöpfen vertreibt jede Furcht."

„Wie selten mag dies gelingen", hört sich der Verstand selber laut sagen.

„Kann es denn anders sein?", fragt die Vernunft zurück. Sie erwartet keine Antwort des Verstandes. Eine Weile verharren beide im Schweigen. Die Pause lenkt den Verstand zurück auf die noch offen gebliebenen Widersprüche.

„Wie lösen sich die Knoten von Ungerechtigkeit, Leid, Not und Elend?"

Diese Frage geht dem Verstand betont über die Lippen.

„Du fragst zuviel auf einmal", entgegnet die Vernunft. „Jedes Wort aus dieser Reihe wiegt schwer. Untersuchen wir die Schwierigkeiten der Reihe nach."

„Not und Elend entstehen durch einen Mangel. Es fehlen äußere oder innere Güter. Sie sind lebensnotwendig. Nahrung, Kleidung und Wohnung zählen dazu. Nur bis zu einer Minimumgrenze kann auf sie verzichtet werden. Wird diese Grenze überschritten, so ist der Mensch nicht mehr lebensfähig."

„Ähnliches widerfährt dem Menschen im Seelischen. Er braucht ein gewisses Maß an Geborgenheit, Zuwendung und Liebe. Sonst vereinsamt er. Er geht seelisch zugrunde."

„Für den Geist gilt das gleiche. Sinnlosigkeit macht ihm das Leben unerträglich."

„Trotzdem läßt sich die Tatsache nicht leugnen, daß die äußeren und inneren Güter sehr unterschiedlich verteilt sind. Alle Lebensbereiche sind davon betroffen: körperliche Gesundheit und Krankheit, Armut und Reichtum der Seele, geistige Begabung und Torheit des Herzens. Kein Menschenschicksal gleicht dem anderen."

„Diese Unterschiede erscheinen auf den ersten Blick ungerecht. Tieferes Nachdenken findet erklärende Gründe."

„In der Naturordnung dienen die Lebewesen einander zur Nahrung. Der eine lebt vom anderen. Der Selbsterhaltungstrieb zwingt dazu. Im Menschenleben ist sich der einzelne gleichfalls der Nächste. Auch den Menschen beherrscht die Egozentrik seiner Natur. Er bleibt ihr aber nicht unterworfen. Denn er ist frei in seiner Willensentscheidung."

„Diese Wahlfreiheit hat Grenzen. Diese Grenzen lassen sich erweitern oder verengen. Für beides trägt der einzelne Mensch die Mitverantwortung. Mitverantwortung ist nur möglich aufgrund des Wissens um Recht und Gesetz, um Gut und Böse. So wird das Wissen zum Gewissen."

„Das Gewissen hilft dem Menschen, die Widersprüche im eigenen Leben und die Widersprüche in diesem irdischen Dasein zum Teil zu klären. Durch freie Entscheidung für das Gute oder für das Böse gibt er eine existentielle Antwort. Die Antwort selber wird zur Verantwortung."

„Das freiwillige Nein des einzelnen Menschen gegenüber dem Guten verringert die Chancen des Guten. Das wachsende Böse schwächt zugleich die Sensibilität des Menschen für das Gute. Die Polarisierung zwischen Gut und Böse verstärkt sich aber auch in umgekehrter Richtung. Jedes Ja zum Guten vermehrt das Gute und schwächt das Böse. In dieser Wechselwirkung wird der Gute besser und der Böse schlechter. Beide leben auf dieser Erde. Der Kampf für das Gute und der Kampf gegen das Böse vollzieht sich in jedem einzelnen Menschen. Das summiert sich weltweit ins Unübersehbare. Der Kampf beherrschte die Jahrmillionen menschlicher Vergangenheit. Er wird über unsere Gegenwart hinweg auch die Zukunft prägen."

„Die Möglichkeit der freien Entscheidung des Menschen zwischen Gut und Böse verursacht teilweise die Widersprüchlichkeit des Menschenlebens. Egoismus und Eigennutz bilden die Grundströmung des irdischen Daseins. Sie vererben sich als Schwergewicht der menschlichen Natur von Generation zu Generation. Dieser Fluß menschlicher Widersprüche treibt dennoch nicht uferlos dahin. Es entstünde sonst das Chaos. Den Daseinsfluß des Lebens dämmen zwei Ufer ein. Sie regulieren den Lauf des widersprüchlichen Menschenlebens. Gerechtigkeit ist das eine Ufer. Liebe ist das andere Ufer."

„Worin besteht ihre Wirkung?", fragt der Verstand dazwischen. „Ich beschränke mich auf das Ufer der Gerechtigkeit", fährt die Vernunft fort.

„Die Gerechtigkeit ist ein kosmisches und universelles Gesetz. Nach diesem Gesetz erntet der einzelne Mensch das, was er sät. Dies geschieht in allen Bereichen. Wer den Körper vernachlässigt, der wird krank. Wer den Körper als Lustobjekt ausbeutet, der lernt den Ekel kennen. Maßloser Genuß erzeugt den Umschlag in den Überdruß. Der Faule straft sich mit der Geißel der Langeweile. Den Geizigen frißt seelisch seine eigene Habgier. Der Überhebliche weckt Neid und Eifersucht seiner Gegner. Sie arbeiten an seinem Sturz. Der Stolze blendet sich durch die eigene Selbstgefälligkeit. Schmeichler bringen ihn leicht zu Fall. Der Hartherzige findet in der Not weder Mitleid noch Erbarmen. Den Gewalttätigen demütigt das Schicksal mit Ohnmacht. Wer Wind sät, der erntet Sturm. Lüge und Haßpropaganda machen diese Erfahrung früher oder später. Alles hat seine Zeit. Auch die Saat bedarf des Reifens. Kein Baum jedoch wächst in den Himmel."

Die Vernunft hält inne. Der Verstand ist sehr nachdenklich geworden. Schließlich faßt er seine Gedanken ins Wort.

„Dann hätten also jeder Gedanke, jedes Gefühl, jede seelische Regung, jede geistige Bewegung eine unmittelbare Auswirkung im Leben des betreffenden Menschen?"

„So ist es in Wahrheit", erwidert die Vernunft. „Die unmittelbare Wirkung kann diesem Menschen jedoch lange Zeit verborgen bleiben. Manche Auswirkungen zeigen sich vielleicht erst nach dem leiblichen Tod. Sie bleiben trotzdem wirksam. Das gilt im Guten wie im Bösen."

„Wenn es so ist, wie du, Vernunft, sagst", entgegnet der Verstand, „dann sind einige Widersprüche des Lebens nur scheinbare Widersprüche. Die Ungerechtigkeit bleibt vordergründig. Ergeht es im Leben den Guten schlecht und den Bösen gut, so ist dieser Eindruck nicht die letzte Lebenswahrheit."

Gespannt wartet der Verstand auf eine Antwort. Die Vernunft hält einen Augenblick inne. Schließlich setzt sie das Zwiegespräch fort mit einer Frage.

„Wie wird ein böser Mensch innerlich sein böses Verhalten empfinden? Zunächst belügt er sich selbst. Er findet Gründe, die sein böses Handeln rechtfertigen sollen. Dabei wird er in seinen Beweisen spitzfindig. Seine Triebe und Leidenschaften tun das ihre. Sie vernebeln das Urteil und täuschen das Denken. Eine Zeitlang hat der Böse damit Erfolg. In seinem Herzen aber lebt ein anderes Gesetz. Sein Gewissen macht ihm Vorwürfe. Er versucht, diese Vorwürfe zum Schweigen zu bringen. Dies gelingt vielleicht zeitweise. Im Schweigen des Gewissens sammelt sich das Donnergrollen eines Gerichtes, das wie ein Unwetter seinen Blitz auf das Haupt des Bösen lenkt, wenn die Stunde dafür reifgeworden ist. Donnergrollen geht einem Unwetter oft lange voraus. Auch die Vorwürfe des Gewissens steigen von Zeit zu Zeit aus dem Schweigen auf. Ängste und Verwirrung begleiten sie. Der Böse wird aufgeschreckt aus seiner vermeintlichen Selbstsicherheit. Alpträume rauben ihm den Schlaf. Er kann sich betäuben. Aber er findet in der Ablenkung keine dauerhafte Ruhe. Beharrt er auf seinem bösen Tun, so verhärtet er sich im Schlechten. Es schwindet die Anziehungskraft des Guten. Eine seltsame Lust am Bösestun keimt in ihm auf. Sie ist fast nicht mehr menschlich. Dämonische Züge mischen sich ins Antlitz seiner Seele. Nur eine ungeheure Erschütterung könnte die Lebensrichtung noch ändern. Sie gliche einem Erdbeben, das tiefere verschüttete Schichten freilegen müßte."

„Das tiefere Leben wahrt auch im Bösen über die Stimme des Gewissens den Zusammenhang mit dem Sein des Ganzen. Ohne die Freiheit des bösen Menschen aufzuheben, sucht das Gewissen ihm die Umkehr vom Bösen durch Vorhaltungen zu erleichtern. Nicht immer hat das Gewissen dabei Erfolg. Gelingt der Erfolg einer Umkehr, so kann der Schmerz des Bekehrten über die bösen Taten sogar zum Stachel werden für das Gute."

„In entgegengesetzter Richtung verläuft die Aufgabe des Gewissens beim guten Menschen. Es warnt ihn vor dem Bösen. Es bestärkt ihn im Guten. Die Widersprüchlichkeit kommt ins Spiel, wenn es dem guten Menschen trotz seiner Güte schlecht geht. Es gilt nun zu verstehen, warum diese Widersprüchlichkeit nur eine scheinbare ist."

„So ist es", pflichtet der Verstand bei. „Ich bin gespannt, wie der Beweis gelingen kann."

„Es wäre unrealistisch", fährt die Vernunft fort, „anzunehmen, daß ein guter Mensch die Bitterkeit und Not des Elendes nicht empfinden würde. Im Gegenteil. Er wird sich zunächst fragen, warum er für seine guten Taten so ungerecht behandelt wird. Vielleicht muß er längere Zeit mit Gefühlen des Zweifels und der Bitterkeit ringen. Das Gewissen ermutigt ihn zum Weitermachen. Dies ist nicht nur ein Appell an den Willen des Menschen. Der Zwiespalt sitzt im Gefühl. Mit Willensforderungen oder gedanklichen Erwägungen allein läßt sich das Gefühl nicht umstimmen. Was dem Wollen und Erkennen versagt ist, das vermag der tiefe Friede, der im Herzen des bedrängten guten Menschen erwacht. Die Wogen innerer Bitterkeit legen sich. Ein innerer Abstand zu den äußeren Schwierigkeiten schafft der Erfahrung Raum. Sie denkt nach. Welcher Sinn mag in dieser Widersprüchlichkeit, daß der gute Mensch leiden muß, verborgen sein? Ein weiter Weg ist nötig, um im Rückblick auf den zurückgelegten Weg eine Antwort zu finden."

Der Verstand ist nun ganz Ohr. Wird ihn die Vernunft überzeugen können, daß der Widerspruch nur ein scheinbarer ist? Die Vernunft versteht die Vorbehalte des Verstandes. Sie fährt ruhig in ihrer Darlegung fort, ohne sich von den Vorbehalten des Verstandes zu stark beeindrukken zu lassen.

„Was also erkennt der gute Mensch im Rückblick?", fragt die Vernunft sich selber.

„Der Blick zurück erkennt eine Veränderung des guten Menschen in den Beweggründen des eigenen Tuns. Das Tun war auf das Gute ausgerichtet. In die Beweggründe des Handelns mischten sich jedoch auch andere Motive. Es tat wohl, wenn andere Menschen die guten Taten bemerkten und anerkannten. Das Verlangen nach Lob und Ehre färbte das gute Tun. Der Vergleich mit den Erfolgen anderer Menschen weckte Gefühle des Neides. Traurigkeit trübte das Auge, wenn die anderen besser abschnitten. Unterlagen die anderen im Wettbewerb, so meldeten sich im eigenen Selbstwertgefühl Eitelkeit und Stolz. Bisweilen regte sich Schadenfreude."

„Diese Nebenstimmen in den Beweggründen des guten Handelns werden dem guten Menschen durch den Rückblick bewußt. Aus eigener Kraft hätte er diese Trübungen seines Gutseins kaum richtig erkannt. Sie auszuschlacken, wäre noch schwerer geworden. Ein Rückblick auf den inneren Weg begreift nun, daß äußeres Leid imstande war, seine Beweggründe zu läutern. Mißverstehen anderer, fremde Zweifel an seinem Tun, Widerstände gegen sein Handeln wurden zum Prüfstein. Nun mußte sich zeigen, ob der gute Mensch das Gute um des Guten willen zu tun bereit war. Ließ er sich im Gutestun durch die Schwierigkeiten nicht aufhalten und entmutigen, so gewann der gute Mensch eine innere Unabhängigkeit von den äußeren Umständen. Er durfte erfahren, daß Gutestun ein Gutsein hervorbringen kann. Dies hat seinen Lohn in sich selbst. Ohne Leiderfahrung wäre dieser innere Wandel wohl kaum möglich geworden. Das Leid des guten Menschen hat ihn besser gemacht. Das war allerdings nicht zwangsläufig so. Der gute Mensch hätte am Leid auch scheitern können."

„Diese Erkenntnis erklärt vieles", bemerkt nun der Verstand. „Aber erklärt sie alle Widersprüche des Lebens als scheinbare? Gibt es nicht auch Schicksalsschläge, die einen verstummen lassen?"

Diesen Fragen des Verstandes folgt ein langes Schweigen. Die Stille erhöht die Spannung. Als käme die Vernunft aus weiter Ferne zurück, so verändert klingt nun ihre Stimme.

„Ich habe dich, Verstand, früher gefragt, ob du dich nicht übernimmst, wenn du meinst, du müßtest die Widersprüche des Lebens lösen. Manche erklären sich, weil sie nur scheinbare Widersprüche sind. Die Widersprüchlichkeit auf dem Grunde des Daseins liegt aber für uns beide zu tief. Auch mein Blick durchdringt nicht das Dunkel über dieser Daseinstiefe. Trotzdem erhoffe ich eine Lösung auch dieser Widersprüchlichkeit. Ich erwarte die Lösung nicht von meiner eigenen Kraft. Aber ich kann nicht daran zweifeln, daß es eine übervernünftige Wirklichkeit gibt. Sie zu leugnen, das wäre für mich unvernünftig. Denn eine solche Leugnung würde bedeuten, daß ich mich zum Maßstab der ganzen Wirklichkeit erhöbe. Das aber wäre eine stolze Überheblichkeit, die der Dummheit gleichkäme."

„Gerade weil ich die tieferen Zusammenhänge hinter und über den Dingen vernehme, kann ich darauf vertrauen, daß auch Fragen, die für uns beide unlösbar sind, ihre Antwort finden."

„Das Übervernünftige bleibt ein Geheimnis, das es zu verehren gilt. Das Übervernünftige übergreift das Gute wie das Böse. Es entzieht sich unser beider Einsicht. Könnten wir es erkennen, so wäre es kein Geheimnis. Eine innere Gewißheit aber sagt mir, daß sich dieses Geheimnis seinerseits mir eröffnen kann. Ich werde dann an ihm teilhaben auf meine beschränkte Weise. Indem ich diese Teilnahme als Geschenk empfange, brauche ich mich nicht in meiner Begrenzung zu

übernehmen. Das Geschenk besteht darin, daß sich mir das Übervernünftige so mitteilt, daß ich es auf meine Weise aufnehmen darf, ohne
daß das Übervernünftige dabei sich selber verfälschen muß. Es paßt sich
mir an, bewahrt jedoch sein Wesen als Geheimnis."

„Das ist schwer zu verstehen", unterbricht der Verstand die Darlegung der Vernunft. „Kannst du mir dieses dein Verhältnis zur Überver-
nunft nicht durch einen Vergleich näherbringen?"

„Versuchen will ich es", antwortet die Vernunft. „Vielleicht gelingt
durch den Vergleich ein Hinweis auf das, was sich als Geheimnis uns
beiden entzieht."

„Wir erkannten bisher eine Art doppelten Widerspruch: den scheinbaren, der sich auflösen läßt, und den Widerspruch, der über sich hin-
ausweist. Dieser zweifache Widerspruch ließe sich mit einer zweifachen
Dunkelheit vergleichen. Die eine Dunkelheit entstünde durch einen
Mangel an Licht. Die andere Dunkelheit entstünde für das Auge durch
eine Überfülle von Licht. Diese Überfülle von Licht blendet das Auge,
so daß sie als Dunkelheit erscheint. Das Übervernünftige ist für das
Auge meiner Vernunft die Überfülle an Licht, die mich blind macht. Ich
würde der Überfülle an Licht nicht gerecht, wenn ich sie als Dunkelheit
in sich bezeichnen würde. Dunkelheit ist diese Überfülle an Licht nur
für mich."

„Dieser Vergleich mit der Dunkelheit enthält noch einen zweiten Hinweis. Für unsere Erfahrung ist die Dunkelheit der Überfülle von Licht
zwar Dunkelheit. Unsere Erkenntnis durchschaut aber den Widerspruch
des Lichtdunkels. Die Begrenzung des Auges ist der Grund. Was in sich
Licht ist, erscheint aufgrund der Begrenzung dem Auge als Dunkelheit.
Weil der Vergleich des Lichtdunkels der Sinneserfahrung entnommen
ist, deswegen kann unser Erkennen verstehen, warum der Widerspruch
des Lichtdunkels ein relativer Widerspruch ist. Er ist kein absoluter
Widerspruch."

„Übertragen wir diesen Vergleich auf mein Verhältnis zur Überver-
nunft. Sie paßt sich meiner Begrenzung als Vernunft an, ohne sich selber dabei zu verfälschen. Sie schenkt mir damit Anteil an ihrem
Geheimnis, ohne das Geheimnis aufzuheben. Das offenbare Geheimnis
bleibt somit eine verhüllte Offenbarung. Wörtlich verstanden ist eine
verhüllte Offenbarung ein widerspruchsvoller Satz. Er enthält aber eine
Wahrheit von einer Wirklichkeit, die sprachlich nur durch einen Widerspruch ausgedrückt werden kann. Der sprachlich widerspruchsvolle
Satz verweist dadurch auf eine Ebene, die über den Widersprüchen eine

Überfülle von Wahrheitswirklichkeit darstellt. Durch meine Teilnahme an dieser Überfülle von Wahrheitswirklichkeit weiß ich um diese Wirklichkeit jedoch nur auf meine beschränkte Weise. So ist beides wahr: Ich weiß darum für mich. Ich weiß nicht darum, wie diese Überfülle in sich selbst um sich weiß. Ich besitze also nur ein wissendes Nichtwissen. Trotzdem ist dieses wissende Nichtwissen größer als die Summe meines vernünftigen Wissens."

Wiederum unterbricht langes Schweigen das Zwiegespräch. Es ist ein gutes Schweigen. Der Verstand glaubt schließlich, es gehe ihm ein neues Licht auf. Eine Art Befreiung bemächtigt sich seiner.

„Du überschreitest also deine Erkenntnisgrenze", sagt der Verstand zur Vernunft, „indem du Anteil empfängst am Übervernünftigen. Dann könnte auch ich meine Grenze überschreiten, indem ich Anteil an dir gewinne. Durch deine Vermittlung hätte ich sodann auch auf meine Weise Anteil am Übervernünftigen. Kannst du, Vernunft, mir diese Möglichkeit bestätigen?"

„Es entspricht den Gesetzen des Seins und den Gesetzen der Erkenntnis", antwortet die Vernunft. „Es bedarf also keiner Bestätigung von außen. Die Bestätigung liegt in der Struktur menschlichen Erkennens. Als Verstand bist du in deinem Erkennen auf die Sinneswahrnehmung angewiesen. Du ordnest diese Eindrücke und hebst durch Weglassen von Nebensächlichkeiten das Wesentliche heraus. Du besinnst dich ferner auf das eigene Erkennen. Du weißt um dich selbst. Du weißt aber nicht alles. Du erfährst deine Grenze. Es fehlt dir der Durchblick auf größere Zusammenhänge. An deiner Grenze entfaltet sich meine eigene Möglichkeit. Meine Aufgabe ist es, deine Teilerkenntnisse in größere Zusammenhänge einzuordnen. Dabei stoße ich auf eine Grundschwierigkeit. Um die Teilerkenntnisse richtig in das Ganze der Wirklichkeit einordnen zu können, müßte ich den Überblick über das Ganze der Wirklichkeit haben. Das ist mir aufgrund meiner Endlichkeit aber nicht möglich. Das Übervernünftige schenkt mir daher ein wissendes Nichtwissen. Das wissende Nichtwissen bewahrt mich vor Selbstüberschätzung, aber auch vor Verzweiflung. Mein Weg ist eine Gratwanderung zwischen diesen beiden Abgründen. Über dem Weg liegt eine Art Helldunkel. Nur selten wird dieses Helldunkel für den Bruchteil von Sekunden wie durch einen Blitz erleuchtet. Man nennt diesen Blitz Intuition. Auch der Intuitionsblitz ist ein Geschenk. Er ist weder machbar noch manipulierbar. Er kann nur empfangen werden. Doch zeigt sich in seinem Licht der Berggipfel, zu dem wir beide unterwegs sind. Wir sind unterwegs im jeweiligen Menschen. Ihm dienen wir als Verstand, als Vernunft und als Intuition. Im Menschen verschmelzen wir zur Einheit und bewahren dennoch unsere Eigenart als Verstand, als Vernunft und als Intuition."

Wieder schweigen beide. Ihr Blick begegnet sich ohne Worte. Aber in diesem Blick liegt mehr als Worte auszudrücken vermögen. So vertieft sich das Zwiegespräch durch Schweigen.

Verstand und Vernunft dienen dem Menschen auf seinem inneren Weg. Die Bildung des Geistes erreicht ihren Höhepunkt im Erleuchtungsblitz der Intuition. Von ihr soll im folgenden die Rede sein. Es geschieht nicht mehr in der Form des Zwiegesprächs zwischen Verstand und Vernunft. Beide wären damit überfordert. Denn die Intuition besitzt ihre eigene Erkenntnisqualität. Andererseits sollen keine Mißverständnissse aufkommen. Verstand, Vernunft und Intuition sind ihrerseits nur verschiedene Erkenntnisweisen des einen menschlichen Geistes. Es gilt, die Einheit aller drei Erkenntnisweisen im Blick zu behalten. Nur aus der Einheit heraus wird man allen drei Erkenntnisweisen gerecht.

Geist als Intuition

Das Verhältnis von Verstand, Vernunft und Intuition wurde im vorausgehenden mit einer Bergwanderung verglichen. Der Verstand sieht den Gipfel des Berges der Erkenntnis vom Tal aus. Die Vernunft weist die Wege zum Gipfel. Die Gipfelerkenntnis fällt der Intuition zu. Dieser Rundblick auf dem Gipfel wird der Intuition aber nicht im hellen Tageslicht geschenkt. Die irdische Existenz des Menschen gleicht ja der Nacht. Intuition erhellt diese Nacht wie ein Blitz. Für den Bruchteil einer Sekunde beleuchtet der Blitz die Umgebung. Sein Licht gibt dieser Umgebung ihre wahre Gestalt. Die wahre Gestalt ist von der Dunkelheit der Nacht verschleiert. Das Auge der Erkenntnis ist an die Dunkelheit gewöhnt. Es sieht Umrisse, ist sich der wahren Gestalt aber nicht sicher. Darum versuchen Verstand und Vernunft, in der Nacht der menschlichen Erkenntnis die Umrisse der verschleierten Wirklichkeit zu deuten.

Ihre Deutungen sind keine Träume bloßer Phantasie. Deutung und Wirklichkeit entsprechen sich in gewisser Weise. Die Wirklichkeit in sich ist aber zu reich und zu vielschichtig. Die menschliche Erkenntnis erfaßt nur Ausschnitte aus der unüberschaubaren Fülle des Seins. Menschliche Erkenntnis erfaßt diese Ausschnitte wiederum nur auf menschliche Weise. Der einzelne Mensch hat an dieser menschlichen Erkenntnis nur einen winzigen Anteil. Dieser Anteil selber setzt sich zusammen aus der Lebensgeschichte dieses betreffenden Menschen. Begabung, Familie, Erziehung, Bildung, Lebenserfahrung, Charakter und Schicksal prägen diesen Erkenntnisanteil zur individuellen Gestalt. Die individuelle Gestalt des einzelnen Menschen trägt ihr unverwechselbares geistiges Antlitz.

Je mehr der einzelne seinen Verstand und seine Vernunft entwickelt, um so größer ist seine Chance, auch den Blitz der Intuition erleben zu dürfen. Intuition ereignet sich eben erst auf dem Gipfel des Berges der Erkenntnis. Der Aufstieg zum Berg ist die Voraussetzung. Am Bildvergleich mit der Bergwanderung lassen sich für das Erlebnis der Intuition drei Erlebnisphasen ablesen: Die Ahnung, die Schau, das kreative Verarbeiten der Schau. Diesen drei Phasen gilt im folgenden die Aufmerksamkeit.

Ahnung

Bei der Besteigung eines Berges erfährt der Wanderer mancherlei Überraschungen. Engpässe sind zu meistern. Lockeres Geröll verlangt große Geschicklichkeit. Steilwände müssen überwunden werden. Abgründe erregen Schwindelgefühle. Nebel raubt jede Sicht.

Dem Aufstieg der menschlichen Erkenntnis zu ihrem Gipfel intuitiver Schau widerfährt Ähnliches. Sie vollzieht sich außerdem in der Nacht menschlicher Begrenzungen. Das Licht des Verstandes und die Leuchte der Vernunft erhellen nur schrittweise den Weg.

Der einzelne Mensch ist aber nicht auf seine schwachen Kräfte alleine angewiesen. Viele Menschen vor ihm haben die Wege zum Gipfel menschlicher Erkenntnis erforscht. Sie teilten ihre Wegerfahrungen mündlich und schriftlich mit. Der einzelne Mensch kann sich diese Erfahrungen zunutze machen. Sie gleichen den Wegmarkierungen.

Wenigstens in der westlichen Welt kann der einzelne seinen Verstand und seine Vernunft innerhalb der ihm vorgegebenen Grenzen zur Reife bringen. Der Aufstieg zum Gipfel der Erkenntnis entfaltet den menschlichen Geist des einzelnen zu der ihm angemessenen Fülle.

Ein Aufstieg bereitet den Wanderer auf die Gipfelerfahrung vor. Mit dem Höhersteigen wächst die Weite des Blickes. Selbst bei Nacht läßt das Mondlicht die Umrisse auftauchender Bergspitzen erkennen. Der wachsende Horizont in der Ausweitung des Blickes schenkt in zunehmendem Maße eine Ahnung von der Fülle der Schau des Gipfels.

In ähnlicher Weise bereitet die wachsende Erkenntnis der Vernunft den Erkennenden vor auf die Fülle der intuitiven Schau. Die Vernunft erspürt in der eigenen Ausreife die Zusammenhänge der Einzelerkenntnisse immer tiefer. Das Auge der Vernunft gewinnt mit dem Blick in die Tiefe zugleich eine Entgrenzung in die Weite. Die Erfahrung einer flexiblen Erkenntnisgrenze wird dabei zur beglückenden Überraschung. Inwiefern ist das so?

Beim Bergsteigen wächst für den Blick des Wanderers die Weite des überschaubaren Horizontes mit dem Gewinn an Höhe des Aufsteigens. Beim Aufstieg des Erkennens zum Gipfel der Intuition wächst die Weite der Erkenntnishorizonte entsprechend der Tiefe einer Schau in die Zusammenhänge der Einzelerkenntnisse. Im Vergleich entspricht die geographische Höhe des Berges aus Stein der Erkenntnistiefe des geistigen Sinnzusammenhanges. Der Sinnzusammenhang ist aber nicht an die eine und einzige Dimension der Horizontale gebunden wie der Blick des Wanderers im Gebirge. Dem Bergwanderer fehlt zwar nicht die Dimension der Vertikale. Auch sein Blick geht zum Gipfel voraus. Auch sein Blick gleitet an den Abhängen hinab zu Tal. Auf dem Gipfel angelangt, verschmelzen Horizontale und Vertikale dem Bergwanderer zur Einheit der Gesamtschau.

Diese Gipfelerfahrung des Bergsteigers läßt sich nur teilweise auf die Gipfelerfahrung der Intuition des erkennenden Menschen übertragen. Beide Erfahrungen nehmen in der Ahnung etwas von der Fülle der Gipfelschau voraus. Die Ahnung der Fülle wird für beide zur treibenden Kraft auf dem Weg. Die Schau selber ist indes verschieden. Worin liegt diese Verschiedenheit?

Schau

Der Bergsteiger genießt auf dem Gipfel den Rundblick über die anderen Berge im hellen Sonnenlicht. Seine Aussicht ist zwar begrenzt. Im Prinzip ähneln sich aber die einzelnen Bergbesteigungen auf verschiedene Gipfel. Die Unterschiede der Berglandschaften sind zweitrangig. Letztlich bleiben Berge eben Berge.

Der Aufstieg des Menschen auf den Berg der Erkenntnis bleibt ein Aufstieg bei Nacht. Der Blitz der Intuition erhellt zwar diese Nacht. Das aufzuckende Blitzlicht erhellt und blendet aber zugleich. Es erhellt noch nicht erkannte Sinnzusammenhänge. Darin liegt das überraschend Neue. Es blendet dieses Neue zugleich die an das Alte gewöhnten Augen. Die Kürze des Intuitionsblitzes verhindert ein klares Erfassen des Neuen. Deshalb fordert die intuitive Schau den Erkennenden zur Deutung des in der Schau Erkannten heraus. Vernunft und Verstand müssen sich nun darum mühen, das intuitiv erschaute Neue mit dem gewohnten Alten zu verbinden.

Die Schau selber ist beglückend und erschreckend zugleich. Indem sie Neues entdeckt, stellt sie mitunter Altes in Frage. Das gewohnte Alte kann sich als halbwahr oder sogar als falsch erweisen. Dies erschreckt. Plötzlich erweist sich eine Ausnahme nicht mehr als die Bestätigung einer Regel. Die bisherige Ausnahme wird aufgrund einer intuitiven Schau zum Ansatzpunkt für ein neues Denkmodell. Dieses löst das alte Denken ab. So geschah es bei der Entdeckung, daß die Sonne nicht die Erde umkreist, sondern daß sich die Erde um die Sonne bewegt.

Entdecker solch umwälzender Erkenntnisse müssen viel Leid erfahren, weil sie bekämpft und verfolgt werden. Für die meisten Menschen scheint es zunächst sicherer und bequemer zu sein, alles beim alten zu belassen.

Intuitive Schau kann aber auch beglücken. Sie eröffnet neue Wege für die Technik. Sie entdeckt Heilmittel gegen Seuchen, denen der Mensch bisher wehrlos ausgeliefert war. Sie löst Konflikte und verhindert so Krieg und Zerstörung. Intuition greift erhellend ein ins praktische Leben des Menschen. Ihr verdankt die Menschheit jede Art Fortschritt im Technischen, Geistigen und im menschlichen Zusammenleben.

Mit welchen Erfahrungen beschenkt die Intuition nun den Menschen, der sie innerlich empfängt?

Das Erschreckend-Beglückende ist wohl die grundlegende Auswirkung der Intuitionserfahrung. Der davon betroffene Mensch wird von dem Blitz der Intuition überrascht. Zwar haben ihn innere Ahnungen auf diesen Augenblick vorbereitet. Diese Ahnungen ähneln gewissen Vorformen der Intuition. Vergleiche können dem Menschen, der selber solche intuitive Erfahrungen aus eigenem Erleben noch nicht kennt, helfen, die intuitive Schau wie aus der Ferne zu verstehen. Der Duft, der einer Rose entströmt, ist zwar nicht die Rose. Aber der Duft weist den Weg zur Rose. Eine Morgenröte ist noch nicht die Sonne. Sie kündet den Sonnenaufgang aber bereits an. Ähnlich wie Duft und Rose, wie Morgenröte und Sonnenaufgang verhält sich die vorbereitende Ahnung zum Aufleuchten der Intuition. Die vorbereitenden Ahnungen weiten das Bewußtsein des erkennenden Menschen. Die Ausweitung des Bewußtseins macht ihn empfänglicher für das überraschend Neue. Größere Empfänglichkeit mindert nicht die Überraschung. Sie vermehrt sie. Denn das erschaute Neue kann sich dem Schauenden um so unverhüllter mitteilen, je wesensverwandter der Schauende dem Geschauten begegnen darf. Mehr als sonst gilt in dieser Begegnung, daß nur Gleiches Gleiches zu erkennen vermag.

Dieses Erkenntnisgesetz errichtet zugleich eine Erkenntnisschranke. Der einzelne Mensch ist in seiner Erkenntnisanlage zwar für die Ganzheit der Seinswirklichkeit grundsätzlich offen. Das konkrete Erkennen bleibt dennoch begrenzt. Auch das intuitive Erkennen ist kein Erkennen, welches mit einem Blick das Ganze der Seinswirklichkeit durchdringen könnte. Die intuitive Schau gleicht dem Blitz bei Nacht. Das Aufleuchten des Blitzes läßt für den Bruchteil von Sekunden erkennen. Es blendet aber zugleich das Auge. So erscheint kurzfristig die Dunkelheit nach dem Blitz finsterer als zuvor.

Der innere Erkenntnisblitz der Intuition läßt sich nur teilweise mit dem Naturblitz vergleichen. Darum sollen andere Bilder den Unterschied zwischen dem Blitz in der Nacht und dem Blitz der Intuition verdeutlichen.

Das Auge intuitiver Erkenntnis ist auf wachsende Weite und auf sich vertiefende Tiefe von Wahrheitserkenntnis und Seinserkenntnis ausgerichtet. Diese wachsende Fülle teilt sich dem intuitiv Schauenden mit. Er empfängt sie. Er wird durch sie zugleich verändert. Er wandelt sich, so wie sich das Kind zum Jüngling, der Jüngling zum Manne wandelt. Der Zuwachs an Weite und Tiefe in der Erkenntnis läßt das bisher Gewußte in anderem Lichte erscheinen. Im Vergleich zum Neuerkannten erscheint es ärmer. Es kann das bisher Gewußte aber nicht fallengelassen werden wie ein altes Kleid. Denn die Schau des Neuen ist zu blitzartig kurz, um festgehalten zu werden. So kehrt der Schauende zum Alten zurück als Verwandelter. Er ist im Altgewohnten nicht mehr beheimatet. Das Geschaute-Neue hat ihn berührt. Aber es hat ihn nicht zu sich so hinübergenommen, daß er dort eine bleibende Heimat gefunden hätte. Es berührt ihn und läßt ihn zugleich zurück. Der Schauende gerät in einen Zwischenzustand zwischen Altem und Neuem. Man könnte sagen: Er schwebt zwischen Himmel und Erde. Er sieht die Erde wie von einer Raumstation aus. Als Astronaut der Erkenntnis kann er aber nicht auf Dauer dort wohnen. Er muß zur Erde zurück. Seine Raumstation ist andererseits kein neuer Stern mit neuen Erkenntnisgesetzen. Der Schauende bleibt sterblicher Mensch. In seiner Begrenzung gerät er jedoch in das Kraftfeld der Wahrheitswirklichkeit. Sie ist dynamisch. Sie wirkt auf den Schauenden noch anziehender, wie der Magnet auf die Eisenspäne wirkt. In dieser Anziehung vermittelt die Wahrheitswirklichkeit dem Schauenden von Schau zu Schau eine immer größere Aufnahmefähigkeit. Die wachsende Empfängnisfähigkeit steigert die Intensität des Berührtwerdenkönnens des Schauenden. Die Intensität des Berührtwerdens vermehrt die Sehnsucht nach dem bleibenden Besitz des Geschauten. Das Geschaute indes vermittelt in steigendem Maße die Ahnung von der Überfülle des Noch-nicht-Geschauten. Für den Schauenden wiederholt sich auf höherer Ebene die Dialektik des wissenden Nichtwissens. Dem wissenden Nichtwissen des Erkennens entspricht das Hell-Dunkel der Schau. Aus beiden Quellen speist sich der Strom der Weisheit.

Der intuitiv Schauende erfährt in seinem Erleben außer der Intuition der Erkenntnis noch eine zweite Weise der Intuition, nämlich die Intuition des Herzens. Auch die Intuition des Herzens bedarf einer langen Entwicklung. Ihre Vorstufen sollen bedacht werden im folgenden Kapitel, wenn von der Erfüllung des Menschen in der Liebe die Rede ist. In diesem Zusammenhang seien nur die Wegmarkierungen genannt.

Die Intuition des Herzens entwickelt sich aus den Kräften des Einfühlens, des Mitfühlens, der Sympathie und der Zuneigung. Zuneigung kann sich zur Liebe wandeln, wenn sich der Knoten des Herzens löst. Die individuelle Liebe entfaltet sich ihrerseits in Freundschaft, Ehe und Partnerschaft. Die Intuition des Herzens öffnet sich, wenn in der individuellen Liebe die Berührung der universellen Liebe empfangen werden darf.

Aus der Intuition des Herzens und aus der Intuition des schauenden Erkennens fließen nun die Kräfte zum schöpferischen Verarbeiten des Geschauten. Bei dieser kreativen Umsetzung des Geschauten ins äußere oder innere Werk bedarf der Schauende der Mithilfe seiner Vernunft und seines Verstandes. Die entgrenzende Schau muß zurückübersetzt werden in die Begrenzung von Zeit und Raum, in die Begrenzung von Materie und Geist. Die Übersetzung des Entgrenzten ins Begrenzte gelingt nie restlos. Der unübersetzbare Rest des Geschauten schmerzt den Übersetzenden einerseits. Andererseits reizt er als Stachel, der die Sehnsucht nach noch tieferer Schau weckt.

162

Wie diese schöpferische Gestaltung im Werk sich im einzelnen vollzieht, das wird im folgenden Kapitel zur Sprache gebracht. Es ist dann die Rede von der Erfüllung des Menschen in der Fruchtbarkeit. Die Fruchtbarkeit selber ist vielschichtig. Sie umgreift die Dimension des Leiblichen, des Geistigen, des Künstlerischen und des Spirituellen.

Bevor die Erfüllung des Menschen zum Thema der Überlegungen wird, erscheint es hilfreich, nochmals auf den Weg der Bildung des Geistes zurückzuschauen.

Bei der Bildung des Geistes geht es den meisten Menschen darum, die Voraussetzungen für die Ausübung ihres Berufes zu schaffen. Große geistige Begabung besitzt in sich eine innere Dynamik. Sie bricht sich auch außerhalb einer Berufsausübung Bahn, wenn sie sich nicht innerhalb des Berufes entfalten kann.

Der innere Weg nimmt die Bildung des Geistes auf dem äußeren Weg in sich auf. Der innere Weg richtet die Geistesbildung auf Entwicklungsziele, die über den Berufserfolg hinausführen.

Die Geistesbildung auf dem inneren Weg dient in erster Linie der Entfaltung des wahren Wesens des Menschen. Der Angelpunkt dieser Entfaltung liegt in der Umpolung der Existenzmitte von der Egozentrik ins Wesenszentrum. Dadurch hebt sich die Spannung zwischen einer erfolgreichen Geisteskraft und einer mangelnden Existenzreife auf. Die Einheit von Intelligenz und Charakter kommt beiden Seiten der menschlichen Natur zugute. In dieser Einheit der menschlichen Persönlichkeit durchdringen sich zunehmend die Erkenntnisweisen von Verstand, Vernunft und Intuition.

Auf dem Weg zu dieser Gesamtreife sind eine Reihe praktischer Schwierigkeiten zu überwinden: die Konzentrationsschwäche der Aufmerksamkeit, die Trägheit des Willens, die Vergeßlichkeit des Gedächtnisses, der Mangel an methodischer Geistesarbeit, Unlust und Abneigungen des Gefühles gegenüber einer straffen Lerndisziplin, die Flucht in Zerstreuungen bei harter Einforderung, die Isolierung der Einzelerkenntnisse, der mangelnde Ausgleich von Anstrengung und Entspannung, die Vernachlässigung des Körpertrainings, schließlich die mangelnde Offenheit gegenüber dem eigentlichen Sinn des Lebens und der Gesamtwirklichkeit.

Dieser Sinnzusammenhang blitzt in glücklichen Augenblicken in der Intuition auf. Er vermittelt sich über die Vernunft dem Verstande. Dadurch lösen sich für das menschliche Erkennen die scheinbaren und relativen Widersprüche des Daseins wenigstens teilweise. Die Vernunft befähigt den Menschen, das Übervernünftige nicht als unvernünftig abzulehnen. So erkennt der Mensch, daß nicht er der Maßstab für alle Dinge sein kann.

Das Geheimnis der Seinsfülle setzt dem erkennenden Menschen die Grenze. Es teilt sich aber der menschlichen Offenheit mit auf menschliche Weise. Aus dem Wissen um Grenze und Mitteilung des Geheimnisses wird das wissende Nichtwissen des weisen Menschen geboren.

Das Übervernünftige trägt in sich nicht nur die Überfülle des Lichtes, die der Vernunft als Dunkel erscheinen muß. Im Übervernünftigen spricht zum Menschen auch die Stimme des Heiligen. Die Berührung mit dem Heiligen schenkt der Geistesbildung des Menschen ihre tiefste Ausreife auf dem inneren Weg.

Nun soll die Erfüllung des Menschen zur Sprache kommen. Dabei ergänzt die Erfüllung in der Liebe die Geistesbildung des Menschen durch die Herzensbildung. Der Mensch gewinnt in Freundschaft, in Ehe und in Partnerschaft seine affektive Reife. Dieser Weg des Herzens läßt den Menschen fruchtbar werden: leiblich, geistig, künstlerisch und spirituell.

Die Fruchtbarkeit erschließt dem Menschen eine noch tiefere Erfüllung. Er findet sie in der beglückenden Erfahrung wachsender Ganzheit. Im Prozeß des Ganzwerdens verschmelzen auf dem inneren Weg innen und außen, Geist und Seele, Zeit und Ewigkeit.

Dem ganzheitlich ausgereiften Menschen schenkt die Berührung mit dem Heiligen die größtmögliche Fülle irdischen Daseins. Sie auf dem inneren Weg im voraus zeitweise erahnen zu dürfen, dies beflügelt den ringenden Menschen auf wunderbare Weise.

Das Heilige in sich ist zugleich personale Liebe. Die affektive Reifung in der Vielfalt menschlicher Beziehungen soll auf diese Begegnung mit der absoluten göttlichen Liebe vorbereiten. Die natürliche Erfüllung des Menschen in Liebe, Fruchtbarkeit und Ganzheit trägt auf dem inneren Weg bereits diese Zielrichtung auf das Heilige indirekt in sich. Wie sich beide Wegziele im einzelnen entfalten, das soll uns der innere Reifungsweg im folgenden Kapitel aufzeigen.

Erfüllung des Menschen in der Liebe

Der Geist des Menschen lebt von der dunklen Schau begnadeter Augenblicke. Sein Erkennen bleibt Stückwerk. Tiefer als die Intuitionen des Geistes greifen die Sehnsüchte des Herzens. Die Dynamik dieser Sehnsüchte ist nicht menschliches Verdienst. Sie zielt ins Grenzenlose, weil die menschliche Liebesfähigkeit auf die absolute göttliche Liebe abgestimmt ist. Die göttliche Liebe ist der Ursprung der menschlichen Liebe. Sie bleibt auch das Ziel menschlicher Liebeserfüllung. Der weite Entwicklungsbogen vom Ursprung zum Ziel rundet sich zum Kreis. In diesen Kreis sind viele Entfaltungsmöglichkeiten des menschlichen Liebens einbezogen.

Der innere Weg behält das göttliche Gesetz im menschlichen Lieben fest im Blick. Diese Blickrichtung erleichtert es, die vielseitigen Strebungen des menschlichen Herzens zu klären, zu unterscheiden und zu ordnen. Täuschungen können so leichter vermieden werden. Umwege werden an Kreuzungen schneller erkannt.

Der innere Weg kann und will keine Entwicklungsstufe des menschlichen Liebens überspringen oder aussparen. Indem er die Stufen in eine Wachstumsgestalt einordnet, läßt er ihnen ihre Eigenbedeutung. Als Zwischenstufen muß er sie zugleich relativieren, will er als innerer Weg dem eigenen Ziel vollmenschlichen Liebens dienen. Einige wesentliche Reifungsstufen sollen daher im folgenden tiefer bedacht werden: fruchtbringende Zweisamkeit, Bewältigung von Konflikten, Neuansätze, Freiräume und die Umleitung psychischer Energie, die man Sublimierung nennt.

Fruchtbringende Zweisamkeit

Das Erwachen der ersten Liebe ist ein ähnliches Wunder wie das Aufbrechen der Blüten und Knospen im Frühling. Für kurze Zeit ist die Welt verzaubert von einer schöpferischen Urkraft. Nicht jeder Liebende wird mit gleicher Intensität von seiner Liebe angerührt und bewegt. Manchem erscheint es, als sei in fernen Welten ein Gong angeschlagen worden, dessen Widerhall er im eigenen Herzen vernimmt. Neue Türen springen nach innen auf. Erstaunt und verwirrt beginnt ein Suchen und Tasten.

Einfühlung

Das Tasten und Suchen ist nun kein einsames Grübeln mehr. Die Gedanken und Gefühle kreisen um die Gestalt des geliebten Menschen. Sein Blick nimmt gefangen. Das Lächeln um seinen Mund verrät Sympathie. Sein Gang und seine Haltung prägen sich tief ein. Eine seltsame Anziehungskraft geht von ihm aus wie von einem Magneten. In seiner Nähe schlägt das eigene Herz bis zum Halse. Die Wangen röten sich in Beglückung und verschämter Zuneigung.

Mehr als Worte verraten diese Zeichen den Beginn des Liebens. Ein inneres Gespräch hebt an mit vielen Fragen. Es bereitet die äußeren Worte vor, wenn der Riegel aus Verlegenheit und Scheu sich gelöst hat. Von fernher beginnt die Erkundung: Name und Wohnort, Eltern und Geschwister, Beruf und Zukunftspläne erstellen einen äußeren Rahmen zum inneren Bild. In „absichtsvoller Zufälligkeit" häufen sich die Begegnungen. Die Träume eilen ihnen voraus. Der Ton der Stimme verrät in Gesprächen die innere Bewegung. Die Stunde reift für die bange Frage: „Liebst du mich?" In den Sekunden der Stille vor der entscheidenden Antwort schwingt der Atem des Schicksals. Frage und Antwort haben auf der Waage des Lebens vielleicht noch nicht ihr volles Gewicht. Auch der Same wiegt leicht. Dennoch enthält er die Wachstumskraft für den hohen Baum. Ebenso verhält es sich mit dem Beginn der Liebe. Sie fällt als Same ins Herz. Sie wächst nach eigenem Gesetz. Gleich dem Samen ist sie ausgesetzt dem „Wind und dem Wetter" wechselvollen Lebens. Der Nährboden des Herzens ist jeweils ganz verschieden. Ungleiche Glückssterne werden Zeugen verschiedener Geschicke.

Im Glück des ersten Erblühens zittert im Herzen des Liebenden ein dunkles Ahnen voller Ungewißheit und Wagnis. Seiner selbst nicht sicher, wird er von einer Woge dunklen Dranges erfaßt. Sie schleudert ihn an ein fremdes Gestade. Das Echo gleichen Erlebens klingt ermutigend in der Beteuerung des Wiedergeliebtseins. Aber was verbirgt sich in dieser Antwort? Ist es die Stimme des Blutes allein? Drängt nur leibliche Begierde zur wachsenden Nähe? Wie tragend ist dieser Boden für fruchtbringende Zweisamkeit? Welches Maß an Erfüllung bietet die eigene Hingabe, wenn die Leiber verschmelzen im Vollklang der Sinne? Werden Mann und Frau sich als der eine ganzheitliche Mensch erfahren, nach dem sie sich sehnen in ihren Wunschträumen. Oder werden sie sich verlieren, in Enttäuschung über eigenes und fremdes Unvermögen?

Weit eilen dem Weg des Liebesreifens solche Gedanken voraus. Der Weg selber ist ein Weg in kleinen und großen Schritten. Das Spiel der Hände, erste Umarmungen und Küsse, Erspüren der äußeren und inneren Gestalt, Zwiegespräch von wachsender Intensität, bange Zweifel und Ungewißheiten, ratsuchendes Fragen bei Vertrauten, Tage und Wochen gemeinsamen Erlebens, ernstere Planung für eine gemeinsame Zukunft, Verlobung, schließlich das gemeinsame Jawort fürs gemeinsame Leben: so könnte die Skizze gemeinsamer Schritte aussehen. Sie gleicht einer Mittellinie mit vielen Verzweigungen. Manchem Paar verkürzt sich der Weg im Zueinander in wenige Wochen. Andere zögern jahrelang, ehe ihnen der Entschluß reif genug scheint. Die Einfühlung selber kommt kaum an eine Grenze. Denn wie sich die Liebenden wandeln, so entdecken sie aneinander neue unbekannte Seiten. Vielschichtig und unergründlich ist der Mensch, selbst wenn er ein Leben lang sich selber ein Unbekannter bliebe. Auch wachster Einfühlung gelingt es nur bruchstückhaft, sich und den anderen zu durchschauen. Die stets tiefer dringende Einfühlung des Liebenden drängt auf dem inneren Weg zur wachsenden Anpassung aneinander.

Anpassung

Auch die Anpassung zeigt sich im normalen Leben in vielerlei Gestalt. Der Schwächere paßt sich an aus Angst oder aus dem Gefühl der Unterlegenheit. Der Kluge versteht es, diplomatisch auf günstige Gelegenheiten zu warten. Der kühle Kopf steckt voller Berechnung. Manchen Angepaßten bestimmt die Feigheit. Andere wiederum passen sich an aus Bequemlichkeit oder aus Gedankenlosigkeit.

Die Anpassung, welche einer fruchtbaren Zweisamkeit dienen kann, ist vom inneren Weg her motiviert. Durch Wahrhaftigkeit wird sie hellsichtig für die Lichtseiten und Schattenseiten des eigenen Charakters. Sie schließt nicht die Augen vor den Fehlern und Schwächen des anderen. Der kühl-kritische Blick würde nur aus Distanz einer scharfen Beobachtungsgabe gerecht. Nur wenn das eigene Herz mitredet, findet sich das hilfreiche Wort, das zur rechten Zeit das offene Ohr des anderen erreicht. Bevor das liebende Herz seine fragende, ernste Kritik ausspricht, um den Fehlern des geliebten Menschen den verletzenden Stachel zu nehmen, prüft es das eigene Unvermögen. Kann sich der Liebende freisprechen, so wird nicht Selbstgerechtigkeit das Wort führen, um Fehler zu rügen. Erst sucht der Liebende die Gründe zu finden, um falsche Haltungen des anderen verstehen zu können. Wie ein Gewebe aus vielen Fäden sich bildet, so laufen viele Prägungen zusammen, um eine gute oder eine schlechte Charakterhaltung zu formen. Vererbte Anlagen, tausenderlei Gedanken, Gefühle und Wünsche im eigenen Innern, fremde Maßstäbe und Urteile, Erziehung und Schicksal, beglückende und schmerzliche Erfahrungen sind in die Zweisamkeit als Lebensgut mit eingegangen. Manche Züge verstärken sich im alltäglichen Miteinander zum Wohle der beiden. Andere Gewohnheiten erregen gegenseitiges Befremden. Im ersten Überschwang der Liebe werden sie leicht übersehen, weil eine unbewußte Idealisierung den Geliebten Menschen im besten Licht der Herzenswünsche verklärt. Die Wunschträume halten nicht stand, wenn nach Wochen und Monaten der alltäglichen Gewöhnung die Hochstimmungen verfliegen. Fruchtbare Zweisamkeit ist keine Insel der Träume.

Der innere Weg lenkt den Blick beider Liebenden auf das wahre gemeinsame Wachstum. Die guten Seiten zu stärken, die schlechten Gewohnheiten zu schwächen, einander zum wahren Wesen zu verhelfen, das Beste für den anderen und für das eigene Leben zu erspüren: darin bewähren sich wohlwollende Zuneigung und entschiedener Wille zum gemeinsamen Glück. Das Ringen um ein bleibendes Glück zu zweit wird wesentlich erleichtert vom Mut zur gegenseitigen Offenheit.

Offenheit

Offen zu sein fällt leicht, wenn jeder der beiden Partner seine hellen Seiten ins rechte Licht rücken darf. Selbstgefälligkeit würde leicht von der Eitelkeit verfärbt. Beides müßte die Freude der Partner am gegenseitigen Erleben mindern. Nur der berechtigte Stolz auf die echten Vorzüge des anderen schenkt jenen Glanz, in dem sich jeder am anderen neidlos sonnen darf.

Der innere Weg ermutigt die Liebenden zu schwierigeren Reifungsaufgaben. Der Liebende ist sich am Beginn der Zweisamkeit nur teilweise seiner eigenen Schwächen bewußt. Nur zu gerne schließt er die Augen, weil Ängste ihn Enttäuschungen fürchten lassen. Die Sorge macht ihn unruhig, daß der geliebte Mensch sich von ihm abwendet. Der Verlust der Liebe des anderen würde den Sinn seines eigenen Daseins in

Frage stellen. Darum neigen beide dem Irrtum zu, sie könnten durch Verschlossenheit die eigenen Wunden voreinander verbergen. Der Alltag ist jedoch zu vielseitig, um nicht in überraschenden Situationen die notdürftigen „Feigenblätter" falscher Ängste beiseite zu schieben. Die mühsam verborgene Nacktheit erschreckt dann um so mehr, wenn der andere unvorbereitet ihr gegenübertritt.

In vielen kleinen Überwindungen werden sich die Partner erproben und ertüchtigen, damit sich für die Offenheit der notwendige Schonraum bilden kann. Um freiwillig dem geliebten Menschen die eigenen Ängste, Sorgen, Kümmernisse und Schwächen zeigen zu dürfen, muß ein großes Vertrauen in die Liebe des anderen gewachsen sein. Sorgsam ist seine innere Tragkraft und Belastbarkeit abzutasten. Vielleicht sollten sehr tiefe Erschütterungen lange genug ausgespart bleiben. Wahrheit könnte auch tödlich sein, wenn sie zerstört und nicht aufbaut. Schonungslose Offenheit ist wahrscheinlich nur dem möglch, der nichts zu offenbaren braucht, was den anderen überfordert. Für viele bleibt sie vermutlich ein Fernziel. Solche Radikalität hat dennoch auch im Schweigen vor dem geliebten Menschen ihren Segen. Der Gedanke an das verschwiegene Vergangene schärft die Gewissenhaftigkeit im Umgang mit dem anderen für die Gegenwart und für die Zukunft.

An der göttlichen Vergebung gemessen mögen die menschlichen Verfehlungen auch der menschlichen Vergebung entgegenhoffen, wenn das Herz großmütig genug geworden, und wenn die Stunde einer solchen Hüllenlosigkeit reif ist.

Solche Grenzsituationen sind Markierungen auf dem inneren Weg. Unterhalb der Grenzsituationen liegt ein weites beglückendes Feld, um die Fähigkeit des Offenseins zu steigern. Die Beglückung des alles miteinander Teilens ist in diesem Feld die begabtere Lehrmeisterin als die zurückhaltende Vorsicht. Im Teilen sind es vor allem die kleinen alltäglichen Dinge, die das Zusammenwachsen so bereichern. Die Erfahrung, wie gemeinsam Erlebtes das Erlebte in seiner Intensität vervielfacht; die zunehmende Überraschung, wie sich in der fruchtbringenden Zweisamkeit Fühlen und Denken einander angleichen; das Erleben, wie kleine Ungeschicklichkeiten oder Fehlleistungen mit Humor aufgefangen werden: diese und ähnliche Alltagsereignisse knüpfen die Bande der Liebe immer fester.

Eine unscheinbare Kostbarkeit solch liebenden Umganges, die viel auf dem inneren Weg zur fruchtbringenden Zweisamkeit beiträgt, ist die gegenseitige Rücksichtnahme.

Rücksichtnahme

Sie übt die Liebenden ein, sich der eigenen Ichbezogenheit immer mehr bewußt zu werden. Das Verliebtsein in sich selbst ist ein heimtückischer Hemmschuh, der die Liebesfähigkeit hindert. Der innere Weg nimmt sich dieses Hindernis bewußt aufs Korn, damit das tiefere Liebesglück nicht vereitelt werde. Liebe bedeutet ja, den anderen nicht mehr als fremd zu betrachten. Fruchtbringende Zweisamkeit erstrebt die Verschmelzung der beiden Seelen zu einer Seele in zwei Leibern. Das ist ein sehr hohes Ziel. Vermutlich erreichen es nur wenige im vollen Ausmaß. Rücksichtnahme verhilft vielen dazu, sich wenigstens die Grundkenntnisse dieser „Geheimwissenschaft des Herzens" anzueignen.

Worin bestehen diese Grundkenntnisse? In dem Erfahren, wie befreiend es ist, vom anderen her empfinden, fühlen, denken zu lernen. Der eigene kleine Lebensbereich erweitert sich. Das kleine Ich und das kleine Du verschmelzen zu einem lebendigen Wir. Mehr und mehr wird das wahre Wohl des anderen wengistens ebenso wichtig wie das eigene. Das Miteinander-Teilen ergreift und durchdringt infolge dieser schöpferischen Rücksichtnahme immer mehr Facetten der Zweisamkeit. Geheimer Groll, innere Aufregungen oder gestauter Ärger lösen sich schneller auf. Die Ungeduld weicht einem geduldigen, wohlwollenden Verstehen. Die gegenseitige Liebe auf dem inneren Weg begreift, daß äußere Dinge ihr Gewicht verlieren, wenn sie die Liebesfähigkeit zueinander beeinträchtigen. Weil der andere in alles Fühlen und Wünschen einbezogen wird, verlieren selbst seine Schwächen und Fehler ihre Ecken und Kanten. Kommen dann schwere Schicksalsschläge oder Krankheiten, die das gemeinsame Leben grundlegend verändern, so wachsen aus der Rücksichtnahme neue Kräfte der Hilfsbereitschaft.

Hilfsbereitschaft

Fremde Not greift ans Herz, wenn ihr Ausmaß so groß ist, daß sie zu spontanen Hilfsaktionen bewegt. Für eine kurzfristige Einsatzbereitschaft lassen sich viele Menschen gewinnen. Doch bald erlahmt die Kraft, sich mit dem Flüchtling oder Unfallgeschädigten zu identifizieren. Die eigene Bequemlichkeit gewinnt rasch wieder die Oberhand. Eine Daueranspannung wird allzu schnell lästig. Der einzelne weicht aus, verdrängt, entzieht sich dem Anruf fremden Leides.

170

Anders verhalten sich zwei Menschen, die in gereifter Liebe zueinander stehen. Je mehr sie von der Dynamik des inneren Weges erfaßt werden, um so tiefer können sie sich miteinander als Einheit erfahren. Dem anderen auf alle mögliche Weise zu Hilfe zu kommen, wird jetzt nicht mehr als Opfer empfunden. Es ist auch nicht nur das beglückende Gefühl, vom Partner gebraucht zu werden. Eine tiefe Befriedigung vermittelt das Erlebnis, wie gut die Hilfe dem anderen tut. Je mehr er auf Hilfe angewiesen ist, um so bereitwilliger, ja um so freudiger wird diese Hilfe geschenkt. Der Liebende ist nicht nur dankbar, daß er helfen darf. Er wäre untröstlich, ja unglücklich, könnte er keine Hilfe bringen. Tatenlos die Schmerzen des anderen mit ansehen zu müssen, ließe tiefer leiden, als wenn man selber vom Schmerz betroffen wäre. Wird die Sorge, den Partner durch Krankheit verlieren zu müssen, eine ernste Herausforderung, so weckt diese Not die geistig-seelischen Kräfte. Die Liebe nimmt den Kampf auf gegen scheinbar unheilbare Übel. Sie speist den anderen mit letzter Hingabe.

Wer solche Gratwanderungen überstehen darf, der wird um so dankbarer die kleinen Gelegenheiten zur Hilfe nutzen. Nichts ist nun fortan mehr selbstverständlich. Alles wird zum Geschenk des Lebens.

Meistens müssen wir selber durch tiefe Täler des Leides, um alle flache Stumpfheit aus unserem Herzen verbannen zu können. Der innere Weg kann dazu befähigen, am fremden Leid zu lernen, für die eigene Zweisamkeit rechtzeitig einsatzbereit zu sein. Gerade kleine Proben rücksichtsvoller Hilfsbereitschaft vermehren die Gewißheit, daß beide Liebende für einander immer verläßlichere Partner werden können und wollen.

Verläßlichkeit

Bei der hohen Rate von Ehescheidungen heute ist die gegenseitige Verläßlichkeit ein hohes Gut. Je mehr Vorbehalte in eine Liebesgemeinschaft einfließen, um so schwerer wird das zuverlässige Miteinander. Liebe auf Abruf ist ein Widerspruch. Wer nicht sein ungeteiltes Herz einsetzt, wird keine ungeteilte Gegenliebe erwarten dürfen. Es ist verständlich, wenn junge Liebende ihrer selbst noch ganz unsicher sind. Es ist natürlich, daß Ängste sie begleiten, wenn sie die Schwelle zum Haus der Liebe überschreiten. Wenn sie jedoch bewußt den Eigennutz oder die ausbeuterische Sinnengier für Liebe ausgeben, dann bleiben sie Falschmünzer, die nicht nur den anderen betrügen. Früher oder später zahlt der Partner mit gleicher Münze heim. Beide werden zu Verlierern, mögen sie noch so oft ihr „Glück" versuchen.

Der innere Weg wertet die echte Liebe als höchstes Menschenglück. Darum scheut er die Täuschung und Lüge der ichsüchtigen Eigenliebe wie eine tödliche Gefahr. Es wäre unrealistisch zu erwarten, daß der volle Einsatz des Herzens am Beginn der Zweisamkeit stehen könnte. Dafür ist die Liebe als das Kostbarste des Lebens zugleich das Schwierigste des Lebens. Die Zeichen der Verläßlichkeit bauen aber mit an den Grundmauern des Liebesglückes. Je erprobter diese Verläßlichkeit wird, um so sicherer und ruhiger können die Partner schweren Zeiten entgegensehen. Um so beherzter dürfen sie es wagen, ihre Charakterschwächen abzuschleifen. Dieses innere Ringen um das Wachsen der besten Charakterseiten wird spürsamer für die tausend Gelegenheiten des Alltags. Die vielen Hindernisse, ausgelöst durch Unachtsamkeit, Gedankenlosigkeit, Müdigkeit, Empfindlichkeit, Verstimmungen, Zorn und Enttäuschung, verwendet der innere Weg als Gelegenheiten, um die Verläßlichkeit des Liebens durch viel Übung und Überwindung zur festen Haltung aufzubauen. Je besser es gelingt, um so mehr kernt sich die Achtung voreinander und vor sich selber aus.

Achtung

Die Chance des alltäglichen Miteinanders bis in den Intimbereich herein kann zur Belastung für die Partner werden, wenn die Gewöhnung aneinander die Intensität ihrer Liebe auszuhöhlen beginnt. Der Ehering kann zur fragwürdigen Sicherheit eines Besitzanspruches werden, der auf Rechte und Pflichten pocht. Die Liebenden verlernen es dann in kurzer Zeit, immer wieder erneut umeinander zu werben. Der Reichtum liebenden Ausdruckes schrumpft nun auf ein routinemäßiges Verhalten, das immer seelenloser und geistloser zu werden droht. Man läßt sich im Alltag gehen, müht sich nicht mehr um aufmerksame Höflichkeit. Vor den anderen Leuten spielen beide Partner vielleicht noch das glückliche Paar, um den Schein aufrechtzuerhalten. Zu Hause geht man freudlos, launisch, gereizt miteinander um. Entfremdung und Abneigung sammeln im Unterbewußten ein explosives Gemisch an Bitterkeit.

Ganz anders verläuft das fruchtbringende Miteinander, wenn sich beide inspirieren lassen vom inneren Weg, der ihnen die gegenseitige Achtung zur Pflichtübung macht. Weil die Liebe so verletzlich ist, umgibt die Achtung die Liebenden wie mit einem Schutzmantel. Der höfliche Ton der Worte, Zuvorkommenheit im Umgang, das Mühen um Selbstbeherrschung in kritischen Situationen sind gute Gelegenheiten, um die Achtung zu sensibilisieren für den Intimbereich. Der feine Takt ist hier besonders nötig und hilfreich. Es bedarf vieler Geduld und Einfühlung, um den leiblich-seelischen Rhythmus im Liebesakt aufeinander abzustimmen. Ängste und Unsicherheiten schwinden um so schneller, je achtungsvoller die Partner sich in ihr Liebesgeheimnis vorwagen. Beide empfinden es doppelt beglückend, wenn sie erfahren, daß nicht nur ihr Leib begehrt wird, sondern daß sie persönlich geliebt werden.

Leibliche Schönheit verblüht. Die Achtung lernt die seelisch-geistigen Vorzüge um so mehr zu schätzen, je größer die Fortschritte der Liebenden auf dem inneren Weg werden. Der innere Fortschritt erhält den Alltag der Liebe lebendig. Die vielen unscheinbaren Dienste in Küche und Keller, in Haus und Garten, bei der Erziehung der Kinder und im Verdienen des Lebensunterhaltes weiß die Achtung voreinander dankbar zu schätzen. Sie spart nicht mit Lob und Anerkennung, um zu ermutigen. Achtung mißt zugleich mit den Maßstäben des inneren Weges, wenn die Liebenden darin ihr tieferes Glück gefunden haben. Gerade so wächst allmählich aus der Fähigkeit zur gegenseitigen Achtung das intuitive Gespür für die Würde des anderen.

Würde

In unserer Massengesellschaft ist das Gefühl für Würde eine Seltenheit. Die Mode diktiert das äußere Erscheinungsbild in Kleidung und Wohnung. Vielfach fehlt die persönliche Note. Auf raschen Verbrauch und kurzfristigen Wechsel ist alles abgestimmt. Die Werbung überschlägt sich in marktschreierischen Übertreibungen. Journalismus und Magazine leben von indiskreten Sensationen. Alles wird aufgebauscht, um die Neugierde zu reizen.

Politiker liefern sich in Wahlzeiten Schlammschlachten. Ihre hitzigen Debatten orientieren sich mehr am Kampf um die Macht und an Parteiinteressen als am wahren Wohle des Volkes. Schwächen und Mißgriffe des politischen Gegners werden rücksichtslos ausgespielt. Lüge vermischt sich mit Taktik.

In dieser Luft atmet es sich schwer, wenn man sich um persönliche Würde bemühen will.

Auch der Liebende hat es nicht leicht, zur würdevollen Haltung zu reifen. Würde hat nichts zu tun mit salbungsvollen Worten. Manchem scheint die Begabung für Würde angeboren. Ein innerer Adel prägt solche Charaktere. Würde ist auch nicht durch Bildung allein zu erwerben. Selbst äußere Tüchtigkeit oder glänzende Erfolge reichen nicht aus. Würde ist das Markenzeichen innerer Werte. Der innere Weg fördert die innere Schönheit. Darum bringt er die Würde des Menschen am besten zum Durchbruch.

Normalerweise muß sich auch der Mensch auf dem inneren Weg sehr um Würde bemühen. Sie läßt sich nicht künstlich von außen her erwerben. Wenn auch Gesicht und Miene, Auge und Stimme, Haltung und Gebärde die Spiegel einer würdevollen Haltung sind, so reflektiert die leibliche Ausdruckssprache doch nur die existentielle Wesensprägung.

Den Liebenden schmückt die Würde mit einem eigenen Liebreiz. Er verliert nichts von seiner Anziehungskraft im Älterwerden. Würde schafft eine besondere Atmosphäre. In ihr gedeiht eine wunderbare Mischung von Freiheit und Bindung. Diese polare Spannung sichert den Partnern die verjüngende Kraft ihrer Liebe. Der würdevollen Liebe gelingt es schließlich, die Treue der Liebenden zu sich selber mit der Treue zum geliebten Menschen zu verbinden.

Treue

Die Treue zu sich selber kristallisiert sich für den Liebenden nur langsam heraus. Solange seine Liebe noch stärker von der Egozentrik her geprägt ist, kann er leicht die Selbsttreue mit Eigensinn oder Selbstbehauptung verwechseln. Die innere Gestimmtheit hilft dem Liebenden, klarer zu unterscheiden zwischen Ichsucht und wahrer Selbstliebe. Die Ichsucht setzt sich selbst zum Maßstab des Liebens. Sie liebt den anderen nicht so sehr um seinetwillen, sondern als Mittel zur eigenen Erfüllung. Wird die Ichsucht nicht geläutert und überwunden, so blutet die Zweisamkeit allmählich aus. Die Liebe stirbt, ehe sie ausreifen durfte.

Treue zu sich selbst setzt das Erwachen des Wesens-Selbstes voraus. In der Auszeugung dieses Wesens sieht der innere Weg die innere Fruchtbarkeit der Zweisamkeit. Die Verwesentlichung beider Partner ist das Fernziel der Liebeserfüllung. Erst in diesem Fernziel fließen Treue zu sich und Treue zum anderen wie zwei Flüsse ineinander.

Die innere Arbeit an der Treue-Haltung ist ebenso vielseitig wie schwierig. Bei der Vielschichtigkeit der Menschen lebt die Anziehungskraft der Liebe zunächst von den äußeren Reizen. Sie sättigen sich schneller ab, als das liebeshungrige Herz es wahrhaben will. Der Ver-

174

gleich mit anderen Paaren erneuert den äußeren Anreiz und gefährdet die Nähe zum eigenen Partner. Das Spiel der Gedanken weckt innere Wünsche nach Erfüllungen außerhalb des Liebesbundes. Warnungen des inneren Weges signalisieren die nahende Gefahr, wenn Gefühle und Neigungen das Herz vom eigenen Partner abwendig machen.

Der Liebende steht am Scheideweg. Nicht leicht besteht er die Prüfung. Verblendet ihn Leidenschaft oder Enttäuschung, so gerät er auf eine schiefe Bahn, deren Dynamik er kaum abzuschätzen weiß.

Wie gut, wenn der Mensch aus seiner Liebe zum eigenen Partner die Kraft schöpfen darf, den Verlockungen der Untreue zu widerstehen. Möglicherweise wagt er es, dem Partner die eigene innere Not einzugestehen. Gemeinsam läßt sich die Gefahr leichter bannen. Beide sind nun gut beraten, jetzt ihre Zweisamkeit neu zu intensivieren. Je mehr sich die beiden fortan Zeit füreinander nehmen, je großzügiger sie sich bei Schwächen und Fehlern verhalten, je weniger die Eifersucht bei diesem Ringen sich einmischt, um so heilsamer verbindet sich das Mühen um gegenseitige Treue mit der Fähigkeit zur noblen Toleranz. Sie vermittelt den Partnern die notwendige Elastizität und Flexibilität ihrer Liebe.

Toleranz

Auch der begabte Liebende hat seine Grenzen. Selbst der leidenschaftliche Wille, auf dem inneren Weg die gegenseitige Liebe zur vollen Erfüllung zu bringen, muß sich mit den Möglichkeiten der Partner bescheiden. Die vorgegebene Struktur des Charakters läßt sich nicht willkürlich verändern. Die menschliche Natur ist gewöhnlich stärker als die Tragkraft des guten Willens. Darum gedeiht die fruchtbringende Zweisamkeit um so besser, je verständnisvoller die beiden für ihre eigene Begrenzung und für die Begrenzung des anderen sich öffnen. Der Mangel an Selbsterkenntnis, Selbstmitleid oder die Furcht, den anderen zu verletzen, verengen den Blick und verdunkeln die Sicht für die nüchterne Wirklichkeit.

Das Mühen um Toleranz setzt bereits bei den heimlichen Gedanken an. Der Liebende erkennt das Unrecht, den anderen nach dem eigenen Wunschbild gestalten zu wollen. Der mutig Wagende verzichtet darauf, den geliebten Menschen unnötig in seinen Eigeninteressen zu beschneiden. Das Gesetz des inneren Weges läßt den Liebenden begreifen, daß die Entfaltung des anderen die gemeinsame Liebe bereichert. Diese Entfaltung zu fördern, kostet unter Umständen eine Umstellung, vielleicht den Abschied von liebgewonnenen Gewohnheiten. Eine alte Weisheit läßt sich auf diese Weise neu entdecken, daß die Liebe am Verzicht auf kleinere Erfüllungen für größere Erfüllungen erstarken möchte.

Toleranz läßt dem anderen auch seine Freiräume in weltanschaulichen Fragen. Nur wenn die Interessen der Partner gegenläufig wären, müßte gemeinsam um eine Lösung nach den Maßstäben der wahren Selbstverwirklichung gerungen werden.

Nicht viele Paare werden in der Fähigkeit zur Toleranz so weit gefestigt sein, daß sie auch anderen Beziehungen das Tor öffnen dürften, wenn die Zweisamkeit dadurch befruchtet werden kann. Das Risiko ist sicherlich ebenso groß wie bei einem Balanceakt auf dem Seil. Ohne allseitige Selbstlosigkeit wird ein solcher Balanceakt mißlingen müssen. Ein reifes Liebespaar könnte jedoch das Experiment wagen, um der eigenen Weiterentwicklung willen.

Nur ein sehr hochherzig Liebender könnte die Toleranz so weit austiefen, daß er den geliebten Menschen dann freigibt für den eigenen Weg, wenn die Unmöglichkeit innerer Zweisamkeit über lange Zeit als bittere Wahrheit sich erhärtet.

Verdichtet sich dagegen die Zweisamkeit der Liebe durch das Vertrauen in die gegenseitige Treue, so nährt sich die wachsende Freiheit von einer stützenden Geborgenheit.

Geborgenheit

Geborgensein-dürfen ist eines der kostbarsten Wiegengeschenke des Lebens. Das in der mütterlichen Liebe geborgene Kind wächst in einem Urvertrauen auf, das wiederum die beste Grundlage für die spätere Liebesfähigkeit bietet. Wäre die Geborgenheit ein Grundgefühl des modernen Lebens, so müßten die Philosophen der Gegenwart keine dicken Bücher über die Einsamkeit, über die Selbstentfremdung des Menschen und über die Angst als „Krankheit zum Tode" schreiben. Geborgenheit wäre für viele Verzweifelte die beste Psychotherapie.

Es mag viele Gründe geben für die Richtigkeit dieser psychologischen und philosophischen Daseinsanalysen des heutigen Menschen. Doch alle Analysen helfen dem Menschen nichts, wenn er die Liebe entbehren muß. Um lieben zu können, muß jeder erst Liebe empfangen. Darum wird die Mutter in ihrem Verhalten zum weitreichenden Schicksal ihres Kindes. Die Sehnsucht nach der Urgeborgenheit im Mutterschoß vor der Geburt sitzt tief im menschlichen Unbewußten. Der Mann überträgt diese existentielle Erinnerung auf seine geliebte Frau. Die Frau identifiziert sich bisweilen mit dem Verhalten der eigenen Mutter.

Das Erleben der Frau, dem Manne durch ein schönes Zuhause und durch den Reichtum ihres Herzens jene Geborgenheit schenken zu können, die er für den Lebenskampf braucht, trägt wesentlich zur Erfüllung fraulicher Liebe bei. Da sie vielfach heute zugleich berufstätig ist, liegt auf der Frau die schwere Last der alltäglichen Sorge. Sie darf daher mit Recht von ihrem Manne erwarten, daß er mehr als früher diese Sorge im Haus und in der Erziehung der Kinder mit ihr teilt. Andererseits erfüllt es den Mann mit Stolz, wenn er die äußeren Bedingungen für das gemeinsame Liebesglück optimal bewältigen kann.

Es wird sich der Mann nicht damit zufrieden geben, der Ernährer der Familie zu sein. Liebeserfüllung ist mehr als ein schönes Heim, als ein voller Kleiderschrank, als eine gesicherte Altersrente. All diese Güter wiegen viel, aber sie gelten wenig im Vergleich mit dem Teilnehmen und Teilgeben an den gegenseitigen seelischen Empfindungen und an den geistigen Reichtümern.

Der innere Weg erschließt den Partnern für ihre fruchtbringende Zweisamkeit auch jenen gemeinsamen Liebesgrund, aus dem sie göttliche Lebenskräfte und ewige Liebesfülle empfangen. Letzte Geborgenheit wurzelt im göttlichen Geheimnis. Menschliches Bergen und Geborgenwerden darf aber zum Abglanz dessen werden, was übermenschlich ewig ist, aus eigener Seinsfülle. Wird menschliches Mühen um gegenseitige Geborgenheit in der Zweisamkeit für die Geborgenheit im Göttlichen transparent, so schwingt immer tiefere Hingabe in allem mit, was die Partner in ihrem Leben aneinander verschenken.

Hingabe

In der fruchtbringenden Zweisamkeit ist die Hingabe der volle Dreiklang der Liebe. Die leibliche Hingabe ist die Grundmelodie der Natur. Ihre Dynamik garantiert die Weitergabe des Lebens. Als kosmische Urgewalt zieht der Lebenstrieb die Liebenden in seinen Bann. Die leibliche Hingabe bildet die Grundlage des gemeinsamen Liebesglückes. Viel Behutsamkeit, Einfühlung, Rücksichtnahme, Achtung vor der Würde des anderen sollte die ersten Erfahrungen leiblicher Intimgemeinschaft begleiten, um Enttäuschungen, hemmende Schockerfahrungen der Hingabe zu ersparen.

Dem Jugendlichen fehlen oft diese Haltungen, weil die seelische Reife noch aussteht. Die verfrühte leibliche Hingabe ist daher meist begrenzt auf ein Tasten, Spüren, Erkunden aus Neugier. Gewaltsames Besitzergreifen kann Gefühlskälte bei der Frau auslösen. Am mißglückten Versuch wird besonders deutlich, wie notwendig es für die Liebenden ist, die leibliche Verschmelzung mit seelischer Hingabe und Zuwendung zu füllen. Darum ist die Einstimmung ins Lieben so hilfreich, damit in der Hingabe Leib und Seele miteinander schwingen können.

Jedes Paar ist in dieser Liebeskunst allein auf sich gestellt. Rezepte und Techniken helfen wenig, wenn es an der echten Gemeinschaft der Herzen fehlt. Ungeschicklichkeit, Enttäuschung, Vorwürfe über Versagen können den Partner so entmutigen, daß er zur leiblichen Hingabe zeitweise unfähig wird.

Bloße Trieberfüllung stumpft ab. Routiniertes Gewohnheitsverhalten verflacht die Hingabe. Leere, ja Langeweile entfremden die Liebenden. Tritt Gleichgültigkeit an die Stelle der gegenseitigen Zuwendung, so stirbt die Liebe. Liebe und Gefühlsreichtum sind mindestens ebenso wichtige Begabungen wie intellektuelle Geistesschärfe. Oft fehlt die affektive Reife, weil sie nirgendwo systematisch mitgeschult wird in der westlichen Leistungsgesellschaft. Daher sollten die Partner selber sich gegenseitig zu dieser Gefühlstiefe in der Hingabe verhelfen. Je offener sie sich ihre Erwartungen, Bedürfnisse mitteilen, um so leichter gelingen Fortschritte in der Liebesfähigkeit. Das Herz allein kann sie inspirieren, um immer mehr Facetten ihrer Hingabe zu entfalten.

Der innere Weg möchte zu einer Meisterschaft der Hingabe befähigen, in der Leib, Seele und Geist die Liebesfülle ermöglichen. Deshalb bedarf der leibliche Trieb einer Formung und Kultivierung, die ohne Selbstbeherrschung und einfühlsamen Verzicht nicht erreicht werden kann.

Weil Hingabe das Herzstück der liebenden Zweisamkeit ist, wird Hingabe um so reicher, je mehr der gesamte Alltag mit seinen tausenderlei Zeichen, Gesten und Hilfeleistungen in die Hingabe mit einbezogen wird. Darum ist die gegenseitige Ergänzung so entscheidend.

Ergänzung

Im letzten bleibt die Liebe ein Geheimnis. Zwei Strukturelemente eröffnen dennoch gewisse Einblicke in ihr Wesen. Die Liebenden werden gegenseitig angezogen von einer gewissen Ähnlichkeit ihrer Veranlagungen. Ähnlichkeit erleichtert das Verstehen und den Zusammenklang zur Einheit. Andererseits bringt die ergänzende Verschiedenheit des Wesens größere Bereicherung und Fülle.

Ergänzung basiert auf der Begrenzung des einzelnen als Mann oder als Frau. Bei allem angemessenen Streben nach Gleichberechtigung der Geschlechter bedarf die geglückte Zweisamkeit der Spannung. Bestimmte spezifische Eigenschaften von Mann und Frau sind gewachsene Eigentümlichkeiten aufgrund jahrtausendealter Aufgabenteilung. Bis zu Beginn der geschichtlichen Zeit vor 5000 bis 10 000 Jahren hatte die Frau ein gewisses Übergewicht in der Familie. Das Patriarchat, die Herrschaft der Männer, führte danach zu anderen Einseitigkeiten. Die Gegenwart und die Zukunft ringen um ein neues Rollenverhalten von Mann und Frau. Für beide geht es um den menschlichen Menschen. Bei allem notwendigen Ausgleich für Gleichberechtigung fehlen unserer westlichen Kultur die spezifischen weiblichen Züge. Der männliche Geist mit seinem Drang nach Eroberung, nach Kampf und Selbstbehauptung, nach Leistung und Wettbewerb reduziert das gesellschaftliche Verhalten auf Sachlichkeit und Funktion. Die Konzentration aller Kräfte auf Technik und Fortschritt erzielt atemberaubende Erfolge. Der Mann schafft zugleich ein Klima der Unterkühlung und der gnadenlosen Konkurrenz.

Um so entscheidender ist die Ergänzung der Partner in dem überschaubaren Umfeld ihrer Zweisamkeit und ihrer Familie. An den mütterlichen Gaben der Frau lernt es der Mann, das Sachliche mit dem Persönlichen zu verbinden. Die Ausrichtung der Frau auf das Kind, der Vorrang der menschlichen Beziehungen vor den Sachwerten im Leben der Frau, der Reichtum weiblicher Gefühlsintuition sind unschätzbare Geschenke für die männliche Reifung. Andererseits gewinnt die Frau für die Durchbildung ihres Geistes viel von der männlichen Art, die auch in ihr angelegt ist, scharf zu denken, zielstrebig zu handeln, sachlich zu argumentieren und die Kräfte sparsamer und angemessener für die Arbeit einzusetzen. Das ganzheitliche Wesen der Frau hilft dem Manne, seine Zerrissenheit zwischen Leib und Geist, sein Geteiltsein im Erleben und Handeln zu überwinden. Der Gefühlsbetonung weiblichen Empfindens tut andererseits die Durchformung männlicher Nüchternheit und Klarheit gut. Die Frau wird dadurch selbstsicherer und steht mehr in sich.

Noch tiefer führt das Erleben der Mutterschaft und der Vaterschaft beide zu ihrer Wesenstiefe.

Mutterglück

In der Beziehung der Geschlechter ist der Mann in seinem Liebesverlangen mehr auf die Schönheit der Frau ausgerichtet. Das Wesen der Frau scheint von Natur aus auf eine differenziertere Art des Liebens angelegt zu sein. Als Liebende ist sie zwar die Geliebte des Mannes. Ihre mütterliche Sehnsucht gilt nicht minder der Erfüllung durch das Kind. Die Fähigkeit der Frau, ein Kind zu empfangen, es auszutragen und zur Welt zu bringen, ist im Vergleich zum Manne der Vorzug in der Natur der Frau. Die Würde der Mutterschaft gleicht manche überkommenen Minderwertigkeitsgefühle der Frau aus. Für den Muttertyp der Frauen tritt in ihrem Gefühlsleben nach der Geburt des Kindes der Mann sogar in den Hintergrund. All ihre Gedanken, Wünsche und ihre Fürsorge kreisen um das Kind. Sie nährt es und schenkt ihm Geborgenheit. Der häufige Hautkontakt in der Pflege des Neugeborenen erneuert jeweils das Bedürfnis nach Zärtlichkeit und steigert den Einfallsreichtum, um das hilflose Wesen auf alle mögliche Art und Weise zu „verwöhnen". In ihrem Mutterglück möchte die Frau das Kind am liebsten immer so klein und hilfsbedürftig, wie es die ersten drei Jahre ihrem Erleben einprägen.

Die Symbiose zwischen Mutter und Kind während der Schwangerschaft wirkt im Erleben der Mutter und im Erleben des Kindes sehr lange nach. Für die Mutter ist das Kind ihr erweitertes Ich. Die Mutter kann für *ihr* Kind alle Kräfte einsetzen und schier Übermenschliches leisten.

Der innere Weg möchte diese Fixierung der Mutter auf ihr eigenes Kind lockern. Die Mutter wird es lernen, nicht nur dem Manne gerecht zu werden und bei wachsender Kinderzahl ihre Liebe allen *ihren* Kindern zu schenken. Der innere Weg möchte die mütterlichen Kräfte auch freisetzen für eine mütterliche Haltung grundsätzlicher Art. Schicksalsschläge bringen Härtefälle, vor denen die Frau ihre Augen nicht verschließen sollte, wenn es um fremde Kinder, um Waisen und Einsame geht.

Der innere Weg ermutigt auch die kinderlose Frau, die Resignation über ihre Unfruchtbarkeit zu überwinden. Auch die geistige Mutterschaft im Dienste von Pflegebedürftigen, Notleidenden oder Kranken beschenkt mit einem tiefen Mutterglück. Leibliche wie geistige Mutterschaft müsen sich gleichermaßen darin bewähren, daß die Kinder für das eigene Leben freigegeben werden. In dieser Zeit des Loslassens und Lösens wirkt sich der innere Weg für die Frau besonders hilfreich aus, weil er ihr den Sinn der Freigabe als Reifungschance für Mutter und Kind nahebringt.

Vaterschaft

Vater zu werden, ist nicht schwer. Vater zu sein, ist die größere Aufgabe des Mannes. Sie erschöpft sich nicht in der Rolle des Ernährers und Beschützers für Frau und Kind. Mit dem Selbständigwerden der Kinder gewinnt der Vater für die Erziehung der Kinder an Autorität und Gewicht. Der kulturelle Beitrag der Vaterrolle für das Gedeihen der Kinder, für ihr Hineinwachsen in die größere Gesellschaft liegt in der Vermittlung von Sitte und Brauch, von Recht und Gesetz. In den zwei Wortschöpfungen „Muttersprache" und „Vaterland" spiegeln sich die mütterlichen und väterlichen Prägungen in ihrem Schwerpunkt.

Der innere Weg appelliert vor allem an die Glaubwürdigkeit des Vaterbildes. Der Soziologe Mitscherlich charakterisiert die Moderne als „vaterlose Gesellschaft". Dieses Schlagwort verdeutlicht die Krise der Autorität in unserer Gegenwart. Falsche Propaganda, Wortbrüche und Treulosigkeit, bewußte Täuschungen und Irreführungen auch im Zusammenleben der Völker haben alte Leitbilder zerstört. Die Erschütterungen der Weltkriege in unserem Jahrhundert, der Zerfall der politischen Systeme, Rassenhaß und Bürgerkriege lassen vieles als fragwürdig erscheinen, was früheren Generationen als heilig und unantastbar galt.

Weil Vaterbild und Gottesbild aufs engste zusammenhängen, stürzten mit den Thronen der Könige und Kaiser in den Revolutionen auch die Altäre der Religion.

Wir sprechen heute bereits von einer nachchristlichen Zeit, deren Gestalt sich schwer bestimmen läßt.

Theologen erinnern sich, daß Gott als Geheimnis die Eigenschaften des Väterlichen wie des Mütterlichen in sich vereint. Der Sinn für Ganzheit erwacht als treibende Kraft für ein neues Gottesbild und für ein neues Menschenbild. Die Väter und Mütter der neuen Generation werden an diesen neuen Leitbildern maßgeblich beteiligt sein. Um so wichtiger und entscheidender dürfte es sein, nach welchen Maßstäben sich diese kommenden Geschlechter ausrichten werden.

Der innere Weg muß dem Wandel der Zeit zwar gerecht werden. Seine Überzeitlichkeit könnte um so tiefer den Entwurf einer neuen Zeit und eines neuen Menschen inspirieren, je verantwortungsvoller der

Umbruch in unserer Gegenwart von der alten wie von der neuen Generation mitgetragen werden kann. An beide Generationen werden höchste Anforderungen gestellt, sollen die Krisen gemeistert werden. Einübungen dazu sind die Konfliktbewältigungen im Alltag der Zweisamkeit.

Bewältigung von Konflikten

Wäre die fruchtbare Zweisamkeit die alltägliche Liebeserfahrung, so müßte das glückliche Paar das normale Erscheinungsbild der Liebe sein. Es wäre dann die wachsende Scheidungsrate völlig unverständlich. Es dürfte auf den Gesichtern der Liebenden nicht so viel Enttäuschung, Leere, ja Bitterkeit aufscheinen. Wie lassen sich diese Enttäuschungen verstehen, angesichts der hohen Erwartungen der Partner vor ihrem Jawort?

Welche Lebenshilfe trägt der innere Weg zur Bewältigung der offensichtlichen Konflikte bei?

Es mag verwunderlich klingen, wenn man behauptet, daß gewisse Enttäuschungen notwendig sind, damit eine fruchtbringende Zweisamkeit sich ausreifen darf. Wenn die Liebe die Wesensmitte allen Lebens bedeutet, dann kann sich die Fülle der Liebe nicht durch Illusionen oder überzogene Hoffnungen entfalten. Liebe als Lebensquell muß mit der Wirklichkeit und mit der Wahrheit des Lebens übereinstimmen. Die Partner kommen daher nur dann zur ersehnten Liebeserfüllung, wenn sie den Wachstumsgesetzen ihrer Liebe zu entsprechen lernen. Weil dies nur auf freiwilliger Basis möglich ist, sind Fehlformen und Entgleisungen dort die Folge, wo der einzelne sich gegen die wahre Liebeshaltung entscheidet. Die Liebe selber wird immer größer sein, als die menschliche Möglichkeit zu lieben. Als universelle Lebenskraft erfaßt sie den Menschen nur soweit, als er seine individuelle Liebesbereitschaft und Liebesfähigkeit zu öffnen und der Universalität der Liebe anzunähern versteht. Um dieser Erweiterung und Wandlung willen, wird der Liebende die Hindernisse und Verleugnungen zu erkennen und zu beseitigen trachten. Einige typische Schwierigkeiten im Reifen zur echten Liebe sollen im Blickwinkel des inneren Weges tiefer ausgeleuchtet werden. Ich beziehe mich dabei auf Störungen der Liebe, die aus dem Unbewußten auftauchen. Es geht um Verhaltensweisen, die zur Verflachung der Intimsphäre führen. Schließlich gilt es, die persönlichen Konfrontationen der Liebenden als Reifungsprobleme zu meistern.

Störungen aus dem Unbewußten

Der Volksmund spricht von den ersten Wochen des liebenden Miteinanders in treffenden Bildern. Es ist von Flitterwochen oder Honigmonaten die Rede. Der Liebesgenuß bestimmt dieses Erleben. „Den Flitterwochen folgen oft die Splitterwochen." Gegenseitige Ernüchterungen bewirken diesen jähen Wechsel. Der Alltag holt die Partner ein. Neben den Lichtseiten des Charakters treten nun die Schattenseiten ins Bewußtsein. Es hilft nichts, auf Dauer die Schwächen und Mängel bei sich und beim anderen vertuschen zu wollen. Dafür ist das Leben zu kompliziert. Dafür ist der einzelne zu vielschichtig. Keiner kann sich über längere Zeit vor sich und vor dem anderen verstecken. Zu engmaschig wird das Netz der gegenseitigen Beziehungen im Wohnzimmer und im Schlafzimmer, im Alltag und in der Urlaubszeit.

Manchem Menschen wird lange Zeit gar nicht bewußt, daß sein eigenes Vaterbild oder Mutterbild im Unterbewußten den Maßstab abgibt, an dem die geliebte Frau oder der geliebte Mann gemessen und im Verhalten verglichen werden. Dabei kann dieser Vergleich doppelwertig ausfallen. War die Vaterbeziehung oder Mutterbeziehung positiv, so können sie ein bestimmendes Motiv bei der Partnerwahl gewesen sein. Die Liebe zum Vater wird auf den Mann, die Liebe zur Mutter wird auf die Frau unbewußt übertragen. War die Elternbeziehung negativ besetzt, so wird dieses negative Bild ebenfalls die Partnerwahl beeinflussen. Es wirkt kontraproduktiv.

Der moderne Trend, möglichst frühzeitig und vielseitig Intimerfahrungen zu sammeln, setzt die jugendlichen Menschen einem Erwartungsdruck aus, dem sie sich schwer entziehen können. Weil körperliche Reife und seelische Reife um Jahre auseinanderliegen, ist es bei diesem Konsumverhalten im Lieben unvermeidlich, daß viele negative, frustrierende Erfahrungen in der körperlichen Liebesgemeinschaft in Kauf genommen werden. Infolge unbewußter Mechanismen gehen diese enttäuschenden Erlebnisse durch Übertragungen in jede neue Liebesbeziehung mit ein. Ein Erwartungsfeld und Vergleichsfeld bauen sich auf, das nur in positiven Erfahrungen hilfreich sein könnte. Voraussetzung dafür wäre eine erfahrene Menschenkenntnis, die zwangsläufig den jungen Menschen noch fehlt.

Äußere Normen oder moralische Grundsätze, zu denen der innere Weg ermutigen möchte, um unnötige seelische Belastungen zu ersparen, werden nicht von allen als Schutz in Anspruch genommen. Erst sehr viel später wird die Lebenshilfe solcher Ratschläge erkannt. Oft ist dann schon „das Kind in den Brunnen gefallen". Darin liegt eine gewisse Tragik, die aber durch eine um so entschlossenere Haltung wenigstens teilweise ausgeglichen werden kann. Nun gilt es, die Abstumpfung in der Intimität zu vermeiden.

Abstumpfung im intimen Bereich

Das Glück leiblicher Erfüllung ist in der Liebesgemeinschaft dem Wechsel unterworfen. Das triebgebundene Liebesverlangen steigt und fällt wie Ebbe und Flut. Männlicher und weiblicher Rhythmus müssen aufeinander abgestimmt werden, um einen gleichzeitigen Höhepunkt der gegenseitigen Verschmelzung zu erreichen. Einfühlung, Rücksicht, Vornehmheit, Geduld, Wartenkönnen, vorbereitendes und ausklingendes Liebesspiel verhindern es, daß der Intimverkehr in Gewohnheit abgleitet, deren Routineverhalten der Liebe die Beseelung stiehlt. Ohne seelische Wärme und Zuwendung fehlt der leiblichen Hingabe die menschliche Würde. Statt eine beglückende Erfüllung zu erleben, fallen die Liebenden nach ihrer Vereinigung in eine beunruhigende Leere. Enttäuschung macht sich in ihrem Empfinden breit. Aus Angst voreinander verbergen sie solche frustrierten Gefühle. Um ihre Sprachlosigkeit auszugleichen, versuchen manche eine Beglückung vorzutäuschen, die sie gar nicht mehr empfinden. Bedrückt fragen sie sich, ob ihre Partnerwahl wohl richtig war. In nachdenklichen Stunden melden sich Zweifel an der eigenen Liebesfähigkeit oder an der des Partners. Vergleiche mit anderen Erfahrungen höhlen die Freude am jetzigen Partner aus. Wer nun zu ungeprüft, zu schnell und zu unkritisch eine Zweisamkeit gewählt hat, der macht sich Vorwürfe oder denkt an einen Wechsel. Die Gedanken an gegenseitige Verantwortung werden verdrängt mit vermeintlichen Ansprüchen auf ein eigenes Glücklichsein. Andere befällt eine bedrückende Einsamkeit, die sie lange Zeit vor sich selber verzweifelt ableugnen. Wissen sie keinen Ausweg, der Kinder wegen oder aus wirtschaftlichen Gründen, so wird im Laufe der Zeit das Miteinander zu einem Nebeneinander. Manche suchen sich zu entschädigen durch gelegentlichen Flirt mit anderen oder mit Seitensprüngen, aus geheimer Rache oder aus unerträglicher Langeweile.

Wie beneidenswert erscheinen einer enttäuschten Partnerschaft jene Liebespaare, die auf dem inneren Weg lernen durften, am Glück ihrer Liebe zu arbeiten. Eine fruchtbringende Zweisamkeit gelingt leichter, wenn beide ihre Herzensgemeinschaft als das größte und wichtigste irdische Gut zu schätzen wissen. Ihre Liebe macht sie fähig, auch zu Opfern und Verzichten ja zu sagen, wenn es das Glück des anderen notwendig macht. Solche Liebenden ersparen sich leichter ernsthafte Konfrontationen, die das Miteinander immer mehr belasten, oder sie kommen schneller zu Konfliktlösungen, an denen die Zweisamkeit erstarkt.

Konfrontationen

Für eine Zweisamkeit Konfrontationen ausklammern zu wollen, wäre aus zweierlei Gründen unrealistisch. Die fruchtbringende Zweisamkeit ist erst das Ergebnis einer Verwandlung der ichbezogenen Liebe zur ichfreien Wir-Liebe. Sie kann folglich nicht am Beginn einer Liebe zu zweit stehen. Die Verwandlung der ichbezogenen Liebe zur Wir-Liebe ist ohne Konfrontationen nicht möglich, weil nur dadurch die falschen Wunschbilder aufgelöst werden.

Der normale Liebesbeginn lebt mehr von der Sehnsucht, geliebt werden zu wollen, als von der Kraft, lieben zu können. Wir Menschen sind im allgemeinen zu schwach, um alle Eigenliebe und um alle Ichsucht gänzlich überwinden zu können. Trotz aller Anstrengung des liebenden Herzens bleiben Reste von Egozentrik, die zu härteren Auseinandersetzungen Anlaß geben, wenn besondere Umstände überfordern.

Für die Frau ist es nicht leicht, Beruf, Kinder und Gattenliebe miteinander in Einklang zu bringen. Der Mann sucht seine Selbstbestätigung in der Berufskarriere. Sozialer Aufstieg und Berufserfolg nehmen seine Kräfte voll in Anspruch. Ohne es zu wollen, vernachlässigt er Frau und Kinder, weil er seine Berufsarbeit und seinen sachlichen finanziellen Beitrag als Ausdruck seiner Liebe versteht. Eine Frau wird im allgemeinen nicht so in ihrem Beruf aufgehen wie der Mann, weil ihr die menschlichen Beziehungen wichtiger bleiben.

Heutzutage sind Frau und Mann meistens berufstätig. Es fehlt vielfach beiden an Zeit und Kraft für ein liebendes Miteinander. Solange die materiellen Interessen des äußeren Aufbaues in Beruf und Eigenheim die gemeinsamen Anstrengungen auf gleiche Ziele lenken, scheint die Zweisamkeit gewährleistet. Sind die äußeren Ziele der gesellschaftlichen Position und des Eigenheimes erreicht, so genießen beide zunächst das Erreichte und die verdiente Pause.

Jetzt wäre der Zeitpunkt, um die seelischen und geistigen Ziele des inneren Weges als organische Fortsetzung der fruchtbringenden Zweisamkeit in den Mittelpunkt des Interesses zu rücken. Beide Partner stehen altersmäßig nun in der Mitte ihres Lebens. Die Lebensmitte gleicht einer Wegkreuzung. Die Sinnfrage des Lebens bricht erneut auf. Das erleichtert die volle Entscheidung für die gemeinsame Selbstverwirklichung auf dem inneren Weg.

Andererseits melden sich Nachholbedürfnisse. Die harten Jahre des Aufbaues forderten zwangsläufig Verzichte auf Eigeninteressen. Manche möchten nun das Leben erst einmal großzügiger genießen. Reiseangebote locken zu Urlaubswochen auf weitentfernten Inseln. Begegnungen mit anderen Männern oder Frauen wecken Hoffnungen auf die Erfüllung ungestillter Wünsche. In der Freizügigkeit von Liebesbeziehungen außerhalb der Zweisamkeit beanspruchen heute viele Frauen die gleichen Rechte, die sich die Männer bisher herausnahmen. Ohne Ausrichtung auf die Lebenserfahrungen des inneren Weges ist es für Frau und Mann schwer, den hohen Preis fragwürdiger Liebesabenteuer richtig einzuschätzen. Für längere Zeit lassen sich Heimlichkeiten mit fremden Liebenden verbergen. Das Unbewußte registriert dennoch die Veränderung in der Herzenshaltung des Partners. Weil seine Gedanken und Gefühle mehr und mehr besetzt sind von der neuen Beziehung, wirkt der Partner innerhalb der bisherigen Zweisamkeit zerstreut, abwesend, gereizt, innerlich hin- und hergerissen. Selbstvorwürfe und Schuldgefühle drängen innerlich zur Klärung. Leidenschaft und Genußgier vernebeln und verschleiern die Klarsicht einer Entscheidung.

Der innere Zwiespalt führt eines Tages zum äußeren Konflikt. Durch Zufall erfährt der Partner von der Untreue des bisher geliebten Menschen. Die Entdeckung ist um so bitterer, je ahnungsloser der Betroffene bisher war. Zunächst wirkt die schmerzliche Erkenntnis wie ein Schock. Der Himmel des bisherigen Liebesglückes stürzt ein. Eifersucht erwacht. Es kommt zu Vorwürfen und Streit. Aggressionen wechseln mit Depressionen. Liebe schlägt um in Haß. Ein Verzeihen scheint im Augenblick eine Überforderung zu sein. Gefühle der Rache drängen dazu, Gleiches mit Gleichem zu vergelten. Die Zweisamkeit bricht in zwei Abgründe auseinander.

Für ein Drittel der Ehen folgt heute Trennung und Scheidung. Eine neue Verbindung zeigt oftmals überraschende Ähnlichkeit mit der gescheiterten Ehe. Da beide getrennte Partner sich selber in die neue Verbindung mitnehmen, bleibt ihnen die ungelöste Reifungsaufgabe als Erbe und Vermächtnis. Dies mag ein triftiger Grund sein, warum das Unbewußte die neue Partnerwahl so lenkt, daß die ungelöste Reifungsaufgabe als Forderung sich erneuert. Oft ist die Lösung erschwert durch die Belastung des inneren Vergleichs und der inneren Selbstvorwürfe über eigenes Versagen.

Für manche zerbricht auch die zweite Partnerschaft. Von außen lassen sich die Gründe schwer erkennen. Seelische Beratung kann in vielen Gesprächen den Dschungel der verschlungenen Pfade eines Lebensweges lichten helfen. Oft steht der einzelne bei der Aufarbeitung seiner Umwege und Irrwege vor sich selber wie vor einem Rätsel. Seine neugewonnenen Erkenntnisse können das Vergangene zwar nicht mehr rückgängig machen. Aber er kann unter Umständen einiges wiedergutmachen. Anderes kann er für den verbleibenden Lebensweg besser vermeiden. Je älter der Mensch wird, um so mehr holt ihn bekanntlich das gelebte Leben ein.

Der innere Weg möchte vor dem Scheitern im Lieben bewahren. Auch der innere Weg fordert zu Konfrontationen heraus. Sie verlaufen aber in entgegengesetzter Richtung, weil die Partner bei ihren Auseinandersetzungen das gemeinsame Liebesglück als Maßstab und Richtpunkt im Blick behalten. Echte Liebe verhätschelt den geliebten Menschen nicht. Sie schont ihn nicht, wo die Herausforderung um der Wahrheit der Liebe willen und um des wahren Wesens willen notwendig ist. Das Ringen um gegenseitige Treue in kleinen Dingen, in Gedanken und Gefühlen; die bewußte Pflege des Miteinander im Austausch und Gespräch; das entschlossene sich immer wieder neu Ausrichten auf das tiefere Wesen: all das ermöglicht eine mutige Offenheit, um Irrwege im Ansatz zu erkennen und zu vermeiden.

Schwer bleibt allerdings eine solche Gratwanderung, wenn nur ein Partner innerhalb der Zweisamkeit sich für den inneren Weg entscheidet. Viele Konflikte entstehen dann aus der grundsätzlich verschiedenen Lebenshaltung beider. Es ist schmerzlich, die tiefste Freude und innerste Sehnsucht nicht mit dem anderen teilen zu können. Vielleicht fehlt ihm der notwendige Sinn für den inneren Weg. Versuche, ihn dafür zu gewinnen, erreichen bisweilen das Gegenteil. Er reagiert mit Kritik, Abneigung, Eifersucht, Vorwürfen. Ein schweres Tauziehen beginnt. Die Zweisamkeit fordert dann von beiden Kompromißbereitschaft, Verständnis und teilweise Verzichte. Auch dann ist es nicht aussichtslos, die Treue zum Partner mit der Treue zum eigenen inneren Wesen immer wieder auszubalancieren. Es braucht viel Opferbereitschaft, um aus Liebe manches mitzumachen, was dem Partner Freude macht. Diese Großmut kommt dem inneren Weg trotzdem zugute, weil sie die Selbstlosigkeit weiterentwickelt. Wer solcher Verzichtleistung sich positiv stellt, erspart sich andere Läuterungsprüfungen. Schließlich haben alle Läuterungen nur den Sinn, den Menschen freizumachen von den Resten seiner Egozentrik. Das Vertrauen auf die innere Führung wird den Partner im Alleingang zur Hoffnung ermutigen, daß die Gnade des inneren Weges zu seiner Zeit auch dem anderen zuteil wird.

Das fruchtbringende Miteinander ist zu reich an Höhen und Tiefen, als daß alle Konfrontationen hier zur Sprache kommen könnten. Einige seien erwähnt. Die Erziehung der Kinder wirft Fragen auf, die auch Meinungsverschiedenheiten der Eltern hervorrufen. Spannungen zwischen den Eltern können nicht dadurch gelöst werden, daß sie die Kinder gegenseitig ausspielen oder daß sie sich von den Kindern gegenseitig ausspielen lassen. Der innere Weg bewahrt die Eltern davor, ihre Schwierigkeiten vor den Kindern auszutragen. Sie bereinigen sie unter sich. Mehr als Worte wirkt die vorbildliche Haltung der Eltern auf ihre Söhne und Töchter.

Viele außerfamiliäre Faktoren wirken auf die Jugend ein. Fernsehen und Disco, das gesellschaftliche Leben mit neuen Wertvorstellungen, berufliche Schwierigkeiten und beginnende Freundschaften bringen Probleme mit sich, die von den Eltern große Umsicht und feste Güte fordern. Sie können ihre Kinder nicht vor Irrwegen und Umwegen bewahren. Sie werden vieles anders bewerten und müssen es doch geschehen lassen, unter Schmerzen und in banger Sorge. Um so entscheidender ist nun, daß die Eltern fest zueinanderstehen und dem guten Kern in ihren Kindern vertrauen. Je klarer und entschiedener die Eltern ihrem inneren Gesetz treu bleiben, um so nachhaltiger wirkt ihr Einfluß auf die Kinder als Maßstab, mögen auch die äußeren Lebenswege ganz verschiedene Gestalt annehmen. Sobald die erwachsenen Kinder selber als Eltern in die gleiche Rolle nachrücken, werden sie am persönlichen Erleben das Verhalten ihrer Eltern besser verstehen. Oft lösen sich erst jetzt viele Spannungen, weil eine innere Aussöhnung eine neue tiefere Begegnung anbahnt.

Mit der äußeren und inneren Freigabe ihrer Kinder für den eigenen Lebensweg stehen die Partner vor neuen Möglichkeiten einer fruchtbaren Zweisamkeit. Der unmittelbare Dienst an der Weitergabe menschlichen Lebens hat sich erfüllt. Der innere Weg eröffnet nun neue Ansätze, um gemeinsam dem Ziel einer vollen Entfaltung des wahren Wesens näherzukommen.

Partner, die ihre Beziehung nur im leiblichen Bereich gelebt haben, befürchten das Nachlassen ihrer leiblichen Liebesfähigkeit. Die hormonelle Umstellung während der Menopause beendet die Möglichkeit der leiblichen Mutterschaft für die Frau. Die Zeugungskraft bleibt dem Manne zwar erhalten. Das Älterwerden hinterläßt dennoch deutliche Spuren im seelischen und geistigen Bereich des Mannes. Im Reifen zur fruchtbringenden Zweisamkeit verschieben sich nun die Schwerpunkte. Vaterschaft und Mutterschaft wiederholen sich in gewisser Weise in der Rolle von Großvater und Großmutter. Das Verhältnis zu den Enkelkindern schenkt eine Erfüllung mehr aus zweiter Hand. Sie ist Begleittext in der Lebensmelodie. Für verinnerlichte Partner rückt nun die Verwandlungschance ihrer Liebe in den Vordergrund. Das Seelische und Geistige klang durchaus in ihrer leiblichen Liebesgemeinschaft mit. Nun kann es sich voll entfalten.

Der innere Weg nimmt sich dieser Entfaltung des Seelischen und Geistigen besonders an. Er macht den Partnern bewußt, daß der Sinn der zweiten Lebenshälfte wesentlich in dieser Ausreife des Seelischen und Geistigen besteht. Die große Chance der Zweisamkeit liegt gerade in der fruchtbringenden Ergänzung der weiblichen und männlichen Natur. Es wandelt sich die Zeugungskraft und die Empfängniskraft der leiblichen Vaterschaft und Mutterschaft in die wechselseitige „Auszeugung" und „Empfängnis" des wahren Wesens. An die Stelle der Leibesfrucht tritt nun die Wesensfrucht des ganzheitlichen Frauseins und des ganzheitlichen Mannseins.

Es ist der psychologischen Forschungsarbeit unseres 20. Jahrhunderts zu danken, daß Tiefenpsychologie, humane und transpersonale Psychologie die methodischen Wege zum Ganzwerden des Menschen erschlossen haben. Die Wandlung zum menschlichen Menschen ist das Gebot der Stunde.

Der innere Weg weiß aus der spirituellen Tradition aller Religionen über die Wandlung des menschlichen zum spirituellen Menschen am besten Bescheid. Dem spirituellen Menschen wird die Zukunft gehören, weil er bewußt teilhaben darf an den universell-kosmischen und göttlichen Kräften. Deshalb vermag der innere Weg am zielstrebigsten den menschlichen Menschen mitzuentfalten, um ihn in den spirituellen Menschen umzuformen. Damit wird der volle Dreiklang der Liebe aus Leib, Seele und Geist erfahrbare Wirklichkeit. Die Umformung selber durchläuft verschiedene Prozesse, von denen einige wesentliche im folgenden erörtert werden sollen.

Selbstfindung

Weil der Wesenskern des Menschen das göttliche Abbild ist, bleibt dieser Kern umhüllt wie ein göttliches Geheimnis. Die Psychologie bezeichnet diesen Wesenskern als „Selbst". Die spirituelle Weisheit sieht in diesem Selbst den Spiegel für das Göttliche. Der innere Weg verbindet beide Sehweisen. Damit hilft er den Liebenden, menschliches und gnadenhaft-göttliches Reifen als Lebenseinheit zu erfahren.

Die fruchtbringende Zweisamkeit hat auf dem bisherigen Reifungsweg manche Selbsterkenntnis vermittelt. Im gemeinsamen Ringen der Partner um eine fördernde Anpassung aneinander, in der Offenheit gegenüber ihren Schwächen, in der Formung ihrer Charaktere konzentrierte sich die bisherige Anstrengung auf eine Veredlung ihrer Ego-Struktur. Die Ichsucht in all ihren Verästelungen wurde als Hindernis für ein tieferes Liebesglück erkannt. Die immer wieder erneuerte Ausrichtung auf den geliebten Menschen erleichterte es wesentlich, unberechtigte Wünsche eigener Egozentrik zugunsten des gemeinsamen Wohles aufzugeben. Das wachsende Glück, bedingt durch eine ichfreiere Haltung, stärkte die Kraft, beharrlich auch an den Bruchstellen negativer Charaktereigenschaften gemeinsam zu arbeiten. Aus diesem partnerschaftlichen Mühen sind nun gute Voraussetzungen gewonnen, um auf das eigene Selbst und auf das Selbst des anderen jetzt die volle Aufmerksamkeit zu lenken.

Dabei wäre es außerordentlich hilfreich, sich die modernen Grundkenntnisse der Tiefenpsychologie zunutze zu machen. Das muß nicht ein Fachstudium sein. Es gibt gute allgemeinverständliche Darstellungen in Taschenbüchern. Diese Sachinformationen können das gemeinsame Gespräch der Partner sehr bereichern. Weil sie diese Kenntnisse wie einen Spiegel verwenden, um das eigene Gesicht darin zu betrachten, zünden solche Grundeinsichten nicht nur intellektuell. Sie werden existentielle Nährstoffe für den gemeinsamen inneren Weg. Es ist ein Geschenk, daß heute ein sehr reiches Angebot an Kursen, Seminaren, Vorträgen, Schulungswochenenden für jedermann offensteht. Durch Aussprachen und Rückfragen lassen sich Zweifel klären, Mißverständnisse bereinigen, Einübungen in bessere Methoden erlernen. Besonders hilfreich sind Yogakurse, um die leibliche Durchlässigkeit, um geistige

Konzentration, um die Verbindung mit den kosmischen und universellen Kräften vorzubereiten. Meditationskurse machen vertraut mit dem Weg nach innen, um das innere Ohr, das innere Sehen, das innere Spüren zu erfahren. Es ist ein unschätzbares Geschenk, wenn beide Partner, mit all diesen äußeren Hilfen vertraut, nun gemeinsam ihr eigenes Selbst entdecken möchten.

Selbstverwirklichung

Selbstfindung ist vor allem eine praktische Wissenschaft. Das Nachdenken über sich selber bleibt kein theoretisches Spekulieren. Konkrete Erfahrungen werden reflektiert. Praxis und Theorie greifen ineinander. Deswegen gehen auch Selbstfindung und Selbstverwirklichung Hand in Hand.

Für manche Kritiker ist das Mühen um Selbstverwirklichung ein Reizwort. Sie sind geprägt von einem funktionalen Leistungsdenken. Der einzelne wird von ihnen an seinem materiellen oder intellektuellen Beitrag für die Dienstleistungsgesellschaft gemessen. Nur der Nutzwert zählt. Solche Kritiker argwöhnen, daß Selbstverwirklichung im Grunde nur verfeinerter Egoismus sei. Mit dieser Meinung enthüllen sie aber ihren Denkfehler. Sie verwechseln Egozentrik oder Ichsucht mit Selbstverwirklichung. Weil die Sprache Ichsucht und Selbstsucht kaum unterscheidet, werfen Kritiker Selbstsucht und Selbstverwirklichung in den gleichen Topf. In Wahrheit ist die Selbstverwirklichung bestrebt, die Selbstsucht als ihr Zerrbild zu entlarven und entschieden zu korrigieren. Auch der Vorwurf, daß ein Ringen um Selbstverwirklichung zur Nabelschau werde und den Blick von der Nächstenliebe abwende, widerlegt sich selber. Denn im Verwirklichen des eigenen Selbstes kommt der Mensch seinem Nächsten im Wesentlichen nahe, weil beide dort ihre universelle Teilhabe an der einen gemeinsamen Menschennatur am tiefsten miteinander teilen dürfen. Dies genau erfahren die Liebenden in ihrer fruchtbringenden Zweisamkeit am schönsten und am umfassendsten.

Wie erfahren sie es konkret auf dem inneren Weg?

Sie erfassen durch ihre Liebe das Wesen des anderen intuitiv oft besser als ihr eigenes Wesen. Wenn nun beide dieses intuitive Spüren des anderen einander mitteilen, machen sie sich gegenseitig ihre besten Möglichkeiten bewußt. Sie sprechen darüber, sie suchen nach konkreten Schritten, um ihre besseren Möglichkeiten in Lebenswirklichkeit zu übersetzen. Sie überprüfen die Fortschritte und Rückschritte. Sie bauen

Hemmungen ab durch gegenseitige Ermutigung. Träume werden zu verschlüsselten Botschaften ihres Unterbewußten. Es macht ihnen Freude, gemeinsam den Schlüssel für die Deutung zu finden. Keiner hat im Hinterkopf Augen, um den Rücken zu sehen. Ein Spiegel könnte die Sicht des Rückens ermöglichen, aber der Spiegel bleibt stumm. Der Partner hat genügend Abstand vom anderen, um das sehen zu können, was dem anderen verborgen bleibt. Weil er Distanz mit wohlwollender Zuneigung verbindet, erkennt der einzelne gewissermaßen mit den wohlwollend klaren Augen des Partners immer besser sich selber. Beide helfen sich im Laufe der Zeit, die innere Stimme des wahren Wesens von der Stimme des Ego zu unterscheiden. Sie erkennen es schneller und leichter, wenn das Ego in ihnen die Stimme des wahren Wesens täuschend nachzuahmen versucht. Das innere Gehör erkennt immer klarer den falschen Zungenschlag, weil die Zielrichtungen in der Absicht des Selbstes und in der Absicht des Ego oft gegenläufig sind. Wenn beide eine feste Zeit aussparen, um am Morgen oder am Abend im Schweigen miteinander zu meditieren, erfahren sie immer beglückender, wie beredt das Schweigen aus innerem Gleichklang werden darf. Der Blickkontakt genügt, um wortlos das Denken und Fühlen des anderen zu verstehen.

So verändern sich die Maßstäbe auch in ihrem Lebensstil. Die materiellen Interessen treten zurück. Musische Beschäftigungen wecken kreative Begabungen für Musik, für Malen oder Töpfern. Dabei ist das äußere Leistungsergebnis zweitrangig. Die kreative Tätigkeit wird zum Spiegel, dessen Reflexionslicht tiefere Wesensschichten erhellen kann.

Der Tagesablauf richtet sich nun immer mehr aus am inneren Wachstumsprozeß der gemeinsamen Selbstverwirklichung. Neue Freundschaften entstehen mit Gleichgesinnten. Alte Bekanntschaften lösen sich auf, wenn die geistigen Interessen nicht geteilt werden können. Das Wochenende und die Urlaubszeit dienen jetzt der Vertiefung der Selbstverwirklichung. Je reicher sich jeder der beiden in seinem Wesen entfaltet, um so beglückender erleben sie ihre fruchtbringende Zweisamkeit. Am überraschendsten wandelt sich ihre liebende Einheitserfahrung. Die körperliche Leidenschaft behält durchaus ihre Komponente. Aber sie verliert das Gewalttätige, Bedrängende, Überwältigende. Die grundsätzliche Befreiung aus den Fesseln der eigenen Egozentrik ermöglicht es nun, die seelischen Gaben der Liebe voll ins Spiel zu bringen. Das leibliche Verschmelzen wird zum Ausdruck seelischer Vereinigung. Zärtlichkeit prägt immer mehr den tagtäglichen Umgang miteinander. Den anderen beglücken zu dürfen, wird als tiefstes eigenes Glück erfahren. Die seelische Schönheit fasziniert nun mehr, als die leibliche Schönheit in jungen Jahren es vermochte. Ohne sich von der Außenwelt abzukapseln, erfahren beide, daß sie sich gegenseitig zum Glücklichsein genügen. Ihre Verschmelzung im tiefsten Kern läßt die gegenseitige Treue immer fragloser werden. Die Zahl der Freunde schmilzt, weil die Ansprüche an die Freundschaft gestiegen sind. Um so tiefer können die Freunde auf dem gemeinsamen inneren Weg das Wesentliche miteinander teilen. Fremde Menschen bleiben indirekt einbezogen in diese Herzensgemeinschaft durch ein von innen kommendes Wohlwollen, durch liebenswürdige Freundlichkeit, durch humorvolle Heiterkeit. Selbstverwirklichung beschenkt mit einer inneren Strahlkraft, deren Würde wie ein Schutzmantel einhüllt. Diese innere Würde wirkt anziehend und weckt zugleich eine Ehrfurcht in der Begegnung mit fremden Menschen, die deren beste Seiten anspricht und öffnet. Das wachsende Licht der Selbstverwirklichung hilft nun, die noch verbliebenen Schatten des Charakters mutig aufzuhellen.

Schattenprobleme

Unser tiefstes Selbst ist in seinem Grunde unzerstörbar. Die spirituellen Traditionen deuten es dennoch unterschiedlich. Buddha beschränkte sich darauf, den inneren Weg durch ein Verlöschen aller Wünsche und Begierden der Egowelt aufzuzeigen. Es war die Weisheit des Erleuchteten, wenn Buddha auf die Fragen nach dem unvergänglichen Wesen des Menschen mit Schweigen antwortete. Er war der Überzeugung, daß die Unvergleichlichkeit dieses Ewig-Unzerstörbaren weder mit Ja noch mit Nein richtig zu beantworten sei. Der Erleuchtung werde sich dieses Ewige im Menschen enthüllen. Der Unerleuchtete müsse sich um seine innere Befreiung mühen. Alles Weitere ergebe sich aus dieser Loslösung von den Fesseln der Begierden.

Der Hinduismus Indiens hält bis heute an der Identität des Wesenskernes, der Atman genannt wird, mit dem Göttlichen selber fest. Dieser Atman wandert von Geburt zu Geburt mit. In sich bleibt er reines Licht, das als Sein, Bewußtsein und Seligkeit von befreiten Erleuchteten erfahren wird.

Auch der christliche Glaube lehrt, daß der Mensch das Abbild Gottes ist, und er hält an der Unzerstörtheit der menschlichen Ebenbildlichkeit fest. Aber er weiß auch um die Verwundung des menschlichen Erkennens, Wollens und Liebens durch eine Urschuld.

Die Psychologie überläßt solche metaphysische Fragen der Philosophie und Theologie. Sie beschränkt sich auf ihre naturwissenschaftlich-experimentelle Methode, läßt sich aber inspirieren durch Vergleiche mit religiösen Symbolen. Die psychologische Traumanalyse entdeckte auffallende Ähnlichkeiten zwischen Symbolen des Unbewußten und Symbolen verschiedener Kulturen und Religionen. C. G. Jung ist diesen Parallelen zwischen kollektivem Unbewußten und den Religionen sehr intensiv nachgegangen. Jung spricht von Urbildern, von Archetypen der Seele, die immer doppelwertig (ambivalent) strukturiert sind. Die Urbilder besitzen eine Lichtseite und eine Schattenseite. Sie sind Strukturen im kollektiv Unbewußten. Darin sammelt sich der Erfahrungsschatz der bisherigen Menschheitsentwicklung. Jeder Mensch trägt dieses kollektive Erfahrungspotential positiver wie negativer Art in sich. Diese Schatzkammer an Erfahrungsgütern ist aber nicht unmittelbar und direkt zugänglich. Durch den Traum, durch Mythen und Symbole sprechen diese Urbilder zu uns. Sie haben eine ausgleichende und richtungsweisende Funktion gegenüber dem Verhalten des Ichbewußtseins.

Diesem Ichbewußtsein näher liegt das persönlich Unbewußte. In dieses persönlich Unbewußte sinken unsere Erlebnisse, Gefühle, Gedanken, Erfahrungen und Kenntnisse ab. Dorthin verdrängt der Mensch auch alles, was ihm unangenehm, was ihm peinlich ist. Er will es nicht wahrhaben, er will es vergessen. Trotzdem existiert dieses Verdrängte weiter als Störfaktor, der die Stimmungen beeinflußt.

Die Arbeit der Partner auf dem inneren Weg setzt sich nun früher oder später mit dem eigenen Schatten und mit dem Schatten des anderen auseinander. Je tiefer ihre Einsicht ist in die zwiespältige und widersprüchliche Natur des Menschen, um so angstfreier und mutiger werden sie ihrem Schatten ins Auge blicken. Sie hinterfragen ihre Urteile über andere Menschen. Sie werden hellhörig, wenn sie sich an gewissen Verhaltensweisen fremder Menschen über Gebühr ärgern, sich aufregen oder schimpfen und in Wut geraten. Es wird ihnen bewußt, daß sie ihrem eigenen Schatten im Spiegel der anderen begegnen. Betroffen hält der einzelne inne, um die eigenen Motive zu überprüfen. Träume liefern weitere Schlüssel zu Geheimtüren. Manche ungelebte Seite eigener Entwicklung wird erkannt.

Selbstverwirklichung erfordert nun kreative Entscheidungen. Es ist schwierig, die inneren Signale richtig zu deuten. Soll beispielsweise auf ungelebte Triebregungen weiterhin verzichtet werden? Auf welche Weise können sie dann integriert werden? Muß der einzelne nun

Umwege gehen, um nachzureifen? Oder soll er durch einen großmütigen Verzicht die Triebneugier umleiten? Was dient im Einzelfall wirklich dem volleren Leben? Ein Nachholen oder ein Opfer?

Bei solchen Entscheidungen muß das Wesensgesetz inspirieren. Die Intuition der Liebe wird die wahren Inspirationen von den falschen Stimmen egozentrischer Bequemlichkeit und Triebhaftigkeit unterscheiden. Das Beispiel großer Menschen, die spirituellen Erfahrungen der Religionen, der äußere Moralkodex sind wertvolle Interpretationshilfen, die kreativ umgesetzt werden müssen, um konkrete Lebenshilfe zu bieten. Weil der individuelle und der kollektive Schatten negativ wie positiv sein können, bedarf es intensiver Übung im Erproben und Unterscheiden. An entscheidenden Wegkreuzungen der inneren Selbstverwirklichung ist manchmal das Schwerere das Bessere. Denn Selbstverwirklichung gibt es nicht ohne Leid und Opfer.

Das Symbol des Helden, der mit dem Drachen kämpft, um den kostbaren Schatz zu erwerben, verdeutlicht den Weg solcher Selbstwerdung. Der Held kann siegen oder scheitern. Konkrete Deutungen dieses Symboles können sehr unterschiedlich sein. Die Befreiung des primitiven Menschen von der Übermacht des Unbewußten und sein Kampf um ein wachsendes Ichbewußtsein, wie die Befreiung eines modernen Mannes von einer zu starken Mutterbindung: beide Kämpfe können im Heldensymbol signalisiert sein.

In der Bewältigung des Schattens ist es von großer Wichtigkeit, den grundsätzlichen Doppelcharakter der Urbilder im Unbewußten zu bedenken. Die archetypische große Mutter als Symbol des Nährenden und Gebärenden ist zugleich die Verschlingende. Es entsprechen sich wie Licht und Schatten: die Göttin und die Hexe, der weise Alte und der Zauberer, Titan und Zwerg, Vater und Tyrann, Weisheit und List der Schlange, Götter und Dämonen, Gott und Teufel.

Diese tiefenpsychologischen Sichten sind sehr wertvolle Entwicklungshilfen für das Ganzwerden des Menschen. Der Mensch steht nach Pascal zwischen Tier und Engel. An beiden Welten hat er teil. Will der Mensch sich übersteigern und nur Engel sein, so überwältigt ihn das Tier. Will er nur Tier sein, so entgleitet ihm der Engel.

Die Urbilder im Unbewußten haben die Funktion, die instinktgeprägte Triebstruktur mit der Helle des Bewußtseins zu ihrer beider Wohle auszusöhnen.

Urbilder sind zugleich Bilder und Emotionen. Deswegen sind die Archetypen dynamisch geladen. Sie verfügen sogar über Energien, die dem Raum des Heiligen, des Numinosen, zugehören. Daher ist es so schwer, sie begrifflich zu fassen oder ihnen eine verbindliche allgemeine Deutung zu geben. Der Schlüssel zur Deutung liegt jeweils in der konkreten Lebenssituation des einzelnen. Je mehr der einzelne die Mythen und kulturellen Symbole kennt, um so besser kann er diese historischen Vergleiche und Assoziationen als Verstehenshilfen für seine eigenen Entwicklungsprozesse auf dem inneren Weg nutzen. Er bedarf der kreativen und intuitiven Fähigkeit um so mehr, je tiefer er in die Schichten seines Unterbewußten vordringt. Dieser Gang in die eigene Wesensmitte ist wohl das aufregendste Abenteuer im menschlichen Sinne. Dieses Abenteuer mit einem liebenden Menschen zu teilen, ist wohl eines der schönsten menschlichen Geschenke auf dem inneren Weg. Dieser Austausch wird ungewöhnlich fruchtbar, wenn es um die Frau im Manne und um den Mann in der Frau geht. C. G. Jung bezeichnet die Frau im Manne als Anima, den Mann in der Frau als Animus. Diese beiden Urbilder der Anima und des Animus zu integrieren, bleibt eine der wichtigsten Aufgaben auf dem inneren Weg. Wem könnte sie besser gelingen als der fruchtbringenden Zweisamkeit?

Animus und Anima

Das Ziel der menschlichen Entwicklung auf dem inneren Weg liegt in der Ganzheit des Wesens. Der ganzheitliche Mensch ist die Einheit von Frau und Mann. Es ist eine Einheit in ergänzender Verschiedenheit. Die Selbstverwirklichung der Partner ist auf dem bisherigen inneren Weg nun so weit gereift, daß sie bewußter in sich selber die gegengeschlechtliche Anlage des Mannseins in der Frau, des Frauseins im Manne zur Entfaltung bringen dürfen. Ihre gegenseitige Einfühlung, Anpassung und Rücksichtnahme haben gute Vorarbeit geleistet. Frau und Mann haben im liebenden Miteinander die Werte des eigenen Wesens und die Werte des anderen Geschlechtes kennen und schätzen gelernt. Nun gilt es, diese Erfahrungen am gegengeschlechtlichen Partner gewissermaßen zu verinnerlichen. Es wiederholt sich hier in anderer Weise der Ganzwerdungsprozeß, in dem die Entwicklung des äußeren Lebens seine Ergänzung in der Entfaltung des inneren Lebens findet.

Eine wesentliche Vorprägung des Bildes vom Mann in der Frau geschieht bereits im Mädchen durch den Vater. Das Bild der Frau im Manne gestaltet die Mutter. Am Beginn der Beziehung von Mann und Frau übertragen beide diese Vorprägungen gegenseitig aufeinander.

Unter Schmerzen müssen sie diese Übertragungen auflösen, damit jeder der beiden Partner er selber sein darf. Die zweite Gestaltung der gegengeschlechtlichen Anlage empfangen die Partner von ihrem Miteinander. Eine dritte Bereicherung erfahren sie durch Freunde und Bekannte.

In jeder Frau und in jedem Manne sind jedoch immer zwei Existenzebenen ineinandergewoben: die individuelle und die universelle Dimension. Die menschliche Seele ist ebenso reich wie die Natur, an der sie auf ihre Weise teilhat. Dieser universelle Reichtum des Frauseins und Mannseins lebt in den Urbildern der Anima und des Animus im kollektiv Unbewußten eines jeden Menschen. Ein jeder trifft in sich auf die Lichtseite und Schattenseite dieser Archetypen. Die Partner entdecken eine innere Wachstumsstruktur des Frauseins und Mannseins, in der sie der Fülle der Möglichkeiten innewerden. Die männliche Wesensstruktur möchte das Leben im Sturm erobern. Die frauliche Struktur erfährt das Leben mehr als allmählichen Wachstumsprozeß.

Die innere Frau im Manne

Die Anima beschenkt den Mann mit den seelischen Eigenschaften der Frau. Er hat sie lange Zeit als beglückende Ergänzung an der eigenen Frau und Partnerin erfahren. Nun lernt er, seinen Ahnungen Raum zu geben. Er läßt die reiche Skala von seelischen Stimmungen zu. Freude und Trauer, Hoffnungen und Ängste, Begeisterung und Entmutigungen werden tiefer durchlebt. Die seelische Beweglichkeit macht sein Gefühlsleben geschmeidiger. Er entdeckt, daß durch die innere Erlebnistiefe auch kleine Dinge ihren besonderen Wert gewinnen. Die alltäglichen Beschäftigungen verlieren ihre seelenlose Routine, weil sie beseelt werden von der inneren Heiterkeit und einem beglückenden Bei-sich-sein-können. Von seiner Anima erhält der Mann eine wunderbare Empfänglichkeit für das Irrationale. Die Türen zu seinem Unbewußten öffnen sich immer mehr. Sein logisches Denken wird nun inspiriert von der wachsenden Intuitionskraft. Die nervöse Unrast seiner Leistungshaltung fällt von ihm ab, weil er es dank seiner Anima lernt, loszulassen, zuzuwarten, dem Augenblick zu vertrauen, in sich zu ruhen, geschehen zu lassen. Vor allem lehrt ihn die Anima, daß die persönliche Liebesfähigkeit die Sonne seines bleibenden Glückes sein kann, wenn er die Liebe höher schätzt als alle äußeren Erfolge und materiellen Güter.

Sein gereiftes Mannsein wird es ihm erleichtern, die Schattenseiten der weiblichen Wesensseite zu vermeiden: die Launenhaftigkeit, die

Empfindlichkeit, die Gefahr, alles zu persönlich zu nehmen; das Nachtragen, die Gefahr der gefühlsmäßigen Übersteigerungen.

Der Zugang zu seinen Tiefenschichten enthüllt dem Manne eine vierfache Verbildlichung der archetypischen Anima. Darin zeigen sich die Wandlungsstufen, in denen der Mann seine erotische Beziehung zur weiblichen Natur tiefer erfassen kann. In der Symbolfigur der Eva enthüllt sich ihm die rein biologische Bezogenheit. Die romantische Liebe, mit Sexualität vermischt, erscheint dem Manne im Bilde Helenas, wie die Faustdichtung Goethes sie zeichnet. Der vergeistigte Eros ist von den Zügen des Bildes Mariens verklärt. Das Ewig-Weibliche stellt sich ihm dar als die ewig-jugendliche Weisheit, die innere Führerin zum göttlichen Wesenskern.

Je reicher veranlagt die konkrete Lebenspartnerin ist, je mehr sie alle vier Bilder der Anima verkörpern darf, um so intensiver kann die liebende Frau die Integrationsprozesse der Frau im Manne fördern und mit vollenden. Für die meisten scheint diese Anforderung zu hoch gesteckt. Sie kann dennoch ein Richtungspunkt des gemeinsamen Weges bleiben.

Das konkrete Leben des Mannes erfährt bisweilen auch die dynamische Sprengkraft einer Animaprojektion, die den Mann das eigene Seelenbild auf eine Frau übertragen läßt, die damit zur Spiegelung seines weiblichen Inbildes wird. Den Mann ergreift eine Animabesessenheit, die ihn aus der Bahn werfen kann, ehe er seine Projektionstäuschung erkennt. Er verfällt einem Liebeswahn, der tragisch alles bisherige Leben zerstören kann.

Es gehört daher zum Reifungsweg der Selbstverwirklichung, um die Doppelwertigkeit der Urbilder existentiell zu wissen und sich in der Selbstdisziplin so zu festigen, daß einer Überflutung des Unbewußten Dämme gebaut sind.

Der innere Mann in der Frau

Der Animus äußert sich in der Frau weniger als Eros wie die Anima im Manne. Entsprechend seiner Geistnatur trägt der Animus mehr die Züge einer festen Überzeugung, die sich energisch äußert oder die als stille, aber feste Entschlossenheit auf ihrem Standpunkt beharrt. Dadurch gewinnt die Frau eine innere Festigkeit und eine geistige Sicherheit. Weil sich aus ihrer weiblichen Natur die Gefühlskraft damit verbindet, entwickelt die Frau eine große Ausdauer und Beharrlichkeit. Die mütterliche Fähigkeit zu hegen und zu pflegen macht die Frau zur geborenen Hüterin ererbter Werte und Traditionen einerseits. Andererseits beschenkt sie der Animus mit einer Kühnheit und Scharfsicht, die ihre intuitive Veranlagung beflügelt, so daß die Frau neuen geistigen Strömungen gegenüber oft aufgeschlossener sein kann als der Mann. Auf diesen wirkt sie dann inspirativ zurück und ermutigt ihn zu Wagnis und Experiment.

Im Zuge der Gleichberechtigung der Geschlechter vermag es die Frau heute, die Gaben des Animus in sich voll zur Auswirkung kommen zu lassen. In früheren Zeiten verstand sie sich mehr als die Gehilfin des Mannes, die durch ihren Gatten und durch ihre Söhne in der Öffentlichkeit indirekt wirkt. Die Ganzwerdung der modernen Frau greift dankbar auf die Eigenschaften ihres inneren Mannes zurück, um durch die Ausprägung von Mut, geistiger Klarheit und Objektivität ihre Versachlichung zu stärken. Dessen bedarf sie in der männlichen Leistungsgesellschaft, um dem Wettbewerb standzuhalten. Ihre weibliche Natur wird sie dennoch davor bewahren, in Routine zu erstarren, weil der Gefühlsreichtum und die persönliche Beziehung das warme Menschliche in das Sachliche einbeziehen können. In diesem Integrationsprozeß kann der Mann im gegenseitigen Austausch auch die Frau unterstützen. Je offener und einfühlsamer er selber ist, um so mehr kann er die positiven Seiten des inneren Mannes in der Frau verstärken, um so mehr wird er den Schatten des Animus aus eigener Erfahrung erkennen und durchlichten helfen. Dieser Animusschatten äußert sich unter anderem in zweierlei Gestalt. Im individuellen Bereich kann sich eine Überzeugung so festsetzen, daß sie einsichtigen Gegengründen unzugänglich wird, weil sie mit einer verblendenden Gefühlsladung durchdrungen wird. Darin wird der Schatten des Animus sichtbar. Im kollektiven Bereich kann eine Animusbesessenheit die Frau ergreifen. Sie wird dann ihr männliches Inbild auf einen konkreten Mann übertragen. Es kommt zu einer Inflation des Unbewußten, die zerstörerisch wirkt, weil das Projektionsbild des inneren Mannes mit dem konkreten Mann ähnlich wenig zu tun hat wie die Leinwand mit dem Film, der auf ihr abläuft. Auch hier bedarf die Frau einer intensiv eingeübten kritischen Distanz ihren Gefühlen gegenüber. Selbstdisziplin und Fähigkeit zum Verzicht, auf vielen Gebieten erprobt, errichten Barrieren, um einem Dammbruch des Unbewußten besser gewachsen zu sein. Darum konzentriert der innere Weg die Aufmerksamkeit der Reifenden immer wieder auf die Schwachstellen im Gesamtcharakter.

Letzte menschliche Sicherheiten gibt es wohl nicht, weder für die Frau noch für den Mann. Beide bedürfen der göttlichen Führung und des Schutzes aus einer höheren Dimension. Psychologische Einsichten schaffen als existentielle Einübung gute Dispositionen, um die spirituellen Hilfen fruchtbarer werden zu lassen. Weil das Lebensgeheimnis kreative Liebe ist, können die ganzheitlich Liebenden menschliches und spirituelles Wachstum am besten verbinden. Auf diese Weise durchdringen sich Bewußtes und Unbewußtes am intensivsten.

Wie die Anima des Mannes sich in vier Symbolfiguren darstellt, so besitzt auch der Animus in der Frau vier typische Ausprägungen. Als Symbol physischer Kraft spricht zum Beispiel der Sportheld die weiche Seite der Frau an. Ihrer mehr passiven Haltung imponiert der Mann der Tatkraft und Initiative. Auf einer dritten Entwicklungsstufe faszinieren die Frau Männer von geistiger Größe. In der Frau bricht die Sehnsucht nach Erkenntnis durch. Der wortgewaltige Mann zieht sie in seinen Bann. Schließlich lenkt die innere Suche nach dem Sinn des Lebens die Blicke der Frau auf den spirituell Erfahrenen, auf den Meister der inneren Geheimnisse.

Schwer ist es auch hier für den Partner, diese vier Animusbilder auf sich zu vereinen. Aber dem Ringen des Mannes um Ganzheit sollten diese vier Gesichter des Animus Ansporn bleiben, um zu große Einseitigkeiten zu vermeiden.

Frau und Mann können sich die dynamische Energieladung von Animus und Anima zunutze machen, um im Streben nach der Fülle von Frau-Sein und Mann-Sein auf dem inneren Weg unermüdlich weiterzuwandern. Zwei naheliegende Reifungsaufgaben bringen ihnen einen inneren Kraftzuwachs, ohne den der Gipfel der Fülle kaum ernsthaft angegangen werden kann. Jedem Reifenden werden auf dem inneren Weg abverlangt: die Aufarbeitung seines bisherigen Lebens und die Vertiefung seiner Sinnfindung.

Aufarbeitung des bisherigen Lebens

Im Ablauf des Wachstumsprozesses hält der reifende Mensch auf dem inneren Weg dreimal bewußt inne, um Bilanz zu ziehen über das bisher Gewordene: in der Mitte des Lebens, beim Ausscheiden vom Berufsleben und beim Abschied vom Leben vor dem Sterben. In der Mitte des Lebens besinnt sich der einzelne über die noch vor ihm liegenden Möglichkeiten. Die äußere Position in Familie und Beruf ist gefestigt. Die

Kinder sind meist erwachsen und gehen ihre eigenen Wege. Die Frau nimmt intensiv ihren Beruf wieder auf. Der innere Weg bewahrt Mann und Frau davor, den Blick einseitig auf die weitere Expansion im äußeren Lebensbereich zu richten. Die Ausreife des inneren Lebens tritt für sie in den Mittelpunkt des Interesses. Meistens erwacht nun ein tieferes Verständnis und ein existentielles Bedürfnis für diese lebensmäßige Innenarchitektur. Beruflicher Aufstieg wird nicht vermieden, aber er wird in Wechselwirkung zum inneren Fortschritt gesehen und bemessen. Die Aufarbeitung des Schattens und die Integration der inneren Frau und des inneren Mannes bringen größeren Reifungsgewinn als ein Berufswechsel oder eine Beförderung, die gleichzeitig alle Kräfte verschlingt.

Mit dem Ausscheiden aus dem Beruf erleben viele den bekannten Berufsschock. Weil sie sich mit ihrer Leistungsrolle voll identifiziert haben, verlieren sie leicht mit der Rolle ihr Selbstwertgefühl. Depressionen setzen ein. Hobbies und äußere Aktivitäten bringen noch einen teilweisen Ausgleich. Der auf dem inneren Weg Gewachsene erfährt das Ausscheiden aus dem Berufsleben als Geschenk. Seine Berufspflichten haben ihm wenig Zeit gelassen, um in die spirituellen Weisheitsschätze tiefer eindringen zu können. Hatte er das Glück einer fruchtbringenden Zweisamkeit mit einem Partner auf dem inneren Weg, so konnten beide einander bereichern mit ihren vielseitigen Entdeckungen. Dadurch verwob sich ihr Denken und Fühlen immer mehr zu einem Gleichklang. Dieser kann nun anschwellen zum vollen Orchester innerer Klangfülle. Dieses gemeinsame Sichvertiefen in den spirituellen Reichtum der verschiedenen Überlieferungen innerhalb der Kulturen weckt Empfindungen, als begänne nun das eigentliche volle Leben. Beide Partner sind nun reif genug, um das Gelesene nicht nur intellektuell zu durchdringen, sondern um es im Nachfühlen und Nachleben existentiell zu verkosten. Diese Seelen- und Geistesnahrung bewirkt eine erstaunliche innere Frische, als durchlebte man eine zweite Jugend, deren Charakterzug die beglückende Weisheit der Erfahrung ist. Das Ziel des inneren Weges ist erreicht. Der Blick bleibt nach oben zum Gipfel gerichtet. In lichtvollen Stunden glaubt man die Serpentinen klarer zu ahnen, die weiter emporführen. Das Auge wendet sich erstaunt aber auch immer wieder rückwärts, weil sich der zurückgelegte Weg als Gesamtgestalt nun leichter überblicken läßt. Wie beim Durchschneiden eines Baumstammes die Wachstumslinien der guten und mageren Jahre in schmalen oder breiten Ringen offenliegen, so lassen sich nun die verschiedenen inneren und äußeren Einflüsse im Reifungsgeschehen des eigenen Lebens erkennen. Der geheime Lebensplan gewinnt klarere Umrisse. Mehr und mehr erschließt sich der eigene Lebenssinn dem Wanderer und Reifenden. Je klarer ihm nun Zusammenhänge vor das innere Auge treten, um so kraftvoller macht er sich an das innere Werk einer grundsätzlichen Aussöhnung mit allem, was zu seinem Leben gehörte; ebenso mit allen, die auf dieses Leben positiv oder negativ Einfluß gehabt haben.

Alte und unverdaute Konflikte treten in ein neues Licht: Auseinandersetzungen mit dem Vater oder mit der Mutter, die Verwundungen und Narben hinterließen; Ungerechtigkeiten seitens der Lehrer und Erzieher, die Benachteiligungen brachten; Überspieltwerden von Vorgesetzten oder neidische Intrigen von Arbeitskollegen; Enttäuschungen in den menschlichen Beziehungen; Erschütterungen der Seele durch Verrat oder Verkennung; Selbstzweifel und Selbstvorwürfe über eigenes Versagen: all diese Schatten schlafloser Nächte und quälender Träume verlieren in diesem Lichte eines geheimen Lebenssinnes ihre frustrierende Schreckensgestalt. Für das kleine Umfeld des Ich-Erlebens waren sie weder zu überschauen noch einzuordnen. Im Blickwinkel des wahren Wesens enthüllt sich der wachstumsfördernde Sinn der einschneidenden Schwierigkeiten. Umwege, Rückschläge, Hindernisse, selbst Fehler und Versagen erscheinen jetzt nicht mehr als rein negative und hemmende Faktoren auf dem inneren Weg. Sie werden als Prüfungen und Herausforderungen erkennbar und verstanden. Existentiell erfährt der Mensch, daß dem Liebenden alles zum Besten gereicht, selbst die Schuld, wie Augustinus bezeugt. Die Schmerzen einstiger Bedrängnis verwandeln sich in eine staunende Dankbarkeit. Diese vertieft die innere Aussöhnung mit den erlittenen Widerwärtigkeiten des Lebens und heilt letzte Reste von Verwundungen aus durch einen inneren Frieden, der aus einer größeren und schöneren Welt zu stammen scheint. Aufarbeitung des Lebens und Sinnfindung gehen immer mehr ineinander über.

Sinnfindung

Der Tiefenpsychologe Viktor Frankl hat in seiner psychologischen Arbeit die Heilung des Menschen durch Sinnsuche und Sinnfindung recht erfolgreich vorantreiben können. Er nennt seine Methode „Logotherapie". „Logos" ist das griechische Wort für Wort oder Sinn. Eine zentrale Erkenntnis dieses Forschens von Frankl ist die Feststellung, daß der einzelne Mensch ohne Sinn nicht leben kann. Goethe gab einst den Rat, der Mensch müsse selber dem Leben einen Sinn geben, wenn es für ihn keinen Sinn habe. Diese Sinngebung kann nur teilweise von außen her durch Aufgaben und Pflichten erfolgen. Der innere Weg zeigt dem Menschen, daß er sich selber die größte Aufgabe ist und bleibt. Gegen Ende des Lebens erfährt jedoch auch der Wanderer auf dem inneren Weg, daß die Verwirklichung seines Wesens unabschließbare Aufgabe bleibt, über den Tod hinaus. Auch C. G. Jung spricht als Tiefenpsychologe von der „transzendentalen Funktion" der Seele. Der menschliche Wesenskern ist zeitlos-ewig. Ein kleines Menschenleben verwirklicht einige wesentliche Seiten dieses Wesenskernes. Darum glaubt asiatische Weisheit an die Notwendigkeit der Wiedergeburt, um in vielen Leben der Wesensfülle immer näherzukommen. Diese Sicht erklärt viele Dunkelheiten und Lebensrätsel auf einfache und organische Weise. Weil jeder das im Leben konkret erntet, was er früher in anderen vorausgegangenen Leben gesät hat, fällt es innerhalb dieser asiatischen Weisheitslehre leichter, daß der einzelne die volle Verantwortung für sein positives wie negatives Verhalten auf sich nehmen kann. Der alltägliche Lebensstil hat dieses Gesetz von Ursache und Wirkung hier klar vor Augen. Der eigentliche Lebenssinn ist für den Menschen, der an die Wiedergeburt glaubt, eindeutig bestimmbar. Es geht in allem darum, durch innere Befreiung sein wahres göttliches Wesen zu verwirklichen und so aus dem Rad der Wiedergeburt auszusteigen. Der göttliche Wesenskern selber wandert von Geburt zu Geburt mit. Solange der Mensch um seinen göttlichen Kern erfahrungsmäßig nicht weiß, lebt er im verblendeten Nichtwissen. Er identifiziert sich mit den Wünschen, Leidenschaften und Begierden seines kleinen Ego. Sein göttliches Selbst bleibt der Zuschauer solch blinden Verhaltens, bis der Mensch geläutert genug ist, um sich seinem Wesenskern immer entschlossener zuzuwenden. Dann enthüllt sich dem ernst Ringenden auch immer mehr das Geheimnis dieses göttlichen Kernes als sein eigenes wahres Wesen.

In den letzten Jahren haben viele westliche Menschen, die ihren angestammten christlichen Glauben verloren hatten und die in ihrem Leben keinen Sinn mehr sahen, in der asiatischen Weisheitslehre Zuflucht gesucht und einen neuen Sinn gefunden. Heftige theologische Dispute wurden dadurch ausgelöst. Es ist schwierig, theoretisch die Wiedergeburtslehre zu beweisen oder zu widerlegen. Ein so kluger spiritueller Meister wie Aurobindo überläßt die Entscheidung der Frage der existentiellen Erfahrung des einzelnen.

Der christliche Glaube deutet die Wiedergeburtslehre in eigener Weise. Er lehrt eine Wiedergeburt von oben aus dem Wasser der Taufe und aus dem Heiligen Geist. Über das göttliche Abbild im Menschen hinaus gewinnt der so Begnadete einen sakramentalen Anteil am Christusleben. Weil der Gottmensch Jesus Christus die Sünde der ganzen Welt durch seinen Kreuzestod gesühnt hat, beschenkt er den gläubig Liebenden mit seinem eigenen Christusleben. Diese geheimnisvolle Teilhabe versteht sich als lebendiges Gliedsein am mystischen Leibe des Auferstandenen. Dieses Christusleben ist grundgelegt in der Taufe. Es wird genährt durch den heiligen Leib und durch das Blut Christi, unter den verwandelten Gestalten von Brot und Wein. Für die spirituelle Erfahrung dieses Christusgeheimnisses wird die volle Entfaltung dieses gottmenschlichen Christuslebens zum zentralen Lebenssinn, der über den Tod hinausreicht. Statt Wiedergeburt in einer fortlaufenden Lebenskette, erhofft der gläubige Christ die Gnade der Auferstehung, als Teilhabe an der neuen göttlichen Schöpfung, die mit dem Tod und der Auferstehung Jesu Christi begann.

Der Mensch auf den Wegen asiatischer Lebensweisheit und der Mensch christlicher Auferstehungshoffnung ziehen am Ende ihres Lebens Bilanz. Sind sie durch Selbstverwirklichung, Sinnfindung und Hingabe an den göttlichen Willen reif geworden, so versöhnt beide eine Hoffnung auf ein Weiterreifen nach dem Tode. Asiatische Weisheit schaut aufs gelebte Leben zurück in der Hoffnung, eine glücklichere Ausgangsposition für eine tiefere Befreiung gelegt zu haben, bis der göttliche Kern voll durchgebrochen sein wird. Christliche Weisheit erhofft die Verwandlung in das Christusgeheimnis, bis diese Neuschöpfung den gesamten Kosmos durchgestaltet haben wird.

Weil die konkrete menschliche Liebe den Liebenden zu dem verwandelt, was er liebt, wird die Liebe jedem zuteilen, was er in der Inbrunst seines Liebens suchte. Über alle menschlichen Gegensätze hinweg mag es tröstlich sein, daß der Seinskern der gesamten Schöpfung göttliche Liebe selber ist. „Das Bleibende stiften daher die Liebenden", deren Maß das Maßlose und Unermeßliche selber ist. Sein und Sinn verschmelzen deshalb am tiefsten in der Liebe der Liebenden.

Freiräume

Die Erfüllung des Menschen in der Liebe entfaltete das bisherige Nachdenken vom Erleben einer fruchtbringenden Zweisamkeit aus. Um der möglichen Fülle liebenden Miteinanders gerecht zu werden, war schwerpunktmäßig die geglückte Zweisamkeit das Leitbild. Wie auf vielen Gebieten des Lebens, ist auch hier der Glücksfall zwar das Ziel der Liebenden. Viele erfahren in ihrer konkreten Zweisamkeit aber nur eine mehr oder weniger große Annäherung an dieses Leitbild. Mancher sieht sogar darin eine seltene Ausnahme. In der Regel sei liebende Zweisamkeit viel zerbrechlicher, prosaischer, nüchterner. Die Höhepunkte seien selten. Das normale Liebesleben werde durch Gewohnheit, Leere, Langeweile in der Liebesintensität gelähmt.

Viele Partner sehen heute eine Liebesbindung von vornherein skeptischer. Sie sei mehr ein Experiment, dessen Ausgang ungewiß bleibe und offen sei. Hinzu komme ein neues Rollenverständnis der Geschlechter. Vor allem die Frau suche sich aus veralteten Klischees zu befreien.

Vor diesen Erfahrungen und vor diesen neuen Entwicklungen darf ein Nachdenken über Liebeserfüllung nicht die Augen verschließen. Ebensowenig darf übergangen werden, daß nicht wenige Menschen allein durchs Leben gehen, sei es freiwillig, sei es durch innere oder äußere Verhältnisse veranlaßt. Auch ihre Herzen sehnen sich nach Liebe. Auch sie suchen eine Erfüllung – trotz äußerer oder innerer Einsamkeit.

Obwohl es nicht leicht ist, diesen Situationen gerecht zu werden, soll dennoch nach Möglichkeiten zu einer Lösung vom inneren Weg her gesucht werden.

Das neue Rollenverständnis der Geschlechter

Es würde zu weit führen, den Jahrtausende übergreifenden Wandel im Selbstverständnis von Mann und Frau hier auszubreiten. Tatsache ist, daß im beginnenden Ausgleich des Zusammenlebens von Mann und Frau heute eine falsche Bevormundung oder Benachteiligung der Frau ihr Ende findet. Die Ideale der französischen Revolution von Freiheit, Gleichheit, Brüderlichkeit, das Verschwinden der absoluten Herrschaftssysteme, die demokratischen Staatsformen, das Zusammenwachsen der Völker zur einen Menschheitsfamilie, das immer komplizierter werdende Alltagsleben, die Herausforderung der Moderne zur freien

und selbstverantwortlichen Entscheidung des einzelnen, das Mündig-
werden von immer mehr Menschen in der westlichen Welt, all diese
Faktoren beschleunigen die Entwicklung zum menschlichen Menschen
auf breiter Front. Das Kulturgefälle innerhalb der Menschheit, die Ras-
senprobleme und Nationalitätsideologien, das Nord-Süd-Gefälle zwischen wirtschaftlich reichen und armen Ländern, die großen Probleme
um Gerechtigkeit und Frieden, die Fragen der Umweltverschmutzung,
all diese kollektiven Schatten erschweren zwar diese Entwicklung zum
menschlichen Menschen, sie halten sie aber letztendlich nicht auf. Insgesamt gesehen, hat es den Anschein, als trete die Menschheit in eine
Entwicklungsphase, die den Krisen des pubertären jungen Menschen in
vielem ähnelt. Selbstzweifel und Übersteigerungen wechseln einander
ab.

Innerhalb dieses weltweiten Entwicklungsprozesses vollzieht sich
nun der Wandel im Rollenverhalten der Geschlechter. Im äußeren
Erscheinungsbild der jungen Menschen, was Kleidung und Lebensstil
betrifft, sind die Unterschiede zwischen Mann und Frau ziemlich verwischt. Ähnliche Haartracht, gleiche Bluejeans, Männer mit Ohrringen
und Fingerschmuck, Frauen mit kessem Auftreten: das sind problema-
tische äußere Hinweise. Parallel dazu vollzieht sich eine innere Annäherung der Geschlechter aneinander. Der Hausmann in jungen Familien
teilt sich im Haushalt mit der Hausfrau die Hausarbeit und Kinderpfle-
ge. Er macht sich vertraut mit Waschen, Kochen, Putzen, Füttern und
Wickeln des kleinen Kindes. Manchmal verdient die Frau den Lebens-
unterhalt, der Mann versorgt das Haus. Solcher praktischer Rollen-
tausch baut viele Vorurteile ab, hilft sehr zum Verständnis des anderen
Geschlechtes. Die biologischen Unterschiede von Frau und Mann, das
Zeugen und Gebären, bleiben gewiß verschiedene Naturanlage. In weiten Bereichen drängt die Entwicklung in Ansätzen aber bereits zum
ganzheitlichen, zum seelisch doppelgeschlechtlichen, also vollinte-
grierten Menschen. Diese Entwicklungstendenz verstärkt den Anspruch
der Frau, im Beruflichen und im Wirtschaftlichen, bei gleicher Arbeits-
leistung auch gleiche Entlohnung zu erhalten. Die Verselbständigung
der Frau im Beruf, ihre Forderung nach gleichen Rechten auf allen
Gebieten war und ist noch ein hartes Ringen. Dieser Kampf prägt die
männlichen Eigenschaften der Frau bisweilen zu stark aus. Sie gerät
dann in die Schatten des „Mannweibes". Aber dieses Überziehen wird
seine gesunde Mitte finden, wenn das, was sich die Frau heute noch
erkämpfen muß, selbstverständliche Wirklichkeit geworden ist.

Die Frage nach der Liebeserfüllung auf dem inneren Weg wird in diesem Ringen der Frau vor neue Herausforderungen gestellt. Es wächst das Gespür dafür, daß die Liebeshingabe auch in einer festen Bindung nicht ohne weiteres als Pflicht eingefordert werden sollte. Liebe ist vorrangig Geschenk. Sie verlangt die Achtung vor der Würde des Liebenden. Juristisches Nachdenken über „Vergewaltigung innerhalb der Ehe" zeigt dies noch deutlicher. Andererseits geben die Möglichkeiten einer Empfängnisverhütung und die Diskussion um die Abtreibung der Frau ein größeres Gewicht in der Entscheidung, aber auch eine größere Verantwortung für die Rechte des Kindes auf Leben.

Von diesem Wandel sind auch die Wertmaßstäbe in der liebenden Zweisamkeit betroffen. Es steht außer Frage, daß auf dem inneren Weg die wahrhaft Liebenden gerade durch die ergänzende Verschiedenheit einander am besten zur wachsenden Ganzheit verhelfen können. Was aber soll geschehen, wenn das konkrete Miteinander sich für den Mann oder für die Frau als Hindernis und Hemmschuh erweist? Gläubige Menschen christlicher Prägung fanden für sich früher eine Lösung solcher Konflikte im Blick auf die gekreuzigte Liebe und im Vertrauen auf die Gnade Gottes. Dieser Glaube fehlt heute vielen, die ohne Religion und Kirche in einer nachchristlichen Zeit leben. In einem solchen Konflikt wird die Frage nach der Selbstverwirklichung leicht mißverstanden. Wenn ein Liebender seinen Partner nur so lange zu lieben bereit ist, als der andere der Selbstentfaltung des Liebenden nützlich ist, dann muß er sich fragen lassen, wen er in Wahrheit liebt: sich selbst oder den anderen? Läßt ein solcher Mensch den anderen fallen in dem Augenblick, wo er ihm zur Last wird oder wo er die eigenen Erwartungen enttäuscht sieht, so muß er sein Verhalten als egozentrisch anerkennen, selbst gegen seine eigene Einschätzung. Weil der Mensch erntet, was er sät, wird einem solchen Menschen das eigene Verhalten in dem Augenblick bewußt, wenn der neue Partner ihn seinerseits fallen läßt. Auch wenn manche sich als Vorkämpfer eines neuen Denkens verstehen, weil sie das uneingeschränkte Recht auf „Selbsterfüllung" vertreten, so ändert das nichts an dem Grundirrtum und an ihrer Verwechslung von Selbstverwirklichung mit Ichverwirklichung. Andererseits macht dieses Problem klar, wie vorsichtig und umsichtig die Bindung an einen Menschen eigentlich geschehen müßte. Denn der einzelne bleibt verantwortlich für den Menschen, den er sich vertraut gemacht hat. Deshalb ist Liebe das Schönste und das Schwerste im Leben. Es gilt also zu prüfen, ob moderne Parolen, wie „Individualität ist wichtiger als das Liebespaar", nicht einseitig aus negativen und frustrierenden Liebesverbindungen entstanden sind. Oder ob nicht krasse Egozentrik das Strickmuster solchen Verhaltens ist.

Die Erfahrungen des inneren Weges in allen spirituellen Kultur- und Religionstraditionen bezeugen einhellig, daß Egozentrik in jeder Form das Hindernis einer Selbstverwirklichung schlechthin ist. Nur zu begrüßen ist dagegen, wenn der Zärtlichkeit in der Zweisamkeit künftig mehr Gewicht beigemessen wird. Zur neuen Zeit und zum neuen Menschen wird wesentlich gehören müssen, daß er sich mit seinem Partner um eine Kultur des Herzens und um eine Kultur der gegenseitigen Intimbeziehungen bemüht. Egozentrik wäre dafür der schlechteste Berater. Die Verschmelzung von Ich und Du zu einem ganzheitlichen Wir-Erleben vermag dagegen zu kreativer Fülle zu inspirieren. Die einzelnen Lernschritte einer solchen neuen Liebeskultur werden auch Rückschläge überwinden, weil die gemeinsame Hoffnung den Mut zum Risiko steigert. Letztlich findet jede echte Liebe immer mehr zur Quelle der göttlichen Liebe zurück, um sich dort zu verjüngen, bis die volle Urgestalt der Liebe verwirklicht ist.

Auf welche Hilfen dürfen nun jene Menschen rechnen, denen ein Alleingang im Reifen zum Liebenden aufgegeben ist?

Liebende ohne äußere Zweisamkeit

Noch bis in die jüngste Zeit herein hatte der Unverheiratete gesellschaftlich ein geringeres Ansehen. Der Junggeselle und die alte Jungfer waren auch in der Literatur Zielscheibe des Spottes. Etwas Schrulliges und Absonderliches verband sich mit diesen Namen. In den kinderreichen Bauernfamilien blieben die Unverheirateten als Magd und Knecht auf dem Hof. Das alles hat sich grundlegend verändert. Die moderne Familie hat ein oder zwei Kinder. Die allermeisten genießen eine gute Schul- und Fachausbildung. Für die Frau heute ist die Mutterschaft nicht mehr das einzige Ziel, auf das hin sie erzogen wird. Für die Frau sind Ehe und Berufsausübung bisweilen Alternativen, die klug abgewogen werden wollen, wenn sie sich nicht verbinden lassen. Der eigene Beruf macht die Frau finanziell vom Manne unabhängig. Das enthebt sie der Notwendigkeit, in einer Ehe ihre Versorgung für später anzustreben. Sie muß nicht mehr „unter die Haube kommen". Akademische Ausbildung und Grade oder gute gesellschaftliche Positionen, selbst Pflegeberufe oder soziale Stellungen machen die Frauen heute ebenso gesellschaftsfähig wie den Mann. Die Frage nach der Ausreife im Liebesleben zielt tiefer als auf solche gesellschaftliche Anerkennung. Jeder beruflich Erfolgreiche, ob Mann oder Frau, der ohne äußere Zweisamkeit auf Dauer reifen will, sieht sich vor persönliche Probleme gestellt. Die Erfüllung im Beruf ist für den Mann meistens befriedigender als für die Frau. Sie empfindet es persönlich schmerzlicher, von der Arbeitsstelle in ihre Wohnung zurückzukommen, in der sie niemand liebevoll erwartet. Das Fernsehen lenkt sie ab, aber sie kann mit ihm kein persönliches Gespräch führen. Ein Kreis von Freunden und Freundinnen fängt zum Teil ihr Alleinsein auf. Gleiches gilt für den alleinstehenden Mann. Selbst die Bibel enthält auf ihren ersten Seiten ein Wort aus Gottes Mund, daß es für den Menschen nicht gut sei, alleine zu sein. Darum erschuf Gott den Menschen als Mann und Frau. Manche Alleingebliebene suchen sich zeitweise einen Liebespartner. Körperliche oder seelische Ergänzung wird ersehnt. Dieses Ventil ist allerdings belastet mit moralischen Bedenken, wenn Trieberfüllung die Triebfeder bleibt. Die sogenannte „freie Liebe" gerät allerdings in Konflikt mit den Gesetzen des inneren Weges.

Die soziale Gruppe der Alleinstehenden ist zudem recht unterschiedlich strukturiert. Manche bleiben allein, weil sie eine feste Bindung gelöst haben und von ihrem Partner enttäuscht wurden. Andere sind zu anspruchsvoll und finden daher nicht den „richtigen Menschen", der ihren Vorstellungen entspräche. Künstlerisch oder wissenschaftlich Hochbegabte fasziniert ihr schöpferisches Werk. Mancher Alleinstehende verschenkt seine Liebe an Bedürftige. Waisenkinder, Pflegeheime, Krankenhäuser, Altersheime bieten reichlich Gelegenheit, um die Gaben des Herzens auszuteilen. Schließlich gibt es auch noch die große Zahl derer, die einer religiösen Berufung zuliebe auf eine äußere Zweisamkeit verzichten. Ihnen ersetzt teilweise die religiöse Gemeinschaft, der sie sich anschließen, den Partner. Ihr innerer Weg sucht letzte Erfüllung in der göttlichen Liebe.

Der Einsatz für andere im Beruf, im sozialen oder religiösen Bereich und im künstlerischen Schaffen bringt viele menschliche Kontakte mit sich, wodurch die Alleinstehenden in ihrer Liebe reifen können. Eine leichte Sache ist die ganzheitliche Reifung nie und für niemand. Vor allem macht der Vergleich mit den glücklichen Liebespaaren oder mit dem Glück des Kindersegens das Alleinsein bisweilen sehr schwer. Neid, Mißgunst, Unzufriedenheit, Groll, Bitterkeit pochen dann an die Türe des Herzens. Auflehnung tobt im Gefühl, ungerecht vom Leben benachteiligt zu sein. Bisweilen hilft es, gerechterweise auch die schmerzliche Seite mißglückter Zweisamkeit zu bedenken. Der in Zweisamkeit Einsame ist meist einsamer als der Alleinstehende. Der innere Weg weist auf eine mögliche Lösung der Konflikte hin: auf die schwere Kunst der Umleitung der psychischen Energie, die man Sublimierung nennt.

Die Umleitung psychischer Energie (Sublimierung)

Der Psychoanalytiker Ignaz Lepp mißt innerhalb seiner Psychosynthese der Sublimierung eine große Bedeutung bei. Seit Freud befaßt sich die Tiefenpsychologie mit der affektiven Energie im menschlichen Kräftehaushalt. Freud nennt diese Lebensenergie „Libido" und engt sie ein auf die sexuelle Vitalkraft. Sexualität wird bei Freud zum Generalschlüssel der Problemlösungen. Adler sieht mehr im Machtstreben die Urkraft, verfällt damit jedoch einer anderen Einseitigkeit. Die menschliche Psyche ist gewiß eine natürlich sprudelnde Quelle voller Kraft und Dynamik. Darum versteht C. G. Jung unter „Libido" die gesamte psychische Energie affektiver Art. Sie belebt die Funktionen der Seele. Das Kräftereservoir liegt im Unbewußten. Die Vorratsmenge der „Libido" und ihre Qualität sind bei den einzelnen Menschen sehr verschieden. Die Gründe dafür können individueller oder sozialer Natur sein. Das Ideal wäre nun eine ausgewogene Verwendung dieser psychischen Energie innerhalb der seelischen Funktionen. Meistens überwiegt aber die Energieansammlung in einem speziellen Bereich: in Sexualität, Machtstreben, künstlerischer Leidenschaft, mystischer Veranlagung, in Liebe oder Haß.

Obgleich diese psychische Energie in sich wertneutral und indifferent ist, wird sie dennoch durch die Persönlichkeitsstruktur des einzelnen bestimmt. Je einseitiger die psychische Energie eingesetzt wird, um so unausgewogener wird das Gesamtverhalten des Menschen. Bei manchen Neurotikern spielen beispielsweise die sexuellen Konflikte nicht deswegen eine so zentrale Rolle in seinem Bewußtsein, weil seine Geschlechtsfunktionen unter zu starkem Libido-Einfluß stehen, sondern deshalb, weil er andere wichtige psychische Funktionen nicht genügend entwickelt hat. Der Überschuß an freibleibender psychischer Energie strömt daher in die sexuelle Funktion und bewirkt eine Überdosis. Die Hilfe liegt dann nicht in einem sexuellen Ausleben dieser Überdosis an Energie, sondern in der Umleitung dieser Energie auf „wertvollere" psychische Funktionen.

Psychoanalytiker betonen, daß die Verwendung der geschlechtlichen Energie normalerweise für die seelische Gesundheit und für die menschliche Reifung notwendig sei. Andererseits fordern alle Religionen den Verzicht auf die sexuelle Betätigung als eine unerläßliche Vorbedingung für den Zugang zur tieferen spirituellen Erfahrung. Was mag der Grund dieser Forderung sein?

Die spirituellen Traditionen wissen von jeher aus eigenem Erleben, daß der innere mystische Weg einen besonders großen Verbrauch an psychischer Energie fordert. Weil die Sexualität als Vitalkraft über das größte Energiepotential im Natürlichen verfügt, liegt in der Umleitung dieser Kraftquelle der größtmögliche Zuwachs an Reserven für den Einsatz auf dem mystischen Verwandlungsweg. Die Umwandlung ermöglicht eine gewisse Assimilierung der sexuellen Kräfte. Sie ist das Gegenteil einer freiwilligen oder unfreiwilligen Verdrängung. Eine Verdrängung der sexuellen Energie bewirkt im Unbewußten eine Blockade und kann zu neurotischen Störungen führen. Der Betreffende bleibt dann in der Gefahr, von einem Extrem übertriebener Askese in das andere Extrem einer ausschweifenden Lust zu fallen.

Nicht alle Menschen sind im gleichen Maße zu einer kreativen Umformung ihrer psychischen Energie fähig. Eine starke musische, künstlerische, musikalische oder religiöse Begabung erleichtert durch ihre Sogkraft die Konzentration der psychischen Energie auf die ranghöheren geistigen Ziele. Die psychologische Einsicht in den seelischen Energiehaushalt erklärt daher auch typische Schwierigkeiten der Krise in der Lebensmitte. Weil durch den gefestigten äußeren Lebensrahmen in Beruf und Familie für den Menschen die Energien frei werden, welche für den äußeren Aufbau eingesetzt wurden, erfährt der sexuelle Bereich einen Zuwachs an Kraftpotential, wenn diese freigewordenen Energien nicht anders verwendet werden. Eine ähnliche Sogwirkung erlebt der Mensch auf dem inneren Weg, wenn ihm seine bisherigen Ideale fragwürdig werden oder sogar als Irrwege erscheinen. Die dadurch frei werdende Energie strömt in die Vitalkräfte zurück. „Wenn das Heiligste verdirbt, wird es zum Schlechtesten." Dieser überlieferte Ausspruch erklärt sich aus der gleichen Gesetzmäßigkeit. Dasselbe gilt im kollektiven Bereich: Religionskriege sind bekanntlich die grausamsten.

Auch für den ernsthaft Strebenden ist eine weitere psychologische Erkenntnis eine echte spirituelle Lebenshilfe. Die Umwandlung der psychischen Energie kann menschlich nie restlos gelingen, weil der Umfang des Unbewußten ebenso so grenzenlos ist wie die Natur. Folglich bleibt ein größerer oder kleinerer Rest an Energieüberschuß, der den Menschen durch innere Spannung wachhält. Reinheit ist sowohl ein Charisma als eine stets neu zu erringende Haltung. Darum bedarf sie der klugen Wachsamkeit und der existentiellen Hingabe an das Göttliche.

Die fernöstliche Spiritualität besitzt tiefere Erfahrungen im körperlichen und kosmischen Bereich. Sie betrachtet die sexuelle Kraft als letzte materielle Ausformung der göttlichen Lebensenergie. Der Kundalini-Yoga prägt das Bild von der zusammengerollten Energie-Schlange am unteren Ende der Wirbelsäule. Je mehr nun die kosmischen Energiezentren, Chakras genannt, entwickelt werden und sich nach oben öffnen, um so leichter vollzieht sich der Aufstieg dieser Lebensenergie im Symbol der Schlange. Physiologisch erfährt der sich wandelnde Mensch einen Rückfluß der sexuellen Kraft als „subtile Nahrung" seiner physischen und geistigen Kräfte.

Schaut man die psychologische und die spirituelle Sicht der Umpolung psychischer Kräfte zusammen, so ergibt sich eine zweifache Verwandlung. Der innere Weg erstrebt die Umpolung des Menschen von dem Zentrum des Ego zum Zentrum des Selbst. Der innerste, mystische Weg erstrebt die Umpolung des Zentrums im Selbst zum Zentrum des tragenden göttlichen Grundes. Die Psychologie unterscheidet Selbst und göttlichen Grund nicht, weil sie keine metaphysischen Aussagen machen will und es methodisch auch nicht kann. Psychologie spricht aber von einer „transzendentalen Funktion" der Seele, von einem dynamischen über sich Hinausweisen. In der Stimme des Gewissens sieht Viktor Frankl eine Transzendenzerfahrung, in der die Psychologie sich der Philosophie öffnet. Der große englische Theologe Kardinal Newman möchte in diesem Gewissen sogar das religiöse Aufnahmeorgan der Seele für das Göttliche erkennen.

Das ganzheitliche Reifen des Menschen ist wachstumsmäßig also ein geheimnisvolles Ineinandergreifen menschlicher Aktivität und göttlicher Berührung. Je intensiver diese göttliche Berührung den Menschen ergreift, um so tiefer wandelt sich der innere Weg in den innersten, mystischen Weg. Davon soll in einem neuen Buch ausführlicher die Rede sein.

Die Erfüllung des Menschen in der Liebe auf dem inneren Weg beginnt also mit dem Erwachen der Vitalkraft im Dienste der Lebenserhaltung der Geschlechterfolgen. Sie nährt sich von der wärmenden seelischen Kraft des Eros und öffnet sich der göttlichen Liebe als spirituelle Hingabe. Als Früchte dieses Reifens menschlicher Liebe erntet der Liebende das leibliche Kind, das geistig-kulturelle Werk und seine wachsende menschliche Ganzwerdung.

Als Ziel des inneren Weges beflügelt den Wanderer das Bild des reifen Menschen, das seine Einsatzbereitschaft immer wieder anspornt. Mit diesem Bild des reifen Menschen gewinnt unser Nachdenken über den inneren Weg eine offene Mitte, die auf die Berührung mit dem göttlichen Geheimnis vertraut.

Die Lebensfrucht des inneren Weges:
der reife Mensch

Nicht alle Blütenträume am Baume des Lebens reifen. Die Früchte des Baumes sind Nahrung und zugleich Same. Ein Kreislauf des Wachsens und Reifens entsteht.

Der äußere leibliche Mensch ist in diesen Kreislauf des Lebens einbezogen. Die Frucht des Leibes dient der menschlichen Arterhaltung. Die Frucht der Seele und des Geistes dient der Veredlung des Menschengeschlechtes. Veredlung ist ein mühsames Werk für den einzelnen Menschen wie für das Menschengeschlecht als Ganzes.

Trotz aller Rückschläge und Niederlagen bleibt die menschliche Reifung das Ziel des inneren Weges.

Nicht jeder erreicht dieses Ziel. Nicht jeder verwirklicht die Reife in vollem Ausmaß. Ein Rest bleibt. Im Rest lebt ein unsterblicher Funke an Hoffnung auf Vollendung. Die Sehnsucht nach Vollendung entfacht bisweilen diesen Hoffnungsfunken zur hellen Flamme. Die Begegnung mit einem reifen Menschen rückt das Sehnsuchtsziel in greifbare Nähe.

Durch welche Grundhaltungen fasziniert ein reifer Mensch in der Begegnung am Ziel des inneren Weges?

Die innere Geschlossenheit einer reifen Persönlichkeit strahlt eine wunderbare Einfachheit aus. Ihre Tiefe enthüllt bei näherem Zusehen einen inneren Reichtum. Im vertrauten Umgang mit dem reifen Menschen enthüllen die wechselvollen Situationen des Lebens Zug um Zug seine Grundhaltungen. Einige Grundhaltungen können als besonders charakteristisch für den reifen Menschen gelten. Gedacht ist hier an die innere Freiheit, die Gelassenheit, die Zufriedenheit, an das Wohlwollen, die Güte, die Heiterkeit, an die Weisheit und die Transparenz. Diese Gaben sind die wahre Lebensfrucht am Ziel des inneres Weges. Diese Früchte anzuschauen, sie in der Begegnung mitzuverkosten, spornt den einzelnen doppelt an, in diese Haltungen selber hereinzuwachsen.

Innere Freiheit

Über weite Strecken des inneren Weges begleitet den Wanderer Angst und Unsicherheit. Er muß viele Kreuzungen überqueren. An den Kreuzungen gibt es Wegweiser in verschiedenste Richtungen. Menschen, denen er begegnet, raten ihm aus eigener Erfahrung zu dieser oder jener Abkürzung. Ihre Ratschläge sind nicht selten widersprüchlich. Es fehlt nicht an Zweiflern, die den inneren Weg grundsätzlich in Frage stellen. Auch Spott und Hohn lernt der Wanderer kennen. Es ist nicht leicht, sich als „Sonderling" verlachen zu lassen. Manche Menschen äußern offen ihr Mißtrauen. Sie argwöhnen, der Mensch auf dem inneren Weg wolle etwas Besonderes sein. Sein inneres Streben sei nur eine Flucht vor der harten Wirklichkeit. Es sei darum nicht schwer vorauszusagen, daß diese Scheinwelt wie ein Kartenhaus zusammenfallen werde.

Kritische Köpfe stellen den Menschen auf dem inneren Weg auf die Probe. Sie zerren seine geheimen Schwächen ans Licht. Sie halten ihm die Widersprüche zwischen Theorie und Praxis vor Augen. Vorwürfe der Scheinheiligkeit muß er sich gefallen lassen.

Schmerzlicher als diese Vorwürfe treffen ihn die Ratlosigkeit und die zunehmende Distanz in seiner nächsten menschlichen Umgebung. Seine Zurückgezogenheit wird als Egoismus ausgelegt.

Diese und ähnliche Vorbehalte ihm gegenüber müssen naturgemäß den Wanderer nachdenklich machen. Längere Zeit schwankt sein eigenes Urteil darüber, wer im Recht, wer im Unrecht wäre. Die bangen Fragen tauchen immer wieder auf: „Was ist an mir verkehrt? Gehe ich einen falschen Weg? Warum fühle, empfinde, denke ich in vielem so ganz anders als die anderen?"

Die äußere Kritik an seinem Verhalten zwingt ihn zur inneren Stellungnahme. Er muß sich mit den Vorwürfen auseinandersetzen. Zuviel steht für ihn auf dem Spiel.

Was soll er tun? Meist fehlt ihm in jenen kritischen Stunden ein Mensch, dem er sich ganz offen mitteilen könnte. Ist dies ein Zufall? Ist es ein Mißgeschick? Ist es ein Warnsignal? Oder ist es eine schmerzliche Gnade auf dem inneren Weg?

Auch solche Fragen bleiben lange offen. Sie sind nicht zu entscheiden, nicht zu beantworten. Der Wanderer lernt auf diese Weise, Spannungen auszutragen, Spannungen in sich auszuhalten. Die eigenen Fragen lösen sich im Laufe der Zeit nach innen. Er ist auf sich selber zurückgeworfen. Im eigenen Herzen muß die Lösung gefunden werden.

Das eigene Herz jedoch ist nicht von Anfang an der klare Spiegel für eine klärende Antwort. Im eigenen Herzen sitzt der Zwiespalt noch tiefer als im Meinungsstreit mit den Menschen der äußeren Umgebung. Vor dem eigenen Herzen gibt es keine Ausflucht. Der Mut zur inneren Wahrhaftigkeit bahnt den Weg in die Abgründe der eigenen Tiefe. Ein langes Ringen beginnt. Es erinnert an den Kampf des Helden in alten Sagen. Der Drache in der eigenen Brust muß getötet werden, um in seinem Blute die unverwundbare Haut zu erhalten. Nur der Sieg über den Drachen kann die gefangene Braut, die eigene Seele, erlösen. Hatte der gefährliche Lindwurm in seiner Höhle den Goldschatz bewacht, so liegt dieser Schatz nun als Beute dem Sieger zu Füßen.

Diese uralten Bilder vom Heldenkampf und von der Befreiung verlagern nach außen, was sich an inneren Prozessen bei der Überwindung der eigenen Egozentrik im Menschen abspielt.

Jeder Mensch, der den inneren Weg entschlossen geht, muß sein eigenes Abenteuer in der Höhle seines Herzens bestehen. Nur im eigenen Waffengang erkämpft er sich die Einweihung in die Mysterien des inneren Reifens. Er darf dabei Hilfe annehmen, um sein Schwert schmieden zu können. Er darf Unterweisung erbitten, wie er den Drachen überlisten und bezwingen könne. Er darf weisen Rat annehmen, wie der verborgene Schatz zu finden sei. Der Gang zur Höhle; der Kampf mit dem Ungeheuer; der Mut, sein Leben aufs Spiel zu setzen; die Entschlossenheit, lieber alles zu verlieren, als den Kampf aufzugeben: diese Haltungen kann kein anderer stellvertretend für ihn einsetzen. Jeder steht hier für sich selbst auf dem Prüfstand. Er muß so handeln, als hinge alles Gelingen einzig und allein von ihm selber ab.

Ist diese Entschiedenheit keine Anmaßung? Birgt solches Wagnis nicht die Gefahr des Scheiterns in sich? Der Feige möchte es so deuten, um sich der Anstrengung zu entziehen. Der Waghalsige möchte es auf selbstherrliche Art und Weise demonstrieren. Beide scheitern, weil ihnen die Hellsichtigkeit des inneren Weges fehlt.

Der echte Kämpfer auf dem inneren Weg muß sich freimachen von Feigheit wie von Vermessenheit. Geduldig gilt es, Schritt für Schritt die Tiefen und Höhen des eigenen Herzens auszumessen. Berge sind abzutragen. Tiefe Gräben sind zuzuschütten. Diese Herkulesarbeit macht den Menschen sehend für seine Selbsterkenntnis. Er lernt es, die Bäume im Garten seiner Seele an ihren Früchten zu unterscheiden. Die Wirkungen seines Fühlens, seines Denkens, seines Tuns werden ihm zu kritischen Wegweisern, um das rechte Urteil über sich und über andere zu finden. Die äußere und innere Fruchtbarkeit wird ihm zum Kriterium, wenn Entscheidungen darüber zu fällen sind, was zu ändern oder was beizubehalten ist auf dem Weg zum Ziel.

Die Entscheidungen zwischen Selbstfindung und Nächstenliebe suchen den lebendigen Austausch zwischen den Spannungspolen. Im öffentlichen Beruf ist ein Rollenverhalten vorgegeben. Vorgesetzte und Untergebene haben berechtigte Erwartungen. Zu Hause macht die Familie ihre Ansprüche geltend. Reibungslose Anpassung wäre der bequemere Weg, wenigstens für eine gewisse Zeit. Warum nicht für immer? Weil die Fremdbestimmung in Beruf und Familie nur teilweise berechtigt ist. Egoismus, Bequemlichkeit, Feigheit und Ängste, Maßlosigkeit und Dreistheit vermischen Recht und Unrecht zum kunterbunten Knäuel. Das kritische Auge entlarvt den Eigennutz im eigenen Herzen. Es bleibt scharfsichtig für den Egoismus fremden Verhaltens. Der innere Weg fordert vom Wanderer, kritische Offenheit mit einfühlsamer Liebe zu verbinden. Der Weg in die innere Freiheit darf nicht zur Trennung entarten. Das Zugehörigkeitsbewußtsein zu den anderen muß im Grundsätzlichen sich festigen, um im Detail einer Weiterentwicklung kreativ dienen zu können.

Mutiges Risiko zum Alleingang wird nur dann fruchtbar, wenn der Alleingang bessere Wege eröffnet für das Gemeinwohl. Aus vielen Konflikten erwächst allmählich ein inneres Stehvermögen. Es nährt nicht die Selbstbehauptung aus stolzem Ehrgeiz. Die innere Standfestigkeit verliert nicht die Fähigkeit zum gesunden Kompromiß. Der Mensch auf dem inneren Weg unterscheidet aber lebensfördernde und lebenshemmende Kompromisse. Die Gerechtigkeit verwechselt er nicht mit schematischer Gleichmacherei. Er scheut nicht die Auseinandersetzung und den Kampf, wenn das Gute zum Feind des Besseren sich verfremdet. Er leidet lieber Unrecht, nimmt Nachteile in Kauf, um seinem wahren Wesen treu zu bleiben.

Aus allen Prüfungen geht er zwar nicht unverletzt hervor, aber seine Seele gewinnt immer größeren Zuwachs an Stärke und innerer Freiheit. Seine Eigenständigkeit schwächt nicht sein Gefühl für Mitverantwortung. Sie trägt er nicht als Transparent vor sich her. Er muß keine Werbetrommel für sich rühren. Der Atem innerer Weite umgibt zunehmend seine Persönlichkeit mit dem Adel des Geistes, mit dem Adel des Herzens. Seine Ausreife der inneren Freiheit beschenkt ihn am Ziel des inneren Weges mit einer wunderbaren inneren Gelassenheit. Diese Gelassenheit ist gleichfalls die Frucht eines langen, langen Reifegeschehens.

Gelassenheit

Der reife Mensch gilt in allen Kulturen und Religionen als ein Meister in der Kunst des Loslassens. Mit dieser Kunst kann der Mensch auf dem inneren Weg nie früh genug beginnen. Der einzelne braucht viel Zeit, um die Notwendigkeit des Loslassens zu begreifen. Der Augenschein spricht zu offensichtlich dagegen. Alle Welt hat mehr Freude am Nehmen als am Geben. Besitz gilt als erstrebenswert. Äußere Ehre läßt das Auge des Geehrten glänzen. Machtausübung berauscht auch kühle Köpfe.

Der reife Mensch trinkt aus dem Becher irdischer Freuden. Er weiß, wovon er spricht, wenn er die menschlichen Vorurteile ablehnt. Die Kämpfe der Leidenschaften erfährt er nicht aus psychologischen Abhandlungen. Seine Seele trägt genug vernarbte Wunden. Wie hart muß er gegen seine eingefleischten Charakterschwächen angehen. Die Kunst des Loslassens fordert ihn auf dem Reifungsweg immer unerbittlicher heraus.

Sind die groben Fesseln von Besitzgier und Genußgier abgestreift, so konzentriert sich die Übung des Loslassens auf das bunte Spiel der Gedanken. Alte Erinnerungen an gescheiterte Pläne, an enttäuschte Hoffnungen, an schmerzende Schuld stören immer wieder den Frieden des Herzens. Ängste vor der Zukunft vernebeln den klaren Ausblick aufs Ziel. Entmutigung bei Fehlschlägen lähmt die Schwungkraft zum Aufflug.

Schier grenzenlos erscheint das Gewoge der sich widerstreitenden Gefühle. Der ewige Wechsel von Freude und Trauer, von Hochstimmung und Niedergeschlagenheit, von Zuneigung und Abneigung, von Liebe und Haß, von Hoffnung und Verzweiflung bringt die Übungen im Loslassen bisweilen in schwere Bedrängnis. Alte Fehlhaltungen lassen das innere Gleichgewicht immer wieder kippen. Beharrliches Loslassen nimmt auch diesen Erfahrungen den bitteren Nachgeschmack.

Der reife Mensch ist nicht immer ein strahlender Sieger in dieser Kunst. Aber er versteht, durch Loslassen auch noch die Niederlagen in Fortschritte zu verwandeln. Weil er mutig die Höhen und Tiefen des Lebens auslotet, gewinnt er einen inneren Gleichmut gegenüber allen Schicksalsschlägen.

Die Schule äußerer und innerer Armut läßt ihn anspruchslos werden. Krankheiten vertiefen in ihm die Dankbarkeit für die Gesundheit. Mißerfolge schenken ihm die gelöste Distanz, wenn Stunden des Glückes ihn entschädigen. Selbst die menschlichen Beziehungen verlieren für seine Einstellung alles Bedrängende und Frustrierende. Weil er niemand vereinnahmt, laufen ihm die Menschen nach. Seine innere Freiheit läßt diejenigen ins Leere greifen, die ihn für sich selber besitzen wollen.

Eine gewachsene Einheit aus innerer Distanz und menschenfreundlicher Nähe umgibt den reifen Menschen mit einer Würde, die unwillkürlich im anderen Ehrfurcht und Scheu auslösen. Im Bild gesprochen, erscheint der reife Mensch wie ein Schwimmer, der das feste Ufer mit der wogenden See vertauscht hat.

Meister Eckhart trifft den Kern der Schwierigkeit loszulassen mit unnachahmlicher Sicherheit. Er meint: Solange du an dir festhältst, hast du nichts gelassen, auch wenn du alles äußerlich verlassen hättest. Hast du aber dich gelassen, so hast du alles gelassen. Dann schadet dir auch kein äußerlicher Besitz. Niemand solle aber meinen, es sei möglich, in der Gelassenheit in diesem irdischen Leben so weit kommen zu können, daß nichts mehr fortan zu lassen übrigbliebe.

Der Ernst dieses Klarblickes aus der Erfahrung des größten deutschen Mystikers des Mittelalters relativiert auch das Format des reifen Menschen. Die erlangte Reife ist, von der Warte mystischer Erfahrung her gesehen, nun durchlässig für noch höhere Entwicklungsmöglichkeiten. Ende des inneren Weges und Anfang des innersten Weges gehen hier ineinander über, wie das Ende der Jugendzeit in den Beginn des vollen Mannseins und Frauseins übergehen.

Wird aber die Einsicht Eckharts den Gelassenen nicht entmutigen oder zumindest beunruhigen? Die Aussicht, daß nie der Punkt kommen werde, an dem das Ende des Loslassens in Sicht wäre, verlangt ja eine nie endende Bereitschaft.

Eine solche Frage stellt der ungelassene Mensch von außen. Er sieht nur die Anstrengung und Forderung des Verzichtens. Ihm fehlt das beglückende Gefühl und die Erfahrung, daß Loslassen auch entlastet und befreit.

Als Jugendlicher ist der Mensch stolz darauf, kein Kind mehr zu sein. Als vollerwachsener Mensch legt er die Manieren des Jugendlichen ab, ohne ihnen eine Träne nachzuweinen. Keiner wäre glücklich darüber, im äußeren Wachsen zurückbleiben zu müssen. Warum sollte er unglücklich darüber sein, im inneren Reifen zum Grenzenlosen berufen zu sein? Das Wissen um die Grenzenlosigkeit weiß sich dennoch zu bescheiden. Der reifende Mensch erstrebt auf dem inneren Weg das Jetztmögliche als Letztmögliches. Die Flexibilität seines Strebens erhält ihm die innere Zufriedenheit.

Zufriedenheit

Volksweisheit sieht in der Zufriedenheit jenes Lebensglück, das auch der kleine Mann sich erwerben kann. Horcht man auf den Unterton in der Stimme des Volksmundes, so schwingt darin viel Tapferkeit. Dem Unterton dieser Zufriedenheit fehlt aber das Gelöstsein. Es klingt darin auch das harte Zufriedensein-Müssen, weil sich die äußeren oder inneren Verhältnisse nun einmal nicht ändern lassen. Der einzelne fügt sich willensmäßig ins Unvermeidliche. Er erlernt die schwere Kunst, aus allem das Beste zu machen.

Eine Krankheit ist beispielsweise unheilbar geworden. Lange hat sich der Kranke dagegen gewehrt. Resigniert sagt er sich eines Tages: „Es könnte noch schlimmer sein. Es gibt viele Kranke, denen geht es noch schlechter als mir. Ich habe wenigstens eine gute Pflege. Noch kann ich mich ablenken durch gute Lektüre oder durch schöne Musik. Es gibt Medikamente, die meine Schmerzen lindern. Meine Angehörigen lassen mich nicht im Stich. Ich muß wirklich zufrieden sein, daß es noch so ist, wie es ist."

Ist die Zufriedenheit des reifen Menschen auch jenes süßsaure Lächeln, welches das kleinere Übel als die Wahl des Besseren auslegt? Der reife Mensch wäre kein wirklicher Mensch, wenn ihm diese Erfahrung des Durchschnittsmenschen fehlen würde. Der innere Weg kann keinem die Widersprüche und Spannungen des alltäglichen Lebens ersparen. Woran sollen sich die spirituellen Kräfte entwickeln und erproben, gäbe es keine Hindernisse? Wie könnte sich der Zwiespalt im eigenen Herzen auflösen, würden nicht die Versuchungen von außen und innen dieses Herz immer wieder bedrängen?

Der scheele Blick der Habsucht vergleicht gerne den eigenen Besitz mit den Liegenschaften der Reichen. Das regt den Appetit des Gierigen an. Unzufriedenheit stachelt ihn an zu Kraftakten, die ihm nicht gut bekommen.

Jeder Wanderer auf dem inneren Weg begegnet den Verlockungen der Genußsucht. Sie sitzt in der fröhlichen Runde der Schmauser und Zecher. Sie ist vertraut mit Leichtsinn und Vergnügen. Sie mischt den Becher sinnlicher Freuden mit dem Würzwein feuriger Leidenschaften. Sie schleicht sich selbst in den heiligen Tempel, um die Gebete der Frommen mit Selbstgefälligkeit zu vernebeln.

Wer kennt nicht den Hang zu Streitsucht und Rechthaberei selbst im Disput ergrauter Gelehrter, wenn sie die eigene Ehre verteidigen? Unheiliger Eifer treibt sie, bis der Gegner die Waffen streckt.

Wem das Spiel mit der Macht zur Würze des Lebens geworden ist, der bettet sich auf Rosen, deren Dornen wachsen, deren Blätter verwelken. Wie könnte er je zufrieden werden?

Soll sich der reifende Mensch Umwege wählen, die den Fallgruben des Lebens ausweichen? Was hülfe ein Umweg, wenn die Fallgrube im eigenen Herzen mitwandert?

Der äußere und innere Friede läßt sich nicht erschleichen auf den Pfaden der List. Friede wird nicht erkauft mit würdelosem Tribut. Dauerhafter Friede ist der Lohn ehrlichen Kampfes und Sieges. Wer sich selbst bezwingt, der gewinnt jenen Frieden, dem die Zufriedenheit entspringt, wie das Wasser einer Quelle entströmt.

Wie verhält sich der reife Mensch, der vom Wasser dieser Quelle trinkt? Sein Gesicht verliert jenes nervöse Zucken innerer Spannung und Ungeduld. Ärger und Gram ziehen nicht mehr die Mundwinkel nach unten, als seien die Lippen zur Brücke gebogen. Die Augen haben ihre Schleier verloren. Es ist nichts mehr vor den Blicken Fremder zu verbergen. Die Fenster der Seele stehen weit offen. Die Stirne kennt keine Sorgenfalten mehr. Selbst hinter den Runzeln aus Alter und Schwäche wird ein Glanz sichtbar, den ein Lächeln verklärt. Um den Mund liegt ein wissendes Schweigen. Als hätten Millionen von Worten der Zunge ihren Stempel aufgedrückt, so beredt ist dieses Schweigen. Die Hände ruhen ineinander. Sie ruhen, nicht weil sie des Kämpfens müde geworden wären. Sie ruhen, weil sie nicht mehr offengehalten werden vom Fieber des Greifens und Haltens. Sie ruhen wie in einer Gebärde des schweigenden Betens. Öffnen sich diese Hände, um Gäste zu begrüßen, so fließt ein Strom von Wärme auf den Begrüßten über. Als seien die Hände die Pforte des Herzens, so unmittelbar übertragen sie die Wellen inneren Friedens. Die Atmosphäre milder Ausgeglichenheit umfließt die Gestalt des In-sich-Ruhenden. Den inneren Himmel über den Weiten seiner Seele durchstrahlt eine Sonne, deren Leuchtkraft den Früchten dieses menschlichen Herbstes eine letzte Süße schenkt. Der Alltag trägt davon in sich einen Abglanz, als seien jedem Tag innere Feierstunden eingewoben.

Einem so wunschlosen Menschen begegnen zu dürfen, ersetzt viele Vorträge. Das lebendige Beispiel erweckt den Funken der Sehnsucht zur Flamme. Selbst wenn man einen solchen Menschen nur ein einziges Mal im Leben sehen dürfte, seine Gestalt würde sich unvergeßlich ins Gedächtnis eingraben. Um wieviel wirksamer wäre seine Ausstrahlung, wenn man längere Zeit sein Leben teilen dürfte. Sein Wohlwollen würde einen spirituellen Frühling anbahnen.

Wohlwollen

Erfährt man das Wohlwollen eines reifen Menschen, so muß man sich mehrmals die Augen reiben, um sich zu vergewissern, daß man nicht träume. Das absichtslose Wohlwollen erscheint einem so ungewöhnlich wie ein blühender Rosenstrauch mitten im Winter. Es ist dieses Wohlwollen zu lauter, um der Unechtheit verdächtigt zu werden. Es ist zu selten, als daß es verborgen bleiben könnte. Es ist zu ansteckend, um als glücklicher Ausnahmefall verkannt zu werden. Es ist eine Ausnahme im Vergleich zum normalen Leben. Für sich betrachtet, besitzt dieses Wohlwollen einen gleichmäßigen Herztakt, dessen Natürlichkeit bestechend wirkt.

Es ist durchaus denkbar, daß ein solch wohlwollender reifer Mensch im Gewühle der Menge sein Gesicht hinter dem Schleier einer vornehmen Bescheidenheit verbirgt. Er dämpft den Strahl seiner Herzenswärme, weil die unverhüllte Liebe den Schutzraum für ihre Offenbarung braucht. Die Verhüllung bleibt indes durchlässig genug, um die Wellen des Wohlwollens nach allen Seiten verströmen zu lassen. Es geschieht ohne Wellenschlag, fast geräuschlos, aber nicht ohne Wirkung. Im Gewoge der Menschenmenge mischt eine solche reife Gestalt in den hastenden Lärm und in das laute Treiben den seltsamen Klang der Stille. Für Augenblicke werden die geschäftigen Menschen davon berührt. Ihre ernsten Mienen verlieren für Sekunden ihre Starre. Kreuzen sich ihre Blicke mit den Augen des reifen Menschen, so erwacht ein Staunen in ihnen wie eine Erinnerung an die glückliche Kindheit. Sie bleiben einen Moment wie gebannt stehen. Aber schon ist das Gesicht des anderen verschwunden hinter dem Rücken der Nachdrängenden. Sie selber werden weitergeschoben. Ihre Erinnerung holt diesen Blick zurück und hütet das Geschaute wie ein Kleinod.

Was aber entdeckt ein Besucher, der für kurze Zeit das Leben dieses wohlwollenden Menschen teilt?

Sitzt er dem reifen Menschen Aug' in Auge gegenüber, so überkommt den Besucher das Gefühl, als öffne eine unsichtbare Hand die Türen zu seinem Inneren. Selbst jene Türen, deren Schlüssel verlorengegangen waren, drehen sich mühelos in den Scharnieren. Wie im Märchen springen Schlösser von Truhen auf, deren Deckel seit Jahrzehnten unberührt verschlossen lagen. Selbst die Kellerräume des Unbewußten empfangen Licht.

Das Erstaunlichste an diesem inneren Sich-erschließen-können ist, daß es nicht durch die Beredsamkeit geschieht. Das Wohlwollen des reifen Menschen bedient sich der Sprache des Herzens. Das Lächeln des

Mundes sagt mehr als tausend kluge Worte, denen die Herzenswärme fehlt. In der Sprache des wohlwollenden Blickes fehlt jede Spur von Neugier. Ein geheimnisvolles Wissen teilt sich mit, ohne Fragen stellen zu müssen. Der reife Mensch liest in der Seele seines Besuchers wie in einem offenen Buch. Der Reife bedarf für diese innere Hellsichtigkeit keiner magischen Kräfte. Magische Kräfte würden einen Schleier des Helldunkels um die sehenden Augen legen. Eine seltsame Kühle käme in den Blick. Sie würde der Offenheit der Seele schaden. Das Wohlwollen des reifen Menschen gleitet über die Gestalt des anderen, wie der Sonnenstrahl über die geschlossene Blüte gleitet. Der Liebkosung des Lichtes öffnet sie sich willig. Die Blüte tut sich auf, um das Licht in sich einzusaugen. Der Wind wiegt sie leise, wie eine Mutter ihr Kind wiegt.

Ähnlich behutsam wie der Wind umschließt die Seele des Reifen mit den Armen ihres Wohlwollens die sich öffnende Seele des Gastes. In dieser Umarmung erkennen beide Seelen ihre innerste Verwandtschaft. Mag der Grad ihrer Reife verschieden sein wie Same und Blüte oder wie Blüte und Frucht. Die Sonne des gleichen Himmels ernährt sie. Der Regen der gleichen Wolke tränkt sie. Die Lieder des Windes in den Blättern des gleichen Baumes erfreuen sie.

Das beredte Schweigen von Gastgeber und Gast verliert in den Worten ihrer Wechselrede nicht seine Tiefe. Da sich ihre Seelen gefunden haben, vernimmt ihr Herz die feinen Zwischentöne gegenseitiger Verweise. Pausen zwischen den Worten schenken einen weiten Atem. Er schwingt aus, um die tiefgründigen Anspielungen einzuholen. Ihr symbolträchtiger Reichtum umspannt mehr, als ein Atemzug tragen kann.

Es wäre zu schön, gäbe es für den Gast keinen Abschied. Könnte er bleiben, würde aus ihm in gefüllter Zeit der Bruder oder die Schwester, der Vertraute oder die Freundin. Bei allem Glück dieser Verwandlung, wäre es das kleinere Geschenk. Die Berufung ist größer. Damit der kleine Baum seine mächtige Krone entfalten kann, bedarf es des Freiraumes. Im Schatten des Größeren würde er vergeblich auf den hochragenden eigenen Wipfel warten. Die Trennung von beiden bringt jedem die Fülle.

In der Güte des Herzens weitet sich das Wohlwollen des reifen Menschen. Die Arme seiner universellen Liebe breiten sich aus, um alles ans eigene Herz zu nehmen. Es geschieht in der Gebärde der Ehrfurcht, deren Innigkeit nicht hinter der Intensität der Leidenschaft zurücksteht. Aus Wohlwollen wird Güte.

Güte

Güte lebt in den Tiefenschächten der Seele verborgen wie die Goldader im Gestein der Bergwerke. Unkundige sind ratlos, wie die Goldkörner im Gestein zu gewinnen sind. Dem Bergmann ist es vertrauter Beruf. Er legt Stollen an, um den Weg freizulegen. Er entwickelt einen sechsten Sinn, um die Verzweigung der Goldadern zu erspüren. Waschanlagen filtern das Edelmetall aus den Gesteinsklumpen.

Der reife Mensch bedarf der Bohrtürme und Förderbänder nicht mehr, um das Gold lauterer Güte ans Tageslicht zu bringen. Die Güte seines Herzens ist leicht wie die Luft, strahlend wie das Licht, reinigend wie das Wasser, süß wie der Duft der Blumen, klangvoll wie das Gezwitscher der Vögel. In der Herzensgüte des reifen Menschen schwingt die Grundmelodie des Lebens selber. Darum ist ihm nichts fremd. Alles ist ihm vertraut. Es ist, als verstünde er die Sprache der Dinge.

Für den reifen Menschen nimmt der Stein im Bach teil am Murmeln der Wellen, wenn er diesem Zwiegespräch lauscht. Der Tanz der Mücken über dem Wasser im Abendlicht der Sonne überträgt ihm die unbeschwerte Lebendigkeit dieser aufsteigenden Schwärme. Das Gaukelspiel der Falter mit den Blumen der Talwiesen spricht dem reifen Menschen von der Trunkenheit betörter Sinne. Ein Lächeln huscht ihm übers Gesicht, wenn er den Flug des Falters mit dem Kreisen des Falken über den Wipfeln der Bäume vergleicht. Von Ferne trägt ihm der Wind den Lärm des flüssigen Verkehrs der Autobahn zu. Der Motorenlärm vermischt sich mit dem Rauschen des Windes in den Blättern der Bäume. Ein Gleichklang entsteht. Ruhe und Bewegung gehen ineinander über.

Vor dem inneren sinnenden Blick des reifen Menschen tauchen die Gesichter der Menschen auf. Leistungsdruck und strenge Pflicht beugen den Rücken der Geschäftigen. Zeitnot und Hetze bestimmen den eiligen Schritt. Innere und äußere Unrast trocknen die Seelen aus. Nicht nur die Adern ihrer Leiber verschlacken. Auch ihre Gedanken und Gefühle bedürfen des Arztes. Welche Arzneien könnten die Rücksichtslosigkeit, Unbarmherzigkeit, ja Hartherzigkeit des rastlosen Erdenlebens besser heilen als die Güte reifer Menschen?

Dem reifen Menschen wird die Güte zum Herzensanliegen. Sie ist mehr für ihn als ein Privileg. Sie ist für ihn mehr als ein Sonderangebot. Der Engel der Güte berührt dem reifen Menschen die Seele. Diese Berührung heilt seine Wunden. Sie klärt seine Gedanken. Sie ordnet seine Gefühle. Sie öffnet seine Liebe. Nun ist sein Herz zur Heimat geworden für Mensch und Tier, für Wald und Heide, fürs Nahe und Ferne.

Die Güte des reifen Menschen schließt nichts aus. Sie trocknet die Tränen der Betrübten. Sie stimmt ein in die Lieder der Fröhlichen. Dem lauschenden Kind erzählt sie Märchen vom Wunder des Lebens. Güte begleitet das Streben und Ringen der heranwachsenden Jugend. Güte lockert den tierischen Ernst harter Arbeit. Güte wandert durch die Zimmer der Krankenhäuser. Sie betet in den Zellen der Mönche und Nonnen. Sie deckt die Schamröte der Gestrauchelten und Gestrandeten mit dem Mantel der Barmherzigkeit und verzeihenden Liebe. Güte reicht auch dem Feind die Hand zur Versöhnung.

Der reife Mensch ist nicht körperlich allgegenwärtig. Allgegenwart ist der Wesenszug allein der göttlichen Güte. Aber das gütige Herz des reifen Menschen treibt die Wurzeln seiner Güte so weit in die Tiefe, daß sie den Grund des Seins als Nährboden gewinnen können. In jener Tiefe des Seins verschmilzt der reife Mensch mit dem Kern aller Wesen. Dort ist alles eins. Diese Einheit durchpulst der Herzschlag göttlicher Güte. Davon berührt, gewinnt die Seele des Reifen die ihr eigene Heiterkeit.

Heiterkeit

Heiterkeit ist die Schwester der Güte. Güte bevorzugt die Stille und das Schweigen. Sie bedarf der gesammelten Kraft, um nach allen Seiten sich verströmen zu können.

Heiterkeit begleitet den Strom der Güte mit Gesang und Liedern. Sie nimmt die Laute zur Hand, wenn Traurigkeit die Tore des Herzens verschließt. Sie legt den Arm um die Schulter des Bedrückten, bis sich sein verweintes Gesicht wieder erhellt. Dem ernsten Philosophen, der über die Widersprüche des Lebens nachgrübelt, berührt sie die Stirn. Die Berührung bittet um Einlaß in die Werkstatt des Denkens. Heiterkeit öffnet sachte dem Grübler die verschlossenen Fenster. So lernt er, die kleine Lampe seiner Vernunft mit der Sonne der Weisheit zu vertauschen.

Heiterkeit stammt aus einer „adeligen Familie". Ihre Vornehmheit bezeugt es. Darum vergreift sich die Heiterkeit nicht im Ton. Ihre Worte sind melodisch wie Musik. Sie übertragen eine Schwingung, deren Kraft die Lasten des Lebens erleichtert. Heiterkeit richtet den gebrochenen

Menschen auf. Sie schenkt ihm neuen Lebensmut. Heiterkeit versöhnt den Enttäuschten. Sie hilft ihm, die trüben Erinnerungen loszulassen. Ruhe und Frieden kehren ins Herz zurück.

Heiterkeit hat heilende Hände. Ihre Berührung ist leicht wie die Berührung des Schmetterlings, der sich auf dem Kelchblatt der Blume niederläßt. Heiterkeit gleicht der Wolke am Abendhimmel, wenn die Strahlen der untergehenden Sonne das Grau der Wolke in rosarote Glut eintauchen. Wie das vergehende Tageslicht in der Wolke nachleuchtet, so leuchten in der Heiterkeit der Seele die Stunden reinen Glückes nach.

Diese verklärende Kraft ist das Charisma der Heiterkeit. Mit diesem Siegel unterscheidet sie sich unverwechselbar.

Verglichen mit der Heiterkeit erscheint der Witz wie der pfiffige Bauernjunge neben der vornehmen Dame. Der Witz ist in seinen Gebärden von rascher Behendigkeit. Wie ein geschickter Taschenspieler vertauscht er den Sinn gleichlautender Worte. Der überraschende Wechsel der Bezugsebenen löst das schallende Gelächter aus, das befreit.

Witz und Heiterkeit unterscheiden sich also wie lautes Gelächter und feines Lächeln. Der Humor erscheint als Mischung aus beidem. Humor durchschaut die Widersprüche des Lebens mit klugem Blick. Er entdeckt noch im scheinbaren Unsinn den verborgenen Sinn. Humor lebt auf der schmalen Kante, bei der sich die Extreme des Lebens überschneiden. Er ist ein Meister des Balancierens. Seine Kunst besteht darin, die Schattenseiten des Lebens an die Stunden des Lichtes zu erinnern. Er ruft dem Unglück das Glück, dem Schmerz die Freude, der Enttäuschung die Hoffnung ins Gedächtnis zurück.

Auf dem Weg nach innen hat der reife Mensch den Witz und Humor zum Begleiter auf Abruf. Der Witz lehrt ihn die Schlagfertigkeit, wenn Grobheit sich ihm in den Weg stellt. Mit Humor zerreißt er die feingesponnenen Netze täuschender List.

Ans Ziel gelangt, nimmt der reife Mensch den Witz nur noch selten in seinen Dienst. Humor kommt zu Wort, wenn dickfellige Menschen der Rolle des Elefanten im Porzellanladen gleichen. Vornehme Heiterkeit dagegen bleibt die geliebte Freundin des Reifen. Die Gaben dieser Freundschaft sind kostbar.

Der Heiterkeit verdankt der Reife die Verjüngung seiner Seele. Heiterkeit verhindert, daß die Flügel der Seele ihre Schwungkraft verlieren. Heiterkeit empfängt am Morgen den beginnenen Tag mit offenen Armen und mit einem unverbrauchten Herzen. Das Wunder des Lebens verliert nicht durch den Staub der Gewohnheit seine frischen Farben.

Wie ein Kind kann der reife Mensch über alles staunen. Er bewahrt sich die Fähigkeit, alles so anzuschauen, als sei es die erste Begegnung.

Heiterkeit setzt sich allem aus, weil sie sich geborgen weiß in der absichtslosen Liebe. Ihr Mut ist gereift in den Tälern der Schatten. Die Feuer der Leiden und die Wasser der Trübsal müssen durchschritten werden. Die Läuterung verleiht der Heiterkeit des reifen Menschen ihre Leuchtkraft.

Weil der Reife die Abgründe des Daseins durchlebt, weil er die lichten Höhen erkämpft, darum singt in seinen heiteren Liedern die Fülle des Lebens. Eine der besten Sängerinnen dieser Lieder ist die Weisheit.

Weisheit

Die Lieder der Weisheit sind kostbarer als Gold und Silber. Edelgeschmeide der Königinnen gilt nicht als Kaufpreis für Weisheit. In Büchern überliefert der Buchstabe die Schätze jahrtausendealter Weisheit. Doch der Geist der Weisheit muß stets neu geboren werden im Herzen. Nur von der Inspiration des Herzens empfängt das überlieferte Erbgut der Weisheit sein neues Leben.

Die Weisheit begleitet den inneren Weg des Menschen. Sie zeigt sich ihm in verschiedener Gestalt. Der praktische Alltag ist ihre Schule am Morgen des Lebens. Im Alltag legt sie die Fundamente für ihr Haus. Ihre Bauleute sind tüchtige Arbeiter. Im Umgang mit ihnen lernt der Mensch Ausdauer und Fleiß. Ordnung und Disziplin straffen seinen Lebensstil. Klugheit führt ihn ein in die Kunst des rechten Augenmaßes. Klugheit übt den Menschen im Wechsel von mutigem Zupacken und geduldigem Abwarten. Langsam wächst die Weisheit praktischer Lebenserfahrung. Wollen und Können finden den rechten Ausgleich. Die Welt des inneren Fühlens durchlichtet sich mit der Erkenntniskraft des Denkens.

Am Mittag des Lebens kommen die Grenzen der menschlichen Möglichkeiten stärker in den Blick. Die Fragen des Verstandes brechen sich an den Felswänden der Widersprüche und kommen wie das Echo in den Bergen auf den Fragenden zurück. Vernunft spricht in die Stille des Denkens. Vernunft ermutigt den ringenden Menschen, seine Sehnsucht nach Erkenntnis der Wahrheit nicht nur im Sammeln von Wissen zu nähren. Soll Wissen zur Weisheit sich wandeln, so bedarf es des Verweilens mehr als des Eilens. Empfangen bedeutet hier mehr als Erobern. Das innere Verkosten ist der Schlüssel zu der Geheimkammer der Weisheit.

Am Abend des Lebens öffnet der reife Mensch das Archiv seiner Vergangenheit. Er durchblättert die Folianten seiner Erinnerungen. Sein Auge sucht nach dem verborgenen Sinn all der Fakten und Ereignisse. Weisheit lehrt ihn, zwischen den Zeilen zu lesen. Der reife Mensch lernt es, die Augen vor rätselhaften Texten seines Lebens zu schließen, um der inneren Belehrung der Weisheit zu lauschen. Ihrer kundigen Einsicht verdankt der Reife die wachsende Klarheit, die sein Erdenleben erhellt. Bleibt er der Klarsicht treu, so wird er für würdig befunden, die Schätze der zeitlosen Weisheit mit ihren Lieblingen zu teilen. Über die Jahrtausende hinweg verbindet die Liebe zur Weisheit all jene, denen Weisheit zur Erfüllung ihrer Herzenssehnsucht geworden ist. Sie dienen der Weisheit in ungeteilter Hingabe. Die Liebe ihrer Verehrer übertrifft die Inbrunst weltlicher Liebesleidenschaft. Die innere Schönheit der geliebten Weisheit stellt die Reize der Schönheitsköniginnen in den Schatten. Irdische Schönheit verblüht wie die Knospe im Frühling. Der Zauber überirdischer Schönheit der Weisheit lebt von ihrer ewigen Jugend. Schon am Beginn der Schöpfung spielte sie zu Füßen ihres göttlichen Herrn. Sie schaute den Reichtum der göttlichen Gedanken. Darum ist sie vertraut mit allen Geheimnissen des Lebens. Neidlos teilt sie ihr Wissen mit denen, die sie lieben.

Mag auch die Torheit auf tausendfältige Weise die Menschen verführen. Mag die Verführung viele mit Blindheit schlagen und ihr Herz verhärten. Alle Ränke des Bösen werden dennoch am Ende zuschanden. Das letzte Wort im Streit der menschlichen Geschichte ist der Lobpreis der Weisheit auf die Herrlichkeit Gottes.

Auch das Leben des reifen Menschen ist im Ablauf der Zeiten nur eine Sekunde des Daseins. In den Augen der Weisheit wiegt diese eine Sekunde reifen Lebens mehr als die gewaltigen Massen der Berge. Ozeane gelten im Vergleich mit dieser Sekunde gereiften Menschenlebens nicht mehr als der Tropfen am Grashalm. Selbst die Milliarden ferner Spiralnebel am Himmel übertreffen nicht den Wert des gereiften Menschen.

Welcher Schatz macht den gereiften Menschen so kostbar? Sind es die Früchte vom Fleiß seiner Hände? Ist es die Summe seiner tiefen Gedanken? Hängt sein Wert am Reichtum seiner Gefühle und Empfindungen? Sind es die Gaben von Wissenschaft, Kunst und Kultur? Geben den Ausschlag die unzähligen Heiligtümer, verstreut über die weite Erde? Sind es die Gebete der Frommen und Heiligen?

Dies alles zusammen erhält seinen unsterblichen Wert vom göttlichen Abbild im Menschen. Es liegt verborgen in der tiefsten Kammer des

Herzens. Wenn der reife Mensch an die Türe dieser Kammer pocht mit dem Finger der Demut, so erfährt der Reife im Anblick des göttlichen Abbildes sein letztes Ziel. Das erreichte Ziel des inneren Weges wird ihm zu Aufbruch und Neubeginn des innersten Weges. Die Transparenz auf dieses letzte Ziel hin, sammelt die Kräfte des Reifen zur Verwandlung in den gottförmigen Menschen.

Transparenz

Der innere Weg gewinnt im reifen Menschen sein ihm gemäßes Ziel. Der reife Mensch hat den Leib für die Seele, hat die Seele für den Geist durchlässig, transparent werden lassen. Der Gereifte erlebt durch die Umpolung seiner Existenzmitte die Durchlichtung seiner Ich-Welt. Die Ich-Welt wird durchlässig für die Strahlkraft des Wesens im Selbst. Diese Verlagerung der Existenzmitte vom Ich zum Selbst verändert auch die Funktion der seelischen und geistigen Kräfte. Das menschliche Denken öffnet sich von der Sinneswahrnehmung zur verstandesmäßigen Erkenntnis. Der Verstand weitet sich zum Vernehmen der Vernunft. Vernunft berührt die Grenze des Unendlichen. Das Unendliche leuchtet für Augenblicke auf im Blitz der Intuition.

Ähnlich wie die Transparenzerfahrung im Denken durchlichtet sich das menschliche Lieben. Der Bogen der Durchlässigkeit spannt sich von der Triebwelt der Sexualität über die seelische Erregung des Eros zur Lichthöhe der ichfreien Liebe der Agape. Ein Dreiklang entsteht aus Selbstliebe, Nächstenliebe und Gottesliebe.

Wie Denken und Lieben sich als transparent erweisen, so verwandelt sich auch die Art und Weise des Tuns. Die Ergänzungspole von Tätigkeit und Ruhe, von Aktivität und Passivität schieben sich ineinander zu einer paradoxen Einheit. Die Kunst des Nichttuns im Tun ist das Ergebnis. In der Erfahrung des inneren Weges läuft innerhalb der Verwandlungsübung vom Ich-Menschen zum reifen Menschen die Erfahrung der Transparenz parallel. Die Beziehung zum Göttlichen ist atmosphärisch in diesem Prozeß gegenwärtig. Der Verweis auf das göttliche Abbild im Wesensgrund des Menschen lenkt bereits den Blick auf das höhere Ziel.

Aber im Ablauf des inneren Weges rücken für unser bisheriges Nachdenken die psychologischen Überlegungen bewußt in den Vordergrund. Die religiöse Durchdringung wird auf dem innersten Weg die Führung übernehmen. Sie gestaltet den reifen Menschen um in den gottförmigen Menschen, dessen Siegel das Aufleuchten des göttlichen Abbildes auf dem Grunde seines eigenen Wesens ist. Die Erfahrung dieser Verwandlung überformt alle psychologischen Kenntnisse mit der Weisheit der göttlichen Liebe, deren Kern unaussprechliche Seligkeit und verhüllte Enthüllung ist. Menschliche Hingabe wird hier schweigende Anbetung.

Spiegelung

des inneren Weges

Dein Weg – Schicksal oder Gnade?

Auch auf dem inneren Wege begleiten dich dunkle Probleme.
Es ringen Fragen mit dir, denen du kaum wirst entflieh'n.
Sind die Begegnungen in deinem Leben
nur Zufall und Schicksal?
Gehst du am Leitseil bestimmender Mächte
nur in vorgeschriebenen Bahnen?
Wechseln Licht und Schatten, Leid und Liebe,
Glück und Unglück wie Sonne und Regen,
wie Sommer und Winter ohne dein Zutun?
Oder bestimmen dein Wille, dein Herz, dein Geist
den unaufhaltsamen Gang deines Lebens?
Wie frei ist die Wahl deines Herzens,
wenn sich die Flamme der Liebe entzündet?
Spricht dann die Stimme des Blutes
im Bund mit der Stimme des Himmels?
Mancher erfährt es erst,
wenn zerrissen ist oder gefestigt das Band seines Herzens.
An der Kreuzung zur Wegwahl steht meist jeder im Dunkel.
Das Wagnis des Lebens bleibt immer lebensgefährlich,
solang nicht himmlische Mächte beschützen den Sterblichen.
Im bunten Wechsel der Lebensbilder
verliert sich den Augen des Fragers nach Sinn und nach Ziel
die klärende Spur einer sicheren Antwort.
Wie überrascht wirst du steh'n,
wenn einstmals der Schleier sich lüftet
und dir dein Schicksal das Antlitz der Gnade enthüllt.

Warten

Du wartest darauf, daß dich das Glück berührt
mit leichter Hand und lächelndem Gesicht,
daß in den Schoß dir fällt
das große Los im lebensschweren Schicksal,
daß deine Hand sich füllt
mit Gold und Silber wie im Traum,
daß Liebe dich erwärmt,
wenn trüb das Auge dir geworden,
und schwer dein Herz aufstöhnt in herbem Schmerz.
Du stützest dich auf Lehren fremder Zungen,
wenn rastlos irrt dein Geist von Tür zur Tür.
Du haschst nach Wind,
wenn Eitelkeiten dich betören
mit buntem Glitzern falscher Kostbarkeiten,
und deine Seele träumt von Siegen ferner Zeiten. –
So gleiten deine Lebensjahre rasch vorüber
wie leichter Sand beim bunten Kinderspiel.
Noch immer harrest du der großen Stunde,
die dich erweckt aus wirren Tagesträumen,
die dir den Schlüssel reicht zu deiner eigenen Tiefe.
Die große Stunde wird dich wecken, wenn reif du bist.
Sie wird dich lehren, den Schlüssel selber dir zu schmieden
zu deinem runden, vollen Glück.
Du findest es, wenn du betrittst des Herzens Kammer.
Dort wartet deiner schon der Bote aus dem Reich des Lichts.

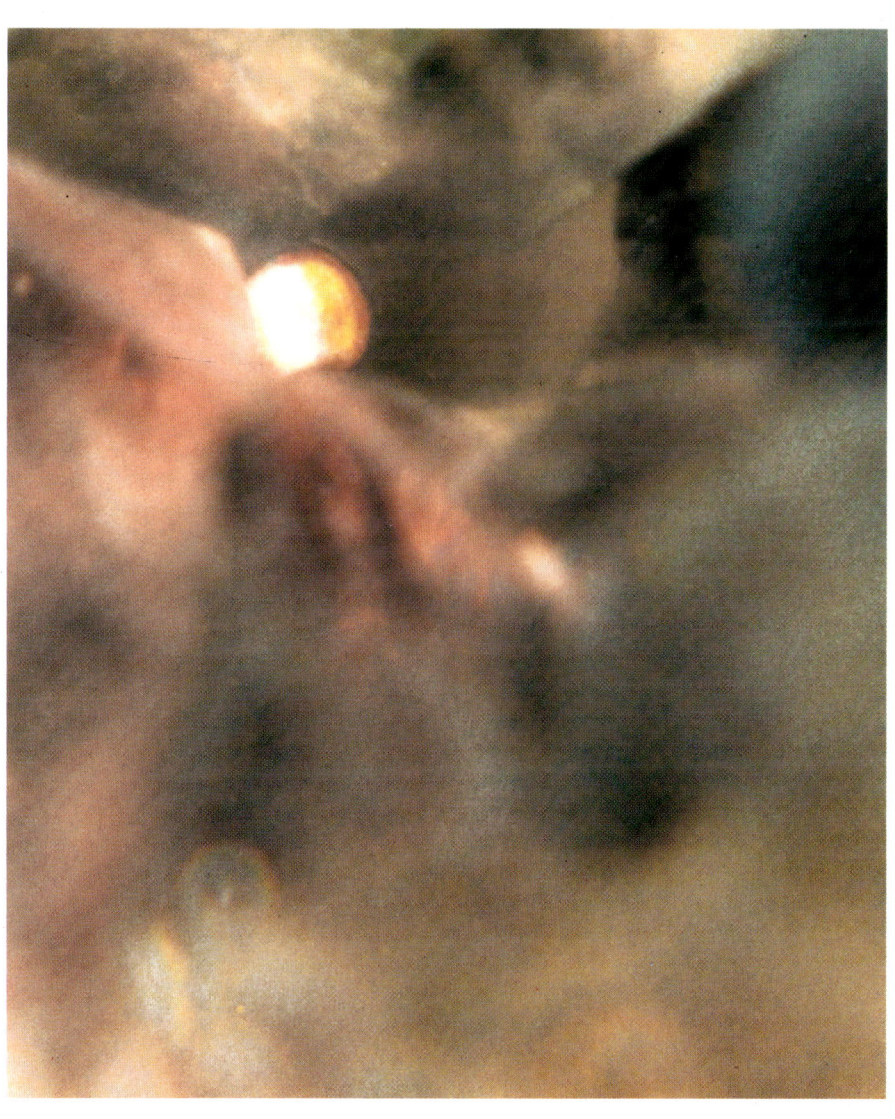

Der Seele Erwachen

Betrittst du den inneren Weg,
so erwacht dir die Seele vom Schlafe,
gewoben aus Träumen von Schätzen des äußeren Lebens.
Leise betritt sie den Saal, in dem der Erinnerung Bilder
zahllos und wahllos verstellen den Blick auf das eigene Wesen.
Staunend erkennt sich die Seele
als Fremdling im eigenen Hause.
Nährte sie nicht den Leib
mit Wachstum und Kraft zum Erblüh'n?
Warum vergaß er den selbstlosen Dienst, die kostbaren Gaben?
Wärmte sie nicht den Geist mit dem Reichtum ihrer Gefühle,
wenn er sich mühte im Kampf mit den Proben des Schicksals?
Warum ließ er sich binden
von Ehrgeiz und stolzer Verblendung?

Wer nun zeigt der sinnenden Seele den rettenden Ausweg?
Stille umgibt sie mit tröstendem Schweigen,
aus dem hervorbricht ein Schimmer von Licht.
Die flackernde Flamme
beleuchtet die Tür zum Geheimnis der Tiefe.

Kein Griff, kein Schloß, kein Schlüssel weisen den Weg.
Nur die Sehnsucht durchdringt das verschlossene Tor.
Wird Sehnsucht beflügelt vom Vollklang der Liebe,
so öffnet die Türe sich willig von selbst.
Es empfängt die Seele der göttliche Meister
mit offenen Armen, inmitten des leuchtenden Dunkels.

Vom Segen der Stille

Wenn auf des Lebens Wegen die Füße dir müde geworden,
wenn die Seele, enttäuscht und erschüttert,
vergeblich nach Trost sucht,
wenn das Herz, weil blutend aus tausend Wunden,
in Stummheit erstarrt,
wenn, von Freunden verlassen,
die Einsamkeit wird zur Gefährtin:
dann umfängt dich die Stille
wie eine barmherzige Mutter.
Sie lindert den Schmerz, verbindet die Wunden,
verschenkt neues Leben.
Was aber wäre bereit sie zu geben,
suchtest du sie in der Vollkraft der Jahre,
mit frischer Seele und ungebrochener Kraft?
Sie wäre dir Vater und Mutter, Bruder und Schwester
und die heimlich Geliebte,
deren Herzkraft Flügel dir liehe,
um auszuloten die Höhen und Tiefen des Lebens.
Stille würde zum fruchtbaren Schoß
voll inspirativer Fülle,
dich zu beglücken mit überirdischen Wonnen.
Ahnst du, was du versäumst
im Gewühle des nichtigen Zeitvertreibs?

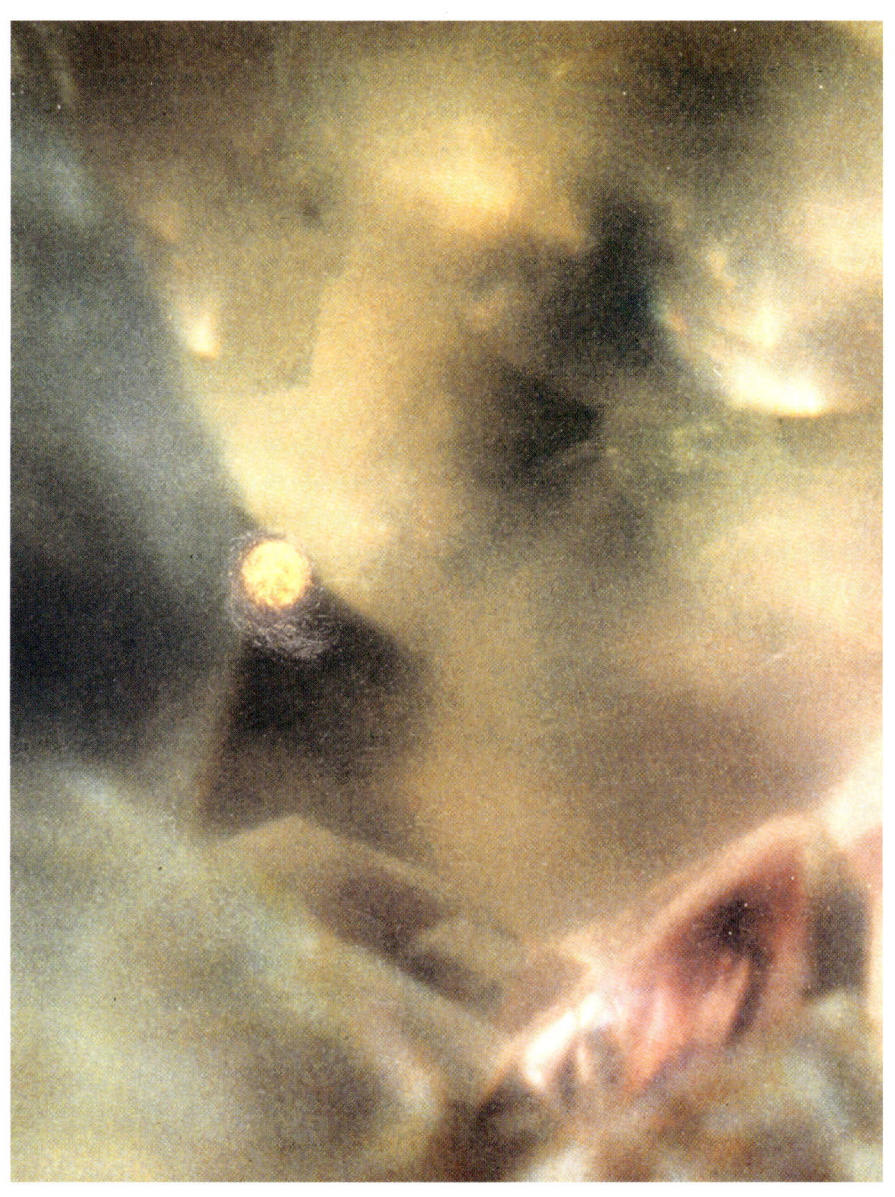

Vom Glück am Wege

Wenn du zurückläßt die trauten Gefilde der Heimat
und die Straße des Lebens betrittst voll kühner Erwartung,
träumst du in einsamen Stunden
vom wartenden Glück am Wege.
Das Spiel deiner Hoffnungen malt dir die farbigsten Bilder
von der Gestalt dieses Glückes, das du ersehnst.
Hast du gekostet vom bunten Reigen der Güter,
die dir begegnen, bleibt stets ein Rest dir von Sehnsucht.
Jede Erfüllung weckt dir nur neues Verlangen.
Selbst in den Reizen der Liebe
wiederholt sich das Spiel.
Erreicht denn die Sehnsucht des Herzens
niemals der Sättigung Ziel?
Vergebens suchst du die Antwort in Büchern der Weisheit,
wenn nicht die göttliche Liebe
leise dich anrührt.

Im Spiegel der Dinge

Wer wandert auf innerem Weg,
dem werden die Dinge zum Spiegel.
Sie zeigen ihr wahres Gesicht,
wenn lauter das Herz, befreit ist der Sinn.
Der Himmel spannt seinen Bogen
über die Weiten von Ländern und Meeren.
Er richtet den menschlichen Blick aufs eig'ne unendliche Ziel.
Sehnsucht entflammt die Seele,
sie lockt zu den fernsten Gestaden,
von ewig lebendigem Spiel der Meereswellen umbrandet.
Unendliche Tiefe vermählt sich den Fernen leuchtender Sterne.
Der Atem des Ew'gen
verweht alle Schleier des täuschenden Scheins.
Wie war es möglich, den inneren Glanz
der dinglichen Schönheit so lang zu verkennen?
Warum blieb blind das Auge, ruhlos das Herz,
kraftlos die Seele?
War es nicht töricht, den Zauber der Dinge
nur als Verlockung zu werten?
Saß die Gier nach Gewinn und Lust,
nach Besitz und Vergnügen
nicht vielmehr im Marke des eig'nen Verlangens?
Erkennst du im Spiegel der Dinge die eigene Torheit,
so sind sie dir Brücke zum Aufstieg, befrei'n dich von Fesseln.
In ihnen schlummert das Lied
von ewiger Liebe und bleibendem Glück.
An dir liegt's, zu wecken
das schlafende Lied des göttlichen Meisters.

Durchlichtete Verwandlung

Wenn in der Nacht der Tageslärm verklungen
und dunkle Schleier überzieh'n das Haus,
wird still die Seele dir, dein Herz ruht aus
von all dem Kummer, mit dem es gerungen
solange schon und den es kaum bezwang.
Ein Engel naht sich dir im Traume
und zeigt dir lichte Höh'n vom Saume
des Himmels und den Horizont entlang.
In kühnem Flug erreicht ihr beide
die Zinnen jener Stadt der Seligen,
die lange schon im Glanz des Ewigen
das Land jenseits von Erdenleide
besitzen nach vollbrachtem Streit.
Auch dir wird dort ein Platz bereitet,
selbst wenn dein Herz am Zweifel leidet,
bis sich vollendet deine Zeit.

Aus der Stille die ordnende Kraft

Perlen des Reichtums und der inneren Erkenntnis offenbaren sich in den Texten von Joseph Zapf. Sie sind gewachsen aus der Gnade des Erlebens, randvoll an Begreifen und von klärender Durchsichtigkeit. Sie zerbrechen die Kargheit des Alltags und fordern uns zur Verwandlung heraus.

Das wortfreie Bild von Rosina Zipperle bietet ein kostbares Geschenk der anderen Schau. Mit Hilfe des Lichtes aus der Begrenzung gehoben und als Gebärde der Vergeistigung dargestellt, fordert es unser Sehen heraus. Formen und Gestalten sind lichtdurchflutet, lichtumwoben, lichtbegleitet und lichtgeschaffen.

Beide Gestaltungsformen sind menschengemäß unser Ausdruck, werden jedoch selten als Wege zur Transparenz ergriffen, wie es hier geschieht. Sie vermögen die Türen zu den Quellen unseres Wesens zu erschließen. Sie schulen Auge und Ohr zum lichterfüllten Wahrnehmen und geben uns Kunde, was Achtsamkeit vermag; denn die gefüllte Gegenwart, die uns das Wort zeigt, und der Tanz von Form, Licht und Farbe, die das Bild offenbart, rütteln an unserer Enge und verschieben die alten Raster der sogenannten Wirklichkeit.

Lichtfarben und Worte der beiden Autoren sprengen deshalb eingeübtes Verhalten und eingeordnetes Sehen. Worte und Lichtfarben heben die Schleier der Unwissenheit und führen uns dorthin, wo wir uns selbst in der Bereitschaft des Verstehens und Annehmens begegnen. Lichtfarben und Worte durchbrechen die scheinbaren Grenzen der Sinne und zeigen uns gefüllte Augenblicke des vorbehaltlosen Umarmens.

Öffnen wir uns, finden wir in der Betrachtung der Bilder und der Kraft und Sicherheit der Worte eine Urform unseres Seins, die niemals verloren, aber verborgen gewesen. Uns in dieser Vielfalt erlebend, entdecken wir geheime Räume, durch Lichtfarben erleuchtet, erspüren Zustände eines Gegenwärtigseins, die uns unbekannt sind.

Über das Leuchten werden Verbindungen entdeckt, Vertrautes gefühlt und Nahes neu und anders erlebt. Wir beginnen, uns in den Lichtkranz einzuweben, uns durchlichtet zu empfinden und das Licht als ursprüngliche Lebensgebärde neu zu erfahren. Die Glut des Gewahrwerdens führt zum Wesentlichen, öffnet die Fähigkeit zur Schau und zum Erspüren des Göttlichen.

Selten finden Wort und Bild eine solche Symbiose. Die Freude des Erfülltseins durchfließt beider Ausdruck, das Eintauchen in das eigentlich Unbegreifliche läßt Bilder und Worte in nachdrücklicher Form entstehen. Die Form als Vehikel des Inhalts offenbart dieses; letztlich geht es um das Weg-Leuchten in die Kammern ohne Grenzen, das Eintauchen in das Lichtkleid; und die gefundene Gestalt und Form ist Begleiter und Türöffner.

So verbinden sich Worte und Bilder in Tanz und Reigen zu einer vollendeten Einheit.

Die Bilder von Rosina Zipperle und die gestalteten Worte von Joseph Zapf sind erlebbare Gänge in verwunschene Gärten, und jeder, der liest und schaut, findet seine Blüten und verschlungene Wege des Erkennens und Träumens.

Die Worte von Joseph Zapf zeugen von der innerlichen Klarheit desjenigen, der erfahren hat, und die Bilder von Rosina Zipperle spiegeln die Pfade des Findens und Klärens. Die Lichtfarben bedeuten Freude und lassen wiederentdecken. Die Deutlichkeit der Worte zeigt die schier unfaßbare Vielfalt der Verwandlungen, schafft Hoffnungen und bereitet zur inneren Einkehr.

Tauchen wir ein in Wort und Bild, findet unsere Seele die Gebärde der verborgenen Wahrheit wieder. Die Härte der festumrissenen materiellen Betrachtung schmilzt, und die Erkenntnis des Einsseins findet Einlaß; die Erfahrungen der Mystiker werden begreiflich. Bilder und Worte vermögen zur schweigenden Betrachtung, zur Meditation, zum „Stille-Werden" hinzuführen und Impulse der innerlichen Wahrnehmung freizusetzen.

Die Bilder von Rosina Zipperle sind nach der von ihr entwickelten Technik einer Mischfarbe auf Leinen gestaltet, die Motive sind vielgestaltig, Naturbilder, Blüten, Gebärden, Kreuz und Verklärung. Jedes Bild scheint eine Anregung zur Transzendenz zu enthalten.

Prof. Swaantje Reimpell

Charakteristisch ist die Art, wie Rosina Zipperle Licht und meditative Ausstrahlung aus ihren Bildern leuchten läßt. Tatsächlich hat das offenbar mit der Lebenshaltung einer meditativen Kreativität zu tun, an der diese Malerin den Beschauer teilhaben lassen will. Ein geistiger Hintergrund, dem sich der Betrachter freilich auch öffnen muß.

Bonner Rundschau

Die Bilder von Rosina Zipperle sind mehr als nur lichtumflutete, klare Blumenmotive. Sie vermitteln eine Botschaft, die die Künstlerin gerade an die Menschen im hiesigen Raum, denen so häufig das Gefühl von elementarer Geborgenheit abgeht, weitergeben will. Die Botschaft lautet schlicht und eindringlich zugleich: „Dem Betrachter zu helfen, mehr zu sich zu kommen, die innere Harmonie zu finden, Friede und Freude zu empfangen, mutiger das Leben zu meistern..." Die astrale Farbgebung und die Zentrierung des Lichtes in den Bildmittelpunkt bewirken in den Bildern einen geheimnisvollen Lichtgrund, der die Innenseite der Dinge zu durchstrahlen scheint, sie transparent macht. Kölner Stadtanzeiger

Die Werke der Künstlerin Rosina Zipperle sind von einer fast nicht mehr zu steigernden Geistigkeit. Viele ihrer traumhaft gestalteten Werke haben das Gotteserlebnis zum Inhalt. Zugrunde liegen persönliche Gotteserfahrungen und von daher die ganze Erfüllung in der Aufgabe: Talente zur Verfügung zu stellen. Kirchenzeitung für das Erzbistum Köln

In Rosina Zipperle und Joseph Zapf begegnen uns zwei Menschen, die über Bild und Wort jene Sehnsucht benennen, die oft namenlos, verbannt oder verunstaltet im Tiefsten eines jeden Menschenherzen liegt.

Wehrlos seufzt sie gar im Innersten der gesamten Schöpfung (Röm. 8, 8–23). Wie bewußt wird da Wesen und Bedeutung der Sehnsucht in ihren Ausfaltungen an Verwirrung und Stillung zwischen Ursprung und Ziel. So darf sie sich hier zeigen: Ganz erfaßt und geformt in Prof. Zapf's treffsicherer Sprache; einer Sprache, die durchdrungen ist von spiritueller Glut. Sie verrät das Ringen, umfassende Fülle einzubinden in endgültige Einfachheit. Jede Seele möchte erreicht werden in ihrer je eigenen und doch allen gemeinsamen Sehnsucht. Der Anspruch lotet den Weg aus; er fordert heraus zur Entscheidung in Freiheit. Denn leidenschaftliche Liebeskraft trägt die Botschaft des Erlösers durch alles hindurch. Genau dies kommt auch in den Werken von Rosina Zipperle am meisten zum Ausdruck: Ihre Kunst lebt davon, diese Frohbotschaft in ihrer erlösenden, heilenden Wirkweise in allem zu vergegenwärtigen. Sie läßt damit eigenes mystisches Erleben durchsichtig werden, so gut dinghafte Mittel es überhaupt erlauben. Erfinderisch entwickelt sie ihre Maltechnik stetig aus einer schöpferischen Grundhaltung, daß alles, was sich darbietet, auch das Naheliegendste, auf seine Eignung geprüft, entdeckt und verwertet werden kann. Hilda Rusch

Vorträge von Joseph Zapf auf Kassetten zu ähnlichen spirituellen Themen:

1. Der Weg der Liebe nach Johannes vom Kreuz — 5. 1. 1981
2. Asiatische Versenkung und christliche Kontemplation — 5. 1. 1982
3. Religion als existentielle Verwandlung — 3. 2. 1983
4. Menschliches und spirituelles Reifen — 9. 6. 1984
5. Jesus und die Religionen — 17. 3. 1985
6. Buddha und Jesus — 12. 10. 1985
7. Begegnung mit dem kosmischen Christus — 13. 10. 1985
8. Läuterungswege — 8. 3. 1986
9. Erfahrung der Gottesgeburt — 9. 3. 1986
10. Verwandlung ins göttliche Leben bei Sri Aurobindo und Meister Eckehart — 16. 7. 1986
11. Geheimnis der Begegnung — 11. 10. 1986
12. Sehnsucht nach Erfüllung — 10. 10. 1987
13. Innen und außen – als Spannung und Einheit — 11. 10. 1987
14. New Age und christliche Spiritualität — 8. 10. 1988
15. Gnosis und Esoterik — 15./16. 4. 1989
    a) 1. Vortrag – b) 2. Vortrag – c) 3. Vortrag — 3 Kassetten
16. a) Gebet und Selbstfindung — 15. 5. 1989
    b) Gebet und Gotteserfahrung — 2 Kassetten
17. a) Begegnung mit dem Schatten — 3. 12. 1989
    b) Durchlichtung des Schattens — 2 Kassetten
18. Der heilende Geist — 2. 6. 1990

BESTELLUNG

von Kassetten sowie Kunstkarten und signierten Lithographien von Rosina Zipperle:
Frau Margret Neff · Bauvereinstraße 39 · 8500 Nürnberg 20

je 2 Kassetten

Sp-S 1/1–2	Der Weg nach innen	(7./ 8. 11. 87)
Sp-S 2/1–2	Befreiung durch Verwandlung	(12./13. 12. 87)
Sp-S 3/1–2	Menschliche und spirituelle Einheit	(9. 10. 1. 88)
Sp-S 4/1–2	Innen und außen – als Spannung und Einheit	(6./ 7. 2. 88)
Sp-S 5/1–2	Ursprünge der neuen Religiosität	(5./ 6. 11. 88)
Sp-S 6/1–2	Formen der neuen Religiosität	(10./11. 12. 88)
Sp-S 7/1–2	Dialog mit der neuen Religiosität	(7./ 8. 1. 89)
Sp-S 8/1–2	Neue Religiosität im Überblick	(4./ 5. 2. 89)
Sp-S 9/1–2	Begegnung	(11./12. 11. 89)
Sp-S 10/1–2	Selbstfindung	(9./10. 12. 89)
Sp-S 11/1–2	Seinserfahrung	(13./14. 1. 90)
Sp-S 12/1–2	Vergöttlichung	(10./11. 2. 90)
Sp-S 13/1–2	Was hindert die Gottesgeburt in uns?	(10./11. 11. 90)
Sp-S 14/1–2	Was fördert die Gottesgeburt in uns?	(8./ 9. 12. 90)
Sp-S 15/1–2	Wie vollzieht sich die Gottesgeburt in uns?	(12./13. 1. 91)
Sp-S 16/1–2	Welche Lebenshilfe schenkt uns die Gottesgeburt?	(9./10. 2. 91)
Sp-S 17/1–2	Alltag und gottverbundenes Leben	(9./10. 11. 91)
Sp-S 18/1–2	Unterwegs nach innen	(14./15. 11. 92)

BESTELLUNG:

Herr Lambert Oenning · Kloster Steinfeld · Postfach 220 · 5370 Kall 7
oder Frau Margret Neff · Bauvereinstraße 39 · 8500 Nürnberg 20

Geheimnis der Verwandlung

Joseph Zapf   Rosina Zipperle
64 Seiten, gebunden
28 ganzseitige Bilder
ISBN 3-9801787-1-8

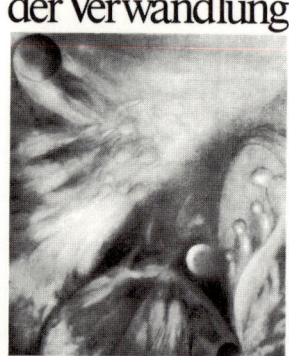

Existentielle Verwandlung ist das Kernanliegen dieses pracht-
vollen Bildbandes.
Joseph Zapf, Professor für Religionswissenschaften und
Meditationsleiter für kontenplative Meditation hat aus dem
reichen Schatz seiner spirituellen Erfahrung alle wichtigen
Grundthemen des geistigen Weges dargestellt. Als Meister
des Wortes ist seine Sprache
klar, intensiv, meditativ, inspirativ. Die knappe Textfassung
richtet sich auf das Wesentliche.
Die Bilder von Rosina Zipperle, einer jungen begabten
Künstlerin aus Südtirol, die jeweils den Texten gegenüber-
stehen, erhellen deren Zug zur Verwesentlichung durch ihre
Transparenz. Diese aus einer hohen Spiritualität gemalten Bilder verwandeln den Betrachter.
Es geht um den Durchbruch zum Licht: in uns und um uns. Text und Bild verstärken gegenseitig dieses
Anliegen. Das Wort weckt die Sehnsucht nach Licht, das Herz läßt sich davon ergreifen, das Auge
schaut in Sinnbild und Symbol die Strahlkraft des Lichtes. Dieser Dreiklang kann unsere besten Stunden
erfüllen. Er nährt die ewige Melodie in uns, bis unser Leben selber Licht und Liebe ausstrahlt.

Sehnsucht nach Herzensweisheit

Joseph Zapf   Rosina Zipperle
64 Seiten, gebunden
28 farbige, ganzseitige Bilder
ISBN 3-928632-01-9

Der Theologe, Meditationsleiter, Dichter und Schriftsteller
Joseph Zapf und die Künstlerin Rosina Zipperle haben in ihrem
neuen Buch mit einer das Herz des Menschen anrührenden
Sprache und mit lichtdurchstrahlten Bildern die innerste Sehnsucht
des Menschen nach Herzensweisheit angesprochen.
Das aus innerer Erkenntnis und Erfahrung geborene Wort,
gewachsen aus der Gnade geistiger Schau, reißt die Schleier der
Unwissenheit entzwei, rüttelt an der Enge unseres auf das Diesseits
einseitig ausgerichteten Denkens und Verhaltens, durchbricht die
Welt der Sinne und setzt Verwandlungsprozesse in Gang, die in die
Tiefe des Lichtgrundes im Menschen führen.
Die lichtdurchfluteten Bilder lassen eigenes mystisches Erleben durchsichtig werden. Hauchzarte Farben,
strahlende Lichtglut, durchschimmernde Transparenz lichterfüllter Welten wecken die Sehnsucht
nach Ganzheit, Heilsein und Erlösung in der liebenden Geborgenheit der Lichtfülle Gottes.
In der schweigenden Betrachtung des Bildes und in dem Offensein für das wegweisende Wort kommt
mystische Erfahrung auch dem modernen Menschen nahe. So wird ein solches Buch zu einem kostbaren
Geschenk.

Der Weg des Yoga

Handbuch für Übende und Lehrende
Herausgegeben vom Berufsverband Deutscher Yogalehrer
380 Seiten, gebunden, 238 Zeichnungen
ISBN 3-928632-02-7

30 Verfasser, jeweils auf ihrem Fachgebiet kompetent und erfahren, haben in diesem großen Yogabuch, vom Berufsverband Deutscher Yogalehrer herausgegeben, den ganzen Reichtum der Yogawelt in komprimierter Form dargestellt. Mehrere Kapitel über die wichtigsten Quellentexte des Yoga, über die Yogameditation sowie über die verschiedenen Schulen und Meister des Yoga führen in die große Tradition des Yoga ein.

Hatha-Yoga wird umfassend in all seinen Ausformungen und Übungswegen beschrieben und von seinem spirituellen Ziel her betrachtet.

Yoga im Westen setzt die wissenschaftlichen Forschungen und Erkenntnisse unserer Zeit und der westlichen Kulturtradition in Bezug zum Yoga.

Der Bau und die Funktion des menschlichen Körpers wird genauso grundlegend behandelt wie die Gestaltung des Yogaunterrichts.

Das Buch bietet eine Fülle von wichtigen Informationen, Anregungen und vertiefenden Impulsen sowohl für den Yogaübenden als auch für den Yogalehrer.

Suche nach dem Sinn des Lebens

Willigis Jäger
272 Seiten, gebunden
ISBN 3-928632-03-5

Alle wichtigen Themen des spirituellen Lebens werden von Pater Willigis Jäger — ein Meister der Kontemplation und der Meditation im Stile des Zen — in diesem Buch grundlegend behandelt und in Bezug gesetzt zur christlichen Mystik, aber auch zu den großen Traditionen der esoterischen Wege anderer Religionen, zu den Ergebnissen moderner Naturwissenschaft und zu den Erkenntnissen der transpersonalen Psychologie.

Sowohl die Technik der Kontemplation als auch die psychologischen Aspekte des inneren Weges, seine Tiefenstrukturen und Stadien, der Umgang mit den Gefühlen, die Verwandlung des Schattens und die Bedeutung der Depression in dem Transformationsprozeß werden eingehend beschrieben.

In diesem Buch geht es um den inneren Weg der christlichen Religion, um einen Bewußtseinswandel in der Gleichgestaltung mit Christus, um eine neue, von innen geprägte Ethik, die Verantwortung für die Mitwelt übernimmt.

Das Buch befreit zu einem sinnerfüllten Leben, motiviert, den inneren Weg zu gehen, provoziert zu einem neuen Denken und Handeln und tröstet in dunklen Stunden.

Das Geheimnis
der Quelle

Barbara Schenkbier
144 Seiten, gebunden
12 farbige, ganzseitige Illustrationen
und 24 Zeichnungen
ISBN 3-9801787-0-6

Barbara Schenkbier ist es in ihrem Buch „Das Geheimnis der
Quelle" gelungen, in Märchenform tiefe Lebensweisheiten
und die wichtigsten Stufen des Yoga-Weges zu beschreiben.
Die Natur in ihrer Vielfalt wird zum Sprachrohr der geistigen
Welt.
Naturkräfte, Blumen, Tiere und Naturwesen lehren wichtige
Hatha-Yogahaltungen, die auch in Abbildungen am Schluß
des Buches darstellt sind.
Der Leser lernt die wesentlichen Grundgesetze des Daseins,
eine gesunde Lebensweise und Wege zu einem glücklichen,
erfüllten Leben kennen. Er erfährt bedeutende Weisheiten der Yoga-Philosophie,
und es werden ihm die großen traditionellen Yogawege aufgezeigt.
Das Märchen ist ganz durchwoben von zarter Poesie, überraschenden Ideen, tiefgründigen Erkenntnissen, geistigen Impulsen und spiritueller Kraft.
Das Buch unterhält nicht nur, es belehrt und regt an, die Weisheit des göttlichen Lebens selbst zu entdecken. Es gibt Antworten auf viele Fragen, vermittelt Lebenshilfen und führt zum Lebenssinn. Es begleitet den Leser auf seinem eigenen Weg und motiviert ihn, das Geheimnis der Quelle selbst zu ergründen.

Der Yogaweg
des Patanjali

Gérard Blitz
96 Seiten, gebunden
2 Zeichnungen
ISBN 3-9801787-3-0

Gérard Blitz, der große europäische Yogalehrer, weit über die
Grenzen Frankreichs bekannt, Begründer der Europäischen
Yoga-Union, hat aus seinem großen Erfahrungsschatz heraus in
verdichteter Form und leicht verständlicher Sprache auf der
Grundlage der Sutraś (Lehrsätze) von Patanjali den Yogaweg dargestellt.
Der Verfasser beschreibt sehr genau und tiefgründig die Grundregeln eines richtig durchgeführten Hatha-Yoga sowie die wichtigsten
körperlichen, seelischen und feinstofflichen Wirkungen der Asanas
und Pranayamas. Er macht dem Leser bewußt, was die Yoga-
haltungen wirklich bedeuten können, und zeigt auf, wie die Zerstreuung durch Prana in Sammlung und
Konzentration umgewandelt werden kann.
Hatha-Yoga, so wie ihn Gérard Blitz lehrt, führt auf ganz natürliche Weise zu den geistigen Grundhaltungen, die Patanjali an den Beginn seines Weges stellt, zur Meditation und zur Wandlung des Bewußtseins.

Grundlagen des Yoga der Energie

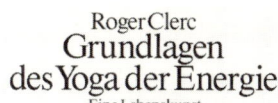

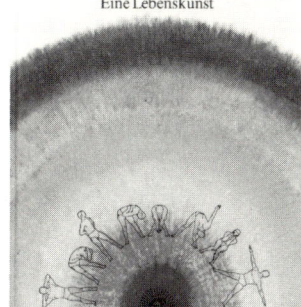

Roger Clerc
160 Seiten, gebunden
126 Zeichnungen
und 1 Übungsplakat
ISBN 3-9801787-7-3

Roger Clerc, der berühmte Begründer des Yoga der Energie, hat
die Summe seiner jahrzehntelangen Yogaerfahrung als Übender
und als intuitiv begnadeter Yogalehrer in diesem Meisterwerk nieder-
geschrieben.
Es geht dem Verfasser in seinem Buch vor allem darum, einen
elementaren Yogaunterricht zu beschreiben, der dem von Streß und
Überforderung geplagten Menschen unserer Zeit hilft, gesünder zu
werden, Energieblockaden aufzuheben, sich besser entspannen zu
können, Zerstreuungen zu überwinden, um tatkräftiger zu sein und um mehr Lebensfreude zu erhalten.
Ob der Autor die Grundregeln richtigen Übens, die Bedeutung der Atmung und der Entspannung
oder einzelne Grundhaltungen des klassischen Yoga beschreibt, immer wird dem Yogaübenden
ein tieferes Verstehen des Yogaweges vermittelt.
Höhepunkt des Buches ist die ausführliche Darstellung der 18 vorbereitenden Bewegungen des Yoga der
Energie, deren ausgleichende Kraft zu einer harmonischen Vibration führt, Energie freisetzt, der Entwicklung der Sensibilität dient, Gesundheit und persönliche Ausstrahlung bewirkt.

YOGA — Tradition und Erfahrung

T.K.V. Desikachar
240 Seiten, gebunden, 215 Zeichnungen
ISBN 3-928632-00-0

T.K.V. Desikachar ist Sohn und engster Schüler von
T. Krishnamacharya, einem der bedeutendsten Yoga-
meister unseres Jahrhunderts.

Folgende Kriterien zeichnen dieses Buch aus:
— Anpassung des Yoga an den einzelnen Menschen,
  an seine Bedürfnisse und seine Erfordernisse.
— Erläuterung der psychologischen und philosophischen
  Konzepte des Yoga-Sutra des Patañjali und deren Ver-
  bindung mit der alltäglichen Yogapraxis.
— Darstellung der Bedeutung des Atems und des Wertes von Asana, Pranayama und Bandha für die
  Hinführung zu Dharana und Dhyana.
— Verwirklichung des Prinzips von Vinyasa Krama: Das schrittweise Hinführen zu den unterschied-
  lichen Techniken des Yoga.
— Reichhaltig illustrierte Übungsabfolgen und die Beschreibung vieler Variationen der klassischen
  Asanas.
— Viele Beispiele, die die Prinzipien des Yoga, die hinter der Yogapraxis von Asana, Pranayame und
  Bhanda stehen, erklären und somit ein besseres Verständnis des Yoga vermitteln.

Durchbruch ins Licht

Werner Vogel
48 Seiten, gebunden
12 farbige, ganzseitige Fotos
ISBN 3-9801787-6-5

Menschen,	die von Sorgen, Ängsten, Nöten und Leiden bedrängt sind, werden in diesen Gedichten wieder das Licht der Hoffnung und der Zuversicht erfahren.
Menschen,	die nach Selbsterkenntnis und Höherentwicklung streben, werden in diesem Gedichtbändchen einen hilfreichen, lichtvollen Wegbegleiter finden.
Menschen,	die die Liebe als alles verwandelnde göttliche Kraft leben möchten und Sehnsucht haben nach dem erlösenden Christuslicht, erhalten in diesen Versen neue Impulse und mutmachende Wegweisung.

Beeindruckend schöne Farbfotos, vom Verfasser selbst fotografiert, verstärken die lichtvollen Aussagen der Gedichte. Die Verse eignen sich sehr gut zur Meditation. Wenn die in den Gedichten ausgesprochenen Lebensgesetze und Weisheiten verinnerlicht werden, dann verwandeln sie das Leben zum Lichte hin.

Kassettenprogramm

Die Kassetten, Vorträge und Übungsanleitungen wollen Menschen unserer Zeit Wegbegleiter sein. Sie führen in die großen Yogawege ein, machen die Methoden und philosophischen Einsichten für den christlichen Lebensvollzug fruchtbar, vermitteln Lebenshilfen, laden zur Besinnung und Einkehr ein und leiten an, wie die großen Lebensweisheiten im Alltag anwendbar sind und wie sie den Menschen verwandeln.

Werner Vogel
Die Überwindung des Ego durch Selbsthingabe
(Bhakti-Yoga)
Teil I und Teil II
Doppelkassette

Werner Vogel
Der Weg des Tuns
(Karma-Yoga)
ISBN 3-9801787-2-2

Barbara Schenkbier
Gleichmut und Gelassenheit im Alltag durch Entspannung
Eine Übungskassette
ISBN 3-9801787-5-7